W0471647

Seelen auf Safari

Titel der Originalausgabe:
SOULS ON SAFARI
erschienen bei:
Wheatmark, 610 East Delano Street, Suite 104, Tucson, Arizona 85705 USA.
© Seán ÓLaoire 2006

© Deutsche Ausgabe
der gekürzten Fassung:
Aurum in J. Kamphausen
Verlag & Distribution GmbH
info@j-kamphausen.de
www.weltinnenraum.de

Übersetzung: Bernardin Schellenberger
Lektorat: Dirk Grosser
Umschlag und Satz: Wilfried Klei
Autorenfoto: Pali L'Yriel Delevitt
Druck & Verarbeitung:
Westermann Druck Zwickau

1. Auflage 2007
Die Deutsche Bibliothek – CIP-Einheitsaufnahme

Ein Titelsatz für diese Publikation
ist bei der Deutschen Bibliothek erhältlich

ISBN 978-3-89901-111-1

Dieses Buch wurde auf 100% Altpapier gedruckt und ist alterungsbeständig.
Weitere Informationen hierzu finden Sie unter www.weltinnenraum.de

Alle Rechte der Verbreitung, auch durch Funk, Fernsehen und
sonstige Kommunikationsmittel, fotomechanische oder vertonte Wiedergabe
sowie des auszugsweisen Nachdrucks vorbehalten.

Seán ÓLaoire

Seelen auf Safari

aus dem Amerikanischen übersetzt
von Bernardin Schellenberger

AURUM

Vorwort

„Niemand mache den Fehler, aus dem Alltagsleben das Suchen herauszutrennen. Das Suchen ist ja das Leben!"

Paul Brunton

Sokrates sagte in seiner Weisheit: „Ein Leben, das man nicht hinterfragt, ist es nicht wert, gelebt zu werden." Das spirituelle Leben besteht vor allem darin, das eigene Leben mit seinem Sinn und seiner Richtung zu hinterfragen. Es steht auch geschrieben: „Ihr sollt die Wahrheit kennen, und die Wahrheit wird euch frei machen." An diese beiden Weisheiten sollten wir uns halten, also unser Leben hinterfragen, darin die Wahrheit finden und ihr gemäß leben. Dann können wir nicht fehlgehen, sondern so frei werden, dass wir die zu sein vermögen, als die wir gedacht sind. Alle Sucher des spirituellen Wegs zur Erleuchtung erwartet die Freiheit, und der Weg führt zur Liebe und zum Mitgefühl mit allen empfindenden Lebewesen. Wenn wir erst einmal entdecken, dass das Göttliche in uns wohnt und uns ihm überlassen, so erfüllen wir den höchsten Zweck unseres Lebens auf der Erde.

Für manche wird dieses Buch vielleicht der erste Schritt auf ihrem spirituellen Weg sein. Der spirituelle Weg ist das wichtigste Abenteuer für unsere menschliche Erfahrung. Auch wenn die wirkliche Suche nicht im Äußeren, sondern im Inneren vor sich geht, gibt es Zeiten, in denen es hilfreich ist, einen Führer oder Mentor zu haben, der einen bei seiner spirituellen Entwicklung begleitet. Ein oder zwei Sätze aus dem Mund eines inspirierten Menschen können im Unbewussten einen Prozess in Gang setzen, der sich auf den Geist auswirkt und zu einer neuen Wahrheit oder einem neuen Paradigma führt. Ein inspirierter Führer kann einem dabei helfen, ein besseres Verständnis dessen zu gewinnen, was dem eigenen Leben Sinn und Richtung gibt und einen von der Oberfläche des Egos in die Tiefenmitte der Seele führt.

Seán ÓLaoire ist für viele ein solcher inspirierter Führer auf dem Weg zur spirituellen Erleuchtung. In seinen Homilien[1] bringt er ins Wort, was wir oft für uns selbst nicht richtig formulieren können, und er führt uns in neue Paradigmen des Denkens ein. Die alten Paradigmen möchten uns anleiten, unser Herz an etwas hinzugeben, von dem uns unser Kopf sagt, dass es nicht wahr sein kann. Father Seáns eher mystische als buchstäbliche Umsetzungen erschließen uns ein tieferes und viel faszinierenderes Verständnis der Heiligen Schrift, als es die meisten von uns bislang erfahren haben. Der historische, mystische und sakramentale Ansatz seiner Vorträge und Homilien zur Erschließung der Überlieferungen der Heiligen Schrift kann von geradezu transformierender Wirkung sein. Es ist wichtig, dass wir uns diesem neu entstehenden Paradigma kritischen Denkens aussetzen. Wenn wir das tun, weiten wir unsere Horizonte und befreien uns aus dem Festgefahrensein in alten Paradigmen.

Ich habe mich ans höchst angenehme Unternehmen gemacht, diese großartigen Homilien aufzuzeichnen und herauszugeben. Das tat ich, um Father Seáns inspirierende Botschaft einem weiteren Kreis von Menschen, die sich auf den spirituellen Weg gemacht haben, zu erschließen. Zudem ist es mir ein Anliegen, dass die inspirierenden gesprochenen Worte dieser Homilien in schriftlicher Form vorliegen, als beständigere

---

[1] Griech.: *homilein* = geschwisterlich miteinander reden, auf gleicher Augenhöhe; im Gegensatz zu Predigten von der Kanzel herab

Quelle zum Nachlesen und Studieren und zur persönlichen Anregung.

Vorangestellt ist ihnen die Nachschrift eines Interviews mit Seán, das Pat Burns in den Filmstudios von „Still N'Motion" im kalifornischen San Jose aufgezeichnet hat. Ich bin Pat sehr dankbar für seine Zeit und Energie, die er darauf verwendet hat, dieses Interview filmisch und akustisch festzuhalten, damit ich es schriftlich wiedergeben kann.

Ich möchte mich auch bei den „Companions on the Journey" bedanken, vor allem bei Ron Alves und Michael Choy, die mir die Tonbänder dieser Homilien für meine Umschrift zur Verfügung gestellt haben, und bei meinem Ehemann Robert für seine Unterstützung und Ermutigung zu diesem Unternehmen.

Mary Burns

Einführung

Glauben Sie, dass es sehr schwer ist, jemanden zu hypnotisieren? Manche von Ihnen werden vielleicht sagen: „Das ist ziemlich leicht!" Andere werden behaupten: „Mich kann man überhaupt nicht hypnotisieren!" Die Wahrheit ist, dass wir alle täglich lange Zeitabschnitte unter Hypnose verbringen. Woran erkennt man, ob jemand hypnotisiert ist? Der Trick ist, auf seine Augen zu achten. Wenn man sich auf die äußere Welt konzentriert und seine Umwelt „beobachtet", blinzelt man ziemlich häufig (gewöhnlich alle vier oder fünf Sekunden), weil die Augen ständig erfrischt und befeuchtet werden müssen. Aber wenn man in einem hypnotischen Zustand ist, verarbeitet man selbst dann, wenn man die Augen offen hat, nicht die äußere Welt, sondern ist auf eine innere Landschaft fixiert, und darum haben die Augen weniger Bedarf, befeuchtet zu werden. Folglich kann es sein, dass es 50 oder 60 Sekunden dauert, bis man wieder einmal blinzelt.

Schauen Sie also einmal genau hin, ob Sie Menschen entdecken, die mit glasigem Blick vor sich hin starren: Diese Menschen sind unter Hypnose. Meistens hat man sich selbst in diesen Zustand versetzt; allerdings können Fernsehen oder Radio die gleiche Wirkung haben. Aber nichts führt diese Wirkung müheloser herbei als Geschichten – die Geschichten, die wir uns in der Abgeschiedenheit unserer eigenen Erinnerungen oder Phantasien erzählen, oder die wir von anderen hören.

Der große Geschichtenerzähler weiß das und steht in der strengen Pflicht, nur die Geschichten zu erzählen, die helfen, die Illusionen des Getrenntseins zu verscheuchen und die Verbindungen zu knüpfen, die uns erlauben, uns unserer wahren

Natur zu erinnern, die zugleich die Quellnatur auch aller anderen Wesen ist. Das ist Gott. Ein „Lehrmeister“, der uns ermutigen wollte, uns fremdenfeindlich unserer Identität zu versichern, nämlich unter Hinweis darauf, dass wir anders sind als die andern, hätte den Titel „Geschichtenerzähler“ nicht verdient. Er wäre nur ein Propagandist und Proselytenmacher. Davon gibt es in der Politik, der Religion, der Industrie und den Massenmedien jede Menge.

Der wahre Geschichtenerzähler rührt an die Seele und entzündet in den Zuhörern Leben und Licht und Liebe. Es gibt vier Merkmale dafür, dass jemand ein echter Geschichtenerzähler ist: Erstens nimmt er die Zuhörerschaft, ihre Erfahrung und ihre Themen wahr; zweitens ist er interessant und mitreißend; drittens benützt er die Begegnung dazu, sie an ihre wahre Natur zu erinnern; und viertens erfüllt er sie mit Kraft.

Am Ende einer wirklich tiefgründigen Geschichte ist die Zuhörerschaft voller Staunen – NICHT über den Geschichtenerzähler, sondern über ihre eigene göttliche Natur UND über die göttliche Natur aller anderen.

Das ist der einzige Zweck dieses Buches mit Homilien, in denen Geschichten erzählt werden.

Namaste,

Seán ÓLaoire -Tír na nÓg,
7. Dezember 2005

Danksagungen

Der Folgeband ist selten so gut wie das Original. Band 19 von „Der Pate" würde wahrscheinlich kein großer Erfolg beschieden sein. „Seelen auf Safari" ist mein zweites Buch nach „Spirits in Spacesuits", welches bislang nur in englischer Sprache erschien. Falls es doch besser sein sollte, ist das eindeutig Mary Burns zu verdanken. Sie war dieses Mal weniger gnädig mit mir und hat ihre Auswahl mit strengerer Konsequenz als beim ersten Buch getroffen. Viele der plumpen Formulierungen der gesprochenen Homilien hat sie herausoperiert. Dadurch kommen die Gedanken und auch der Fluss der Sätze weniger turbulent daher. Ihr Mann Bob hat es als diplomatischer Ex-Brandmeister fertig gebracht, diese gesamte Redaktionsarbeit vergnüglich werden zu lassen – sogar für mich.

Ihr Sohn Pat, der Schöpfer und Leiter von *Still N'Motion*, fuhr wieder einmal sein ganzes Können auf, um den Umschlag (für die amerikanische Originalausgabe) zu gestalten, die Fotos dafür zu schießen und das in diesem Buch enthaltene Interview zu führen. Er ist Profi, aber er hat auch, was noch wichtiger ist, viel Sinn für Humor.

Wie es der Brauch ist innerhalb unserer kleinen spirituellen Kommunität der *Companions on the Journey*[2], lernte Michael Choy, der sich um alle Aufnahmen der im ersten Buch enthaltenen Homilien gekümmert hatte, seinen Nachfolger Ron Alves ein, der ein Nachtmensch wie ich ist. Ron hat seine heroischen Bemühungen deshalb *Middle of the Night Productions* getauft.

[2] Die *Companions on the Journey* sind die Mitglieder von Father Seáns Pilgergemeinde in Kalifornien. Mehr Infos unter: www.companionsonthejourney.org

Mein Dank geht an Ron und vor allem seine Frau Jane, die seine gegen ein vernünftiges Tagleben gerichteten Aktivitäten ertragen musste.

Und schließlich ein Wort des Dankes an alle meine *Companions on the Journey* für die spirituelle Energie, die sie Woche für Woche erzeugen, so dass ich diese Geschichten erzählen kann.

Möge Gott euch alle weiterhin zärtlich in ihrer Hand halten.

Seán ÓLaoire – Tír na nÓg,
7. Dezember 2005

Interview mit Seán ÓLaoire

Das folgende für den Rundfunk veranstaltete Interview wurde von Patrick Burns in den Studios von „Still N'Motion“ in San Jose, Kalifornien, geführt und für diese Veröffentlichung umgeschrieben.

Sie bezeichnen uns Menschen gern als „Seelen in Raumanzügen“. Können Sie uns das näher erläutern?

Ich bin schon lange der Überzeugung, dass wir uns selbst nicht richtig verstehen und dass das ein guter Teil unseres Problems ist. Ich meine damit, dass wir denken, wir seien unsere Körper. In den 1960er Jahren begannen wir in Kontakt mit unserer Gefühlswelt zu kommen und hielten unsere Gefühle für die letzte Wahrheit. Die Wissenschaftsgemeinde sagt uns, dass wir unsere Gedanken und unser Geist sind. Ein altes Hindu-Mantra sagt: „Ich habe einen Körper, aber ich bin nicht mein Körper. Ich habe Gefühle, aber ich bin nicht meine Gefühle. Ich habe einen Verstand, aber ich bin nicht mein Verstand“, und ich füge hinzu: Ich habe einen Charakter, aber ich bin nicht mein Charakter. Das brachte mich auf die Formulierung: Ich bin eine Seele in einem Raumanzug, denn ich bin der Überzeugung, dass wir unserem Wesen nach immateriell sind. Wir sind aus göttlichem Stoff und auf Safari auf dem Planeten Erde. Jede und jeder von uns hat hier eine Aufgabe zu erfüllen, und um uns für diese Aufgabe auszurüsten, ziehen wir Raumanzüge an. Wir sind auf einem Planeten, für den man eine besondere Art von inkarnierten Raumanzügen braucht. So bauen wir uns diese Raumanzüge, und die haben Körperlichkeit, haben

Gefühl und haben Verstand, und wenn der Raumanzug sich dann hier mit der Umwelt auseinandersetzt, bildet die Seele den Charakter aus. Ich bin also meinem Wesen nach ein Geist, aber damit ich meine Aufgabe erfüllen kann, brauche ich eine Ausrüstung, und diese Ausrüstung besteht aus einem Raumanzug. Die Bezeichnung „Seelen in Raumanzügen" fasst also diese drei Elemente zusammen, die mich definieren: das Wesen, die Aufgabe und die Inkarnation.

Ebenso reden Sie von Menschen als „Alltagsmystikern"...

Ich bin der Überzeugung, dass die Religion versucht hat, die Menschen zurechtzustutzen. Religion bestand im Wesentlichen daraus, dass man eine ganze Menge glauben und sich auf bestimmte Weisen verhalten musste. Die großen spirituellen Lehrer verlangen von uns nie, irgendetwas zu glauben. Es geht nicht um etwas, das ich glaube, sondern es geht darum, dass ich wahrnehme und verstehe, wer ich wirklich bin. Alle großen Lehrer stellen diese Frage immer und immer wieder. In den Evangelien von Matthäus, Markus und Lukas gibt es jeweils eine wichtige Geschichte über Jesus, wie er auf der Straße zu einem kleinen Dorf namens Caesarea Philippi unterwegs ist. Jesus geht in Gedanken versunken vor seinen Jüngern her. Dann bleibt er plötzlich stehen, dreht sich um, wartet, bis die Jünger nachkommen und stellt ihnen die Frage: „Jetzt seid ihr schon einige Jahre bei mir und ihr hört, was die Leute über mich reden. Was sagen die Leute, wer ich sei?" Und sie sagen: „Manche glauben, du seiest der wieder lebendig gewordene Johannes der Täufer. Andere halten dich für den wiedergekommenen Elija. Wieder andere für einen der wiedererstandenen Propheten aus dem Alten Testament." Darauf sagt Jesus: „Also gut. Das sagen die Leute. Sie kennen mich nicht. Ihr aber? Für wen haltet ihr mich?" Da gibt Petrus zur Antwort: „Du bist die Christusgestalt." Und Jesus sagt darauf: „Ja, das ist es."

Aber ich glaube, Jesus hatte sich selbst eine andere Frage gestellt, bevor er die Apostel gefragt hatte. Diese Frage an sich selbst hatte geheißen: „Für wen halte ich mich eigentlich selbst?“ Das ist die Kernfrage für jeden Menschen. Wir verstehen uns ständig selbst nicht richtig. Wir halten uns fälschlicherweise für unseren Körper, für unseren Namen; wir meinen, wir seien unsere Namen. Wenn Sie mich fragen, wer ich bin, sage ich Ihnen meinen Namen, nenne Ihnen meinen Beruf, oder ich sage, dass ich der Sohn von dem und der sei. Und wenn Sie ganz hartnäckig sind und sagen: „Wir haben jetzt eine Stunde Zeit füreinander und ich möchte, dass Sie mir in dieser Zeit erklären, wer Sie sind“, dann muss ich eine ganze Menge Erinnerungen aneinanderreihen und so tun, als sei ich die Ansammlung aller dieser Erinnerungen. In Wirklichkeit bin ich nichts von alledem. Jede und jeder Einzelne von uns ist aus göttlichem Material, ist eine Seele auf Safari auf dem Planeten Erde. Im Kern sind wir alle Mystiker.

Uns ist beigebracht worden, bei der Religion gehe es um Moral, Glaubenssysteme, Rituale und Liturgie. Das alles mag für uns wichtig sein, wenn wir versuchen, in Harmonie miteinander zu leben, aber es rührt nicht an den Kern der Sache. Der Kern der Sache ist, dass mir aufgehen muss: Ich bin ein kleines Stück von Gott, unterwegs mit einer Aufgabe auf dem Planeten Erde. Das ist der Mystiker in jedem von uns. Um ein Mystiker zu sein, muss man nicht auf einem Berggipfel leben. Man muss mitten in seiner Alltagsarbeit ein Mystiker sein, ganz gleich, ob man Postzusteller, Psychologe, Pförtner an einer Schule oder Busfahrer ist. Wenn ich von „Alltagsmystikern“ rede, dann deshalb, weil ich zu erklären versuche, wie ganz gewöhnliche Menschen wie wir über die bloße Religion hinauskommen und an den Kern dessen rühren können, was wir in Wirklichkeit sind. Ich denke, beim Leben auf diesem kleinen Planeten geht es darum, dass eine Spezies erschaffen wird, die sich schließlich ihrer eigenen Göttlichkeit bewusst wird. Und wenn ihr das aufgegangen ist, soll sie anfangen, sich gegenüber allen empfindsamen Lebewesen mit der wachen Wahrnehmung zu verhalten, dass alle empfindsamen Lebewesen Manifestationen des Göttlichen sind. Ich hoffe, dass der *homo sapiens* zu dieser Spezies werden wird. Vielleicht wird er es auch nicht. Vielleicht lassen wir das ganze Experiment scheitern. Aber ich bin fest davon überzeugt, dass sich auf einer bestimmten Stufe auf diesem Planeten eine Spezies entwickeln wird – entweder wir oder eine nachfolgende andere Spezies –, die ihre eigene Göttlichkeit erkennen und aus ihr heraus handeln wird. Ich sehe darin das, worum es bei allen Christusgestalten und Buddhagestalten und allen großen Avataren geht. Sie waren nicht bloß dazu gedacht, als außerordentliche Individuen verehrt, auf Altäre gestellt, angebetet und zu Mittelpunkten von Religionen gemacht zu werden. Sie sind Prototypen dessen, wozu ausnahmslos alle Menschen werden sollen. Wir leben auf einem 4,5 Milliarden Jahre alten Planeten, auf dem vor rund 3,8 Milliarden Jahren Leben auftauchte. Dieses Leben durchlief außerordentliche Entwicklungsstufen, bis sich schließlich eine Spezies herausbildete, die selbstreflexive Fähigkeiten entwickelte.

Danach stehen noch zwei weitere Stufen an: Erstens die Stufe, auf der erkannt wird, dass wir Seelen sind, und zweitens, auf der erkannt wird, dass wir der Geist Gottes sind. Darauf zielt die Evolution ab und das ist das, was für mich Christus und der Buddha darstellen. Beide sind Prototypen, die anzeigen, dass das unsere Zukunft ist und dass wir dorthin unterwegs sein sollen. Wir haben den Fehler gemacht, diese Menschen zu verehren und um sie herum Religionen zu erschaffen, sie auf Podeste zu stellen und dann ihre Lehre zu vergessen. So besteht für mich die Entdeckung darin, dass es in jedem Einzelnen von uns einen Mystiker gibt, denn jede und jeder Einzelne von uns ist zum Christusbewusstsein oder zur Buddhaschaft berufen.

Hilft uns die Religion, mit unseren Alltagsschwierigkeiten klarzukommen?

Ich denke, die Religion war wichtig, insofern sie mit Abstand die größte Bewahrerin der Tradition ist. Aber der Haken bei der Tradition ist, dass sie dazu neigt, die Menschen zu verdummen. Lassen Sie mich das mit einem Baum vergleichen: Ein Baum ist mit seinen Wurzeln tief in den Boden eingesenkt, er bezieht Nährstoffe aus dem Boden, aber wenn er bloß aus Wurzeln bestehen würde, wäre er kein Baum. Er muss einen Stamm ausbilden und Äste, Zweige und Blätter, und er ernährt sich auch durch Photosynthese. Die Blätter trinken Sonnenschein und wandeln diesen in Energie um, die die Wurzeln nährt. Die Wurzeln stehen für die Tradition und die Zweige und Blätter für unser Hinauswachsen auf etwas anderes hin und dafür, wie wir in Interaktion und Austausch miteinander treten müssen. Wenn ich also von meinen Wurzeln abgeschnitten werde, kann ich mich nicht weiterentwickeln. Aber wenn ich bloß aus Wurzeln bestehen will und den Stamm absäge, habe ich keine Möglichkeit mehr, mich weiterzuentwickeln, weil die Wurzeln genauso die Photosynthese brauchen wie die Blätter das Wurzelsystem.

Es gibt immer eine ziemlich starke Spannung zwischen dem Propheten und dem König. Das findet man in allen Weltreligionen. Wenn es nur Propheten geben würde, käme es zur Anarchie. Wenn es nur Könige geben würde, käme es zur Stagnation. Die Interaktion zwischen beiden schafft die kreative Spannung, die die Evolution vorantreiben hilft. Die Religion hat ihre wichtige Funktion, aber sie sollte ein Phänomen sein, das sich weiterentwickelt und zur Kenntnis nimmt, dass die menschliche Spezies sich weiterentwickelt, genau wie das eine

Familie tut. Sie würden ein zweijähriges Kleinkind und einen 16-jährigen Teenager nie genau gleich behandeln. Und wenn Ihr Teenager ein 26-jähriger Mann geworden ist, verheiratet und eigene Kinder hat, behandeln Sie Ihren Sohn auf dieser Altersstufe ganz anders als Ihr Enkelkind. Viele Religionen können sich nur sehr schwer auf diesen Prozess einlassen. Es fällt ihnen sehr schwer, es zuzulassen, dass die Kinder die Nabelschnur durchtrennen und weiterwachsen und sich weiterentwickeln. Religionen neigen dazu, die Menschen im Status quo zu halten. Unvermeidlich entwickeln sich prophetische Charaktere, die das Religionssystem auffordern, den nächsten Quantensprung zu machen. Folglich hat die Religion zwar eine Funktion, aber das muss eine sich weiterentwickelnde Funktion sein.

In was für Konflikte sehen Sie die heutige Religion verstrickt?

Wir haben als Spezies auf dem Planeten Erde vor vielleicht 1,3 Millionen Jahren mit wenigen Menschen angefangen und damals nichts von der Natur verstanden und über keine naturwissenschaftlichen Kenntnisse verfügt; das Leben war völlig unvorhersehbar und wir hatten es in keiner Weise im Griff. So schufen wir Bilder von Gott und entwarfen uns Götter nach unserem Bild und Gleichnis. Ich glaube zwar umgekehrt, dass wir nach Gottes Bild und Gleichnis geschaffen sind, aber die Religion neigt dazu, Gott nach ihrem Bild und Gleichnis zu erschaffen. So waren die ersten Religionen angestrengte Versuche, mit einem völlig unberechenbaren und völlig unkontrollierbaren Gott zu leben: Es waren chaotische Religionen mit verschiedenen Arten von Opfern zur Besänftigung einer fernen, fordernden Gottheit.

Dann begann sich auf einer bestimmten Stufe eine Form von Religion zu entwickeln, die dem Bedürfnis der Menschen nach Recht und Ordnung entsprach, denn ohne das war alles hemmungslos chaotisch. Das führte zu den großen Gesetzgebern wie im Mittleren Osten Moses mit den Geboten oder Hammurabi mit seinem Codex. Diese Religion entstammte also der Wahrnehmung, dass die Menschen, um zu überleben, ethische Systeme, Normen, Gesetze und Regelung brauchten. Sie fingen an, Götter zu erfinden, die Gesetzgeber und Ordnungshüter waren, und zu ihrem speziellen Gott hatten sie ein differenzierteres Verhältnis. Gott war jetzt nicht mehr unberechenbar. Er blieb weiterhin unkontrollierbar, aber nicht mehr unberechenbar, und so lernten sie, welche Regeln galten. Wenn man die Regeln kannte und sich an sie hielt, dann war alles in Ordnung. Damit kam also die Ethik, die Moral ins Spiel. Moral ist wichtig, aber sie liegt noch auf einer sehr elementaren Stufe des Entwicklungsprozesses. Manche Religionen stecken immer noch in dem Modell vom strafenden Gott fest, der einfach Gesetze erlässt, und wenn man sich an diese nicht hält, dann wird man bestraft. Jesus ging auf, dass wichtiger als das Gesetz die Liebe ist, und wenn eine Gemeinschaft anfängt, aus Liebe zu handeln, transzendiert sie das Gesetz, das heißt, sie wächst darüber hinaus. Das heißt nicht, dass das Gesetz unwichtig würde, aber die Transzendenz ist „epigenetisch", das bedeutet: Jede nachfolgende Stufe enthält alle vorigen Stufen und baut auf ihnen auf, aber sie geht über sie alle hinaus. Man schüttelt also nicht das ab, was vorher war, genauso wie die Blätter nicht die Wurzeln abschütteln; man trägt es mit sich, aber man überschreitet es. Jesus wies darauf hin, dass die Gemeinschaften, die am besten funktionieren, nicht diejenigen sind, die sich genau an Gesetze halten, sondern die Liebesgemeinschaften. Das findet sich in großartigen Bibelgeschichten.

Da gibt es zum Beispiel im Lukasevangelium die eindrucksvolle Geschichte von der Sünderin, die zu einem Festmahl hineinging, bei dem Jesus gerade dabei war, eine Gruppe von Pharisäern in die Zange zu nehmen. Sie löste ihr Haar, weinte zu Füßen Jesu, trocknete seine Füße mit ihrem Haar und goss kostbares Duftöl über sie. Das war nach jüdischem Brauch unvorstellbar. Der Pharisäer, der das mit ansah, sagte: „Ganz offensichtlich ist dieser Bursche kein Prophet. Wenn er ein Prophet wäre, würde er wissen, dass ihn eine Sünderin anfasst und er dadurch unrein wird." Und Jesus sagte zu ihnen: „Ich möchte euch eine Frage stellen. Ein Mann hatte zwei Schuldner. Der eine von ihnen schuldete ihm eine Menge Geld, der andere bloß eine kleine Summe, aber keiner von beiden konnte es zurückzahlen. Da erließ er beiden ihre Schuld. Was meint ihr: Welcher von ihnen wird ihn mehr lieben?" Darauf antwortete sein Gastgeber Simon: „Bestimmt derjenige, dem er mehr erlassen hat." – „Du hast Recht", sagte Jesus. „Siehst du diese Frau? Ich kam in dein Haus und du hast mir nicht einmal Wasser zum Waschen meiner Füße angeboten, obwohl ich auf einer staubigen Safari war. Du hast mich zur Begrüßung nicht geküsst oder umarmt, und du hast mir nicht zum Zeichen der Hochachtung die Stirn gesalbt. Diese Frau dagegen hat meine Füße mit ihren Tränen gewaschen. Sie hat meine Füße mit teurem Duftöl gesalbt und sie geküsst. Ich sage dir: Ihre Sünden – und das waren viele – sind ihr vergeben, weil sie so große Liebe an den Tag gelegt hat. Wer aber wenig Liebe an den Tag legt, dem wird auch wenig vergeben." Damit wies Jesus darauf hin, dass zwischen einem Gesetzestreuen und einem Liebenden ein riesiger Unterschied besteht. Der Gesetzestreue versucht immer, auf Nummer Sicher zu gehen; er hält sich sauber an den mittleren Weg, ist nie zu heiß oder zu kalt. Der Liebende ist einer, der mit Leidenschaft lebt. Wenn er Fehler macht, dann sind das Fehler aus Leidenschaft, und auch wenn er liebt und wenn er Liebe zu Gott entwickelt, lässt er sich darauf mit Leidenschaft ein. Dahin führt Jesus. Es gibt Religionen, die versuchen, sich an die Grundsätze der Liebe zu halten, und Religionen, die sich immer noch an die Grundsätze des Gesetzes halten und Religionen, die sich immer noch an die Grundsätze der Unberechenbarkeit halten. Die Religion bewegt sich durch diese Phasen.

Ich glaube, es gibt sogar noch einen Ort jenseits der Liebe, und das ist die Wahrnehmung, dass jede und jeder Einzelne von uns aus göttlichem Material ist. Es ist nicht so, dass wir einander aus einer Art Mitgefühl für das Menschsein heraus lieben, sondern deshalb, weil wir verstehen, dass es bei dem ganzen Unternehmen buchstäblich darum geht, dass Gott sich selbst erfährt. Für mich existiert Gott und weiß Gott, dass sie existiert, aber damit Gott sich selbst erfahren kann, muss sie erschaffen, und so hat sie dieses ungewöhnliche Spiel kreiert, das der Hinduismus Lila nennt. Lila ist ein Spiel Gottes. Wir sind Teil dieses Spiels. Bei diesem Spiel geht es darum, dass wir die Tatsache wahrnehmen und entdecken, dass wir Gott sind. So sind meiner Überzeugung nach alle großen religiösen Lehrmeister und alle großen Mystiker nicht Lehrer in dem Sinn, dass sie uns eine Information geben würden, die wir nicht schon hätten. Sie sind vielmehr Amnesie-Tilger, also Aufheber des Vergessens. Sie machen uns bewusst, was wir völlig vergessen hatten. Sie reißen den Schleier weg, der uns von dem trennt, was wir in Wirklichkeit sind und erinnern uns daran, um welcher Aufgabe willen wir gekommen sind. Ich sehe die Religion sich in diese Richtung bewegen. Aber es gibt verschiedene Religionen und verschiedene Gruppen innerhalb bestimmter Religionen, die auf elementaren Stufen stehen geblieben sind.

Fundamentalistische Bewegungen, ganz gleich ob im Judentum, Islam oder Christentum, neigen dazu, im Gesetzlichen stecken zu bleiben. Da gibt es dann zum Beispiel Gesetze, an die man sich unbedingt halten muss, Gesetze, die besagen, dass du an den Herrn Jesus glauben musst oder was immer ihr Lieblingsthema ist, und nur dann kannst du gerettet werden.

Warum tun die Religionen das?

Ich denke, und das ist ganz und gar nicht elitär gemeint, dass es auf unserem Planeten einfach unterschiedliche Arten von Seelen gibt. Es gibt auf diesem Planeten ganz junge Seelen in dem Sinn, dass junge Seelen noch nicht besonders weit entwickelt sind. Und es gibt auf diesem Planeten ganz alte Seelen, die schon oft inkarniert waren. Obwohl ich katholischer Priester bin, glaube ich an die Reinkarnation. Ich glaube, dass wir viele, viele Male auf diesen kleinen Planeten kommen. Ich denke, manche Seelen entwickeln sich schnell und manche ganz langsam, und es gibt Seelen, deren Lebenserfahrung und Selbsterfahrung von Angst geprägt ist. Wenn man aber aus Angst heraus handelt, dann reagiert man auf das Leben immer mit Wut. Alle Wut beruht auf Angst. Es gibt Menschen, die sich ihren Ängsten gestellt haben, über diese hinausgekommen sind und auf dem Weg der Liebe und des Mitgefühls zur Selbsterkenntnis gelangt sind. Das sind die Menschen, die das ganze System vorwärtstreiben. Die anderen Menschen sind wie kleine Kinder auf dem Sprungbrett, die vor dem Springen Angst haben, aber nicht realisieren, dass das, wo sie hineinspringen sollen, ein Pool kosmischen Mitgefühls ist. Sie sehen bloß die furchterregende Höhe, haben Angst und klammern sich verzweifelt an das, was sie kennen. Manchmal besteht die Aufgabe in diesem Stadium darin, für die Wahrnehmung aufzuwachen, dass, wenn man sich an die Angst klammert, das Ergebnis die Wut ist und am Ende die Auslöschung steht.

Wie definieren Sie Liebe?

Ich denke, Liebe ist die Ausrichtung auf die Trinität, die Dreifaltigkeit. Das klingt ziemlich esoterisch, ist es aber nicht. Der christliche, hinduistische und buddhistische Trinitätsbegriff ist keine esoterische theologische Formel. Die Trinität ist eine außerordentlich praktische, pragmatische psychologische

Einsicht. Kühn formuliert, steht im christlichen Modell Gott Vater für das „Istsein“ oder Wesen. Christus steht für Gottes totales Sich-selbst-Erkennen. Der Heilige Geist steht für die Liebe, die Gott für die hat, von der sie weiß, dass sie selbst sie ist. In Gott ist also Selbstsein, Selbstwissen, Selbstlieben. Die „Devolution“ (als Gegenbewegung zur Evolution) von Gott zur Inkarnation verläuft vom Sein zum Erkennen zum Lieben. Und auf dem Weg zurück zu Gott bewegen wir uns in der Gegenrichtung, vom Lieben zum Erkennen zum Sein. Nun werden viele Leute behaupten, man könne jemanden nicht lieben, solange man ihn nicht erkenne. Ich möchte genau das Gegenteil behaupten. Ich möchte sagen, man muss jemanden erst lieben, bevor man ihn erkennen kann. Es ist nicht so, dass man jemanden zuerst einmal kennen muss und dann später anfangen kann, ihn zu lieben. Man muss jemanden zuerst einmal lieben, und nur dadurch, dass man ihn liebt, kann man ihn wirklich erkennen. Erst wenn man jemanden wahrhaft erkannt hat, sind beide Seiten frei, die zu sein, die sie wirklich sind. Ja, darum geht es bei diesem göttlichen Leben. Liebe ist die erste Stufe auf dem Weg zurück in unser Gottsein, denn indem wir lieben, verstehen wir, was die Realität ist, und wenn wir die Realität verstehen, können wir wirklich die sein, als die wir gedacht sind. Für mich ist die Liebe der Anfang des Prozesses zurück zum Gottsein.

Warum erleben wir in der Welt so viele Vorurteile?

Ich denke, dieser Planet, auf dem wir leben, ist ein außerordentlich kleiner Planet. Aber er ist nur ein System unter Abermillionen von Planeten im gesamten uns bekannten Universum, die intelligente Lebensformen hervorgebracht haben. An diesem Planeten ist etwas, das uns Begrenzung erfahren lässt, und Begrenzung führt zu Vorurteilen, und Vorurteile bieten die Möglichkeit, Vorurteile zu durchbrechen. Wenn Sie zum Beispiel ein kleines Kind nehmen, das Windpocken hatte, und ein anderes kleines Kind, das noch keine Windpocken hatte, dann sind beide Kinder pockenfrei. Das eine hat die Krankheit hinter sich, das andere hat sie noch nicht gehabt. Beide sehen genau gleich aus, aber sie sind ganz unterschiedlich, denn das Kind, das die Pocken noch nicht hatte, ist nie sicher davor, sie noch zu bekommen. Das andere Kind wird sie höchstwahrscheinlich nicht mehr bekommen. Ich denke, der springende Punkt bei der Erfahrung von Vorurteilen ist: Wenn Sie einem Vorurteil begegnen und es überwinden, machen Sie einen Quantensprung im Lieben. Wenn Sie dagegen noch mit keinem Vorurteil zu tun hatten, sind Sie vielleicht ohne Vorurteil, aber Sie sind dafür noch anfällig und werden es auf einer bestimmten Stufe von Ihrer Kultur lernen. Bevor wir als Seele auf diesen Planeten kommen, haben wir kein Geschlecht, keine ethnische Zugehörigkeit, keinen sozialen und wirtschaftlichen Status, keinen bestimmten IQ und keine religiöse Zugehörigkeit. Wir sind noch ohne alle diese einschränkenden und begrenzenden Eigenschaften. Wenn wir auf diesen Planeten kommen, müssen wir Entscheidungen treffen. Wir müssen entscheiden, ob wir als männlich oder weiblich geboren werden, als schwarz oder weiß, reich oder arm und ob wir den IQ eines Genies oder eines geistig Zurückgebliebenen haben wollen. Alle diese Beschränkungen schaffen unverzüglich für uns Vorurteile. Aber das dient dazu, die Vorurteile zu durchbrechen und wirklich lieben zu lernen. So sind zum Beispiel ein kleines Kind und ein erleuchteter Buddha gleich, insofern sie beide ohne Vorurteile sind; sie haben keine Vorurteile. Aber dem kleinen Kind steht noch bevor, Vorurteile zu lernen und es wird sich mit ihnen herumschlagen müssen. Das Buddhawesen dagegen hat Vorurteile bereits kennen gelernt und ist über sie hinausgewachsen. So sind beide vorurteilsfrei. Das eine ist vor dem Zustand des Vorurteile-Habens, das andere nach diesem

Zustand. Wir verwechseln sie miteinander; wir meinen, sie seien im gleichen Zustand, aber das sind sie nicht, weil der Buddha die Vorurteile durchbrochen hat und das kleine Kind sich erst noch mit ihnen auseinandersetzen muss.

Der Umstand, Vorurteile zu haben und über sie hinauszukommen, gibt uns die Möglichkeit, in das hineinzuwachsen, wer wir sind, statt uns darin schon von Anfang an vorzufinden. Das ist wie der Unterschied zwischen einem Golfspiel, bei dem Sie nie wissen, ob Sie mit Ihren Schlägen in ein Loch treffen, und einem Golfspiel, bei dem Sie sicher wären, dass Sie mit jedem Schlag in ein Loch treffen, ganz gleich, was Sie tun. Im letzteren Fall würde der Ball sogar ins Loch rollen, wenn sie ihn nach hinten schlagen würden. Diese Art von Golfspiel würde kaum viel Spaß machen. Wenn Sie dagegen die Kunst des Golfspiels erlernen müssen und Sie treffen in ein Loch, nachdem Sie einen halben Tag lang in keines getroffen haben, ist das eine Leistung. So geht es also darum, auf den Plan zu treten, Begrenzungen auf sich zu nehmen, die Vorurteile zu übernehmen, die Teil dieser Begrenzungen sind, und dann diese Vorurteile zu durchbrechen. Darin besteht die Erleuchtung. Es ist der Durchbruch, der zur Erleuchtung führt.

Warum müssen wir das auch dann durchmachen, wenn wir bereits erfahren sind?

Wir müssen das durchmachen, weil sogar Seelen sich entwickeln müssen. Es gibt junge Seelen und es gibt alte Seelen. Es sind die angesammelten Erfahrungen von Inkarnationen auf vielen verschiedenen Arten von Planeten und in vielen verschiedenen Lebensformen, die den Seelen das sich Entwickeln und Reifen ermöglichen. Vielleicht gibt es Kindergötter, die von ihrem Gottsein nichts wissen und in ihr Gottsein hineinwachsen müssen, und das kann nur geschehen, indem sie ganz unterschiedliche Situationen durchleben. Es gibt auf diesem Planeten derzeit Menschen, die wirklich weit fortgeschrittene Seelen sind, während viele von uns noch irgendwo auf halbem Weg sind, und es gibt eine ganze Menge, die noch sehr unerfahren in diesem Spiel sind. Wir alle erschaffen das Drama, das jedem von uns in jedem Abschnitt des Spektrums die Gelegenheit bietet, ein Stück weit zur Verbesserung unseres Spiels beizutragen.

Manche Religionen verstehen das Leben als Ort der Prüfung. Verstehen Sie das ebenfalls so?

Ich sehe es als Ort der Prüfung, aber nicht in dem Sinn, dass es eine Art von Belohnung oder Strafe gäbe oder dass ein Gott sagen würde: „Also los, du musst die Meile in 3 Minuten 44 Sekunden schaffen, wenn du dabei sein willst." Darum geht es nicht. Ich denke, wir selbst setzen die Umstände unseres Lebens, damit wir die Art Wesen werden, die wir werden möchten. Aber es gibt keinen Gott, der für diesen Prozess Belohnungen oder Strafen aussetzt, und es gibt keinen Gott, der Hindernisse schafft, um uns ein Bein zu stellen. Ich bin überzeugt davon, dass jeder Einzelne von uns vor seiner Inkarnation mit einer Gruppe von Seelen das schließt, was ich als *preconception contract* bezeichne, einen „vorgefassten Vertrag" für ein Weltdrama, das jeder einzelnen Seele drei Möglichkeiten verschafft: die Möglichkeit zur Selbstentwicklung, die Möglichkeit, anderen bei ihrer Entwicklung zu helfen, und die Möglichkeit, das gesamte Bewusstsein des Planeten zu heben. Das ist eine dreiteilige Funktion. Wir planen unser Drama voraus. Wir rücken mit einem Trupp von Seelen ein und sind unsere gesamte Lebenszeit hindurch auf Safari. Diese Seelen werden in unser Leben eintreten, ganz gleich, was wir anstellen müssen, um ihnen zu begegnen. Ich glaube nicht an Zufall und ich glaube nicht an Glück. Ich glaube, dass wir in unser Leben die Menschen bringen, mit denen wir den vorgefassten Vertrag geschlossen haben, bei dem es darum geht, ein Drama zu inszenieren, bei dem jeder Mitspieler der Star ist. In diesem Drama gibt es keine Superstars; jede und jeder ist 24 Stunden pro Tag auf der Bühne. Jede und jeder ist der Mittelpunkt ihres/seines eigenen Dramas und wir assistieren einander, so dass jede/r andere von uns die ideale, optimierte Möglichkeit dazu hat, das auszuführen, wozu sie/er gekommen ist und was zu lernen wir gekommen sind.

Welche Botschaft möchten Sie Ihren Leserinnen und Lesern überbringen?

Ich habe in diesem Buch versucht, aus den großen Schrifttraditionen der Welt ihren mystischen Kern herauszuschälen, so dass wir jenseits der metaphorischen Sprache kommen, in der sie formuliert sind, oder jenseits der Art von kultureller Umwelt, aus der sie hervorgingen und insbesondere der buchstäblichen, fundamentalistischen Deutung ihres Sinnes. Wenn man in den Kern der heiligen hinduistischen, hebräischen, christlichen oder taoistischen Schriften vordringt, stößt man auf ein und dieselbe mystische Essenz. Meine Aufgabe, die ich mit Leidenschaft betrieben habe, bestand darin, zu versuchen, in die Minen dieser Systeme vorzudringen und herauszufinden, worin der mystische Kern aller dieser Religionen besteht. Wenn man sich bis in diese Tiefe vorarbeitet, gibt es keine theologischen, liturgischen oder ethischen Unterschiede mehr. Man befindet sich an der Urquelle, aus der sich alle Flüsse der Welt speisen.

Welchen Einfluss auf Ihre Botschaft hatte der Umstand, dass Sie katholischer Priester sind?

Ich weiß, dass ich dieses Mal katholischer Priester bin. Das ist meine Aufgabe; der Katholizismus ist die Familie, in die ich geboren wurde. Ich bin nicht der katholischen Kirche als Institution untertan und ich interessiere mich für sie als Institution überhaupt nicht. Ich weiß, dass ich in früheren Leben Hindu und Jude war. Dieses Mal besteht mein Ziel darin, von der Heimatbasis des Katholizismus aus zu starten und von diesem Ort aus die Katholiken einzuladen, den großartigen mystischen Kern aller anderen Traditionen zu erfahren, mit ihm ihre Versuche zu machen und ihn gründlich kennen zu lernen. Meine Priesterausbildung in Theologie und Heiliger Schrift, mein langjähriges Wirken als Priester in Afrika und mein langer Einsatz als Priester hier in den Vereinigten Staaten haben mir die Möglichkeit gegeben, mir alles, was wirklich schön am Katholizismus ist, anzueignen. Der Katholizismus hat einen tief mystischen Kern. Die katholische Liturgie schafft um die Eucharistie eine ungewöhnliche Sphäre, die in eine Art von numinosem Zustand führt. Sie schafft einen Ort, an dem ich das Göttliche buchstäblich spüren und fühlen kann. Ich denke, der Katholizismus verfügt über eine außergewöhnliche Fähigkeit, große Symbole zu erschaffen. Ich bin mit einer Menge katholischer Dogmen nicht einverstanden. Für mich sind Dogmen nicht so wichtig. Große Lehrer verlangen nie, dass man an irgendetwas glaubt. Sie fordern uns auf, aus Liebe zu handeln und nicht an einen ganzen Haufen Dogmen zu glauben. Dogmen sind für den Prozess absolut überflüssig.

Was ist für Sie das Herausragende an Ihrer Kommunität, den „Companions on the Journey"?

Die „Companions on the Journey" sind eine 1997 gegründete Gruppe. Es handelt sich in der Hauptsache um eine Gruppe liberaler Katholiken, die vom bürokratisch organisierten Mainstream-Katholizismus enttäuscht sind und versuchen, selbst miteinander ein Gemeinschaftsleben zu gestalten, in dem sie ihre eigene Liturgie, ihr eigenes theologisches Denken und ihre eigene kommunitäre Organisation entwickeln. Während das, was wir miteinander feiern, im

Wesentlichen die katholische Eucharistie ist, ist unsere Theologie sehr eklektisch. Die Mitglieder der Kommunität sind katholischer, protestantischer, hinduistischer, buddhistischer, muslimischer und jüdischer Herkunft, so dass wir eine große Vielfalt haben. Ich würde sagen, 80 Prozent von ihnen dürften Katholiken sein, die übrigen 20 Prozent kommen aus anderen Systemen. Wir haben eine bunte Mischung von Theologien. Unsere Methode der Selbstverwaltung ist eher das Modell der Quäker. Es beruht auf dem Konsens aller, so dass niemand für irgendetwas das Sagen hat, was bedeutet, dass alles sehr langsam voranbummelt und die Ansicht eines jeden gleich wichtig ist. Es gibt keine Hierarchie, keine Bürokratie und niemanden als Gesamtverantwortlichen. Ich bin der spirituelle Leiter der Gruppe, aber ich habe organisatorisch keinerlei Auftrag. Ich bin in keinerlei Hinsicht für die Gruppe verantwortlich und sage niemandem, was er oder sie zu tun hat. Das ist also ein ganz auf Konsens beruhendes Modell. Ich bin ein freischaffender Unternehmer, den diese Gruppe gebeten hat, ihren Liturgien und der Eucharistie vorzustehen und ihnen gutes theologisches Denken zu bieten. Das ist meine Funktion.

Warum feiern Sie die Messe nicht in einer katholischen Kirche?

Ich bin in der Diözese, in der wir liegen, *persona non grata*, also unerwünscht. Da ich nicht zu dieser Diözese gehöre, macht mir das nichts aus. Nach meiner Rückkehr aus Afrika arbeitete ich ungefähr acht Jahre lang im Rahmen der hiesigen Diözese. 1995 teilte mir die Diözese mit, dass sie mich nicht länger haben wolle, da ihnen meine Theologie zu merkwürdig vorkomme. Meine Theologie ist nicht streng katholisch und sie sagten mir, ich dürfe künftig in katholischen Einrichtungen keinerlei liturgische Funktionen mehr ausüben. Die „Companions" mieteten sich für die Sonntagsgottesdienste in einer Kirche der Siebten-Tags-Adventisten ein und für die Donnerstag- und Freitagmorgen-Gottesdienste in einer Episkopalkirche. Das heißt, wir sind eine Pilgerkirche und haben somit keinerlei Grundbesitz und keinerlei Kopfschmerzen, wie man sie gewöhnlich mit Grundbesitz hat. Außerdem passt das Bild für uns, dass wir ein pilgerndes Volk sind, dem der Boden, auf dem es wandert, nicht gehört, das aber versucht, an einigen verschiedenen Stellen Gottes Energie zu erschaffen.

Können Sie noch etwas ausführlicher erläutern, was Sie damit meinen, wenn Sie sagen: „Das Leben ist nicht das, was sich zwischen Geburt und Tod abspielt. Das Leben ist das, was zwischen Inkarnation und Erleuchtung geschieht."

Ich glaube, es gibt nur ein Leben, und das existiert in einer vor-inkarnierten, einer inkarnierten und einer nach-inkarnierten Form. Das eine Leben, das sich zum Beispiel durch den Menschen bewegt, den Sie heute interviewen und der schon lebte, bevor er diesen Raumanzug trug, und der auch noch lebt, wenn er diesen Raumanzug wieder abgelegt hat, ist das gleiche Leben, das Sie haben. So gibt es buchstäblich nur ein einziges Leben. Das ist das Gott-Experiment. Was immer auch geschieht, sei es auf dem Planeten Erde oder auf dem Planeten Vulkan, das geschieht mit diesem einen und einzigen Leben. Im Fall einer Einzelseele existiert dieses Leben auf drei aufeinanderfolgenden Stufen, auf der Stufe der Vor-Inkarnation, auf der Stufe der Inkarnation und auf der Stufe der Nach-Inkarnation. Ich möchte die Leute so weit bringen, dass sie nicht mehr denken, das Leben reiche bloß von der Geburt bis zum Tod. Dieser Zeitrahmen stellt nicht das Leben dar, sondern nur einen Abschnitt, einen Aufenthalt bei der Safari. Das Leben hat schon lange existiert, bevor ich geboren wurde und wird noch lange weitergehen, nachdem ich diese sterbliche Hülle abgestreift habe. Das wahre Leben ist die Leidenschaft für die Aufgabe, die wir alle haben. Diese Aufgabe fing in dem Augenblick an, in dem ich Ja zu meiner Empfängnis sagte, und diese Aufgabe hört erst auf, wenn ich die Erleuchtung erlange. Ja, ich denke, dass sie sogar dann noch nicht aufhören wird. Im Buddhismus gibt es die Vorstellung vom Bodhisattva. Der Bodhisattva ist ein erleuchtetes Wesen, das sein eigenes Karma abgearbeitet hat und überhaupt nicht mehr um einer weiteren Entwicklung willen zurückkommen muss, aber sich entscheidet, so lange zurückzukommen, bis jedes empfindende Lebewesen gerettet ist. Auch wenn also die Aufgabe mit der Empfängnis beginnen und mit der Erleuchtung enden mag, geht sie tatsächlich über die Erleuchtung hinaus weiter. Sie reicht nicht nur von der Empfängnis des Einzelnen bis zu dessen Erleuchtung, sondern von der Empfängnis des Einzelnen bis zur Erleuchtung für alle. Niemand hört mit dieser Reise auf, bis alle an ihr Ziel gelangt sind.

Ich entsinne mich einer Geschichte, die ich vor einigen Jahren über die „Special Olympics", die Olympischen Spiele für Behinderte, gehört habe. Dabei wurde für Jugendliche ein 100-Meter-Lauf veranstaltet, wobei die Bezeichnung „Lauf" für das übertrieben ist, was passierte. Es nahmen zwanzig oder dreißig Jugendliche von 15 bis 30 Jahren daran teil, von denen die meisten das Down-Syndrom hatten. Beim Startschuss rannten alle mehr oder weniger flink in Richtung Ziel los. Ein kleinerer Teilnehmer stürzte zu Boden und fing laut an zu weinen. Da wandte sich die ganze Gruppe um und schaute zu dem hingefallenen Läufer zurück. Sie vergaßen den Lauf, gingen zu ihm zurück, hoben diesen Jungen auf, griffen einander unter die Arme und marschierten vereint voraus bis über die Ziellinie. Das ganze Stadion erhob sich von den Plätzen und spendete ihnen tosenden Beifall. Ich denke, darum geht es im Leben. Es geht darum, dass alle empfindenden Lebewesen gemeinsam die Ziellinie überschreiten. Ich glaube nicht an die individuelle Erlösung. Niemand kommt in den Himmel, solange nicht alle hineinkommen. Die alte christliche Vorstellung, die Freude des Himmels werde unter anderem darin bestehen, dass es an dessen Rand Fensterplätze gebe, von denen aus man auf die Qualen der Verdammten hinunterschauen könne, ist die schlimmste Verzerrung der Lehre Jesu.

Wenn wir viele Leben hintereinander haben, warum erinnern wir uns dann nicht an sie?

Es gibt viele, viele Weisen, sich an ein vergangenes Leben zu erinnern. An wie viel aus Ihren ersten sechs Monaten auf dem Planeten Erde erinnern Sie sich derzeit noch? Wahrscheinlich an überhaupt nichts. Aber in diesen ersten sechs Monaten ereigneten sich einige der wichtigsten Dinge Ihres ganzen Lebens. Der Umstand, dass wir zu bestimmten Erfahrungen keinen bewussten Zugang haben, bedeutet nicht, dass diese Erfahrungen nicht dazu beigetragen hätten, uns als die zu formen, die wir sind. Sogar wenn ich Sie fragen würde, was Sie am 1. Juli 1979 gemacht haben, könnten Sie mir das wahrscheinlich nicht sagen. Zum Großteil unserer Lebenserfahrungen haben wir keinen bewussten Zugang. Aber alle diese Erfahrungen formen uns. Jede Erfahrung, die wir jemals gemacht haben, hat zur Formung des Charakters beigetragen, den wir jetzt haben. Tatsächlich hat uns auch die Information aus vergangenen Leben geformt und ist Teil des Grundes dafür, dass wir die sind, die wir sind. In diesem Sinn haben wir also zu ihnen ständig einen unbewussten Zugang. Nachfolgende Generationen von Computern werden zum Beispiel mit Hardware ausgestattet, die vorhergehende Computer noch auf dem Weg über Software brauchten. Nachfolgende Generationen bauten auf dem neu erworbenen Wissen auf und fügten dieses der Hardware der neuen Systeme ein. Ich denke, wir haben in unseren nachfolgenden Leben alles Wissen aus früheren Zeiten als Hardware angelegt. Die Tatsache, dass wir zu einem Großteil dieser Information keinen bewussten Zugang haben, heißt nicht, dass diese Information sich nicht nachhaltig darauf auswirke, wer wir sind und wie wir reagieren.

Wird die Menschheit besser?

Das glaube ich. Das Maß dafür ist das Ausmaß der Krise, vor der wir stehen, wenn ich mir die Menschheitsgeschichte ansehe. In gewisser Hinsicht ist der einzige Unterschied zwischen der Gewalttätigkeit, die wir jetzt erleben, und derjenigen, die die Höhlenmenschen erlebten, der, dass es mit einem Knüppel wesentlich schwerer ist, internationalen Schaden anzurichten, als mit einer interkontinentalen Fernlenkrakete. Aber die Wut, die Selbstsucht und die Angst, die sind gleich. Auf einer bestimmten Ebene werden wir von der immer gleichen Angst und Wut getrieben, nur dass diese sich jetzt mit einer viel tödlicheren Technologie vermählt hat. Zugleich ist der Grad zu dem die Bewusstheit auf diesem Planeten heranwächst, außerordentlich.

Wenn Sie an die Menschenrechte, die Frauenrechte, ja sogar die Anerkennung der Tierrechte denken, dann sind das alles Errungenschaften der jüngsten Geschichte. Die Menschen gibt es vielleicht seit 1,3 Millionen Jahren als Experiment auf einem Planeten, der 4,5 Milliarden, und in einem Universum, das 13 Milliarden Jahre alt ist. Erst in den letzten 2500 Jahren sind die großen Avatare unter uns erschienen. Die Buddhagestalten, die Laotsegestalten, die Sokratesgestalten, die Jesusgestalten, sie haben alle erst vor kurzem angefangen, unter uns aufzutauchen. Wir sind bei diesem Experiment noch sehr jung, aber sogar schon in diesem kurzen Zeitraum haben wir außerordentlich große Fortschritte gemacht.

Der Umstand, dass wir jetzt vor einer außergewöhnlichen Krise stehen, erinnert mich im Blick auf die Evolutionsgeschichte daran, dass es noch nie einen folgenreichen Umbruch gegeben hat, dem nicht irgendeine globale Krise vorausgegangen wäre. In der

Evolutionsbiologie passiert das die ganze Zeit. Das erlebe ich auch ständig, wenn ich als Psychologe mit Paaren und Einzelnen arbeite. Niemand ändert sich in seiner Verhaltensweise wesentlich, solange nicht irgendeine Art von persönlicher Krise dazu führt. Wir spüren diese Krise einfach deshalb so deutlich, weil auf diesem Planeten nicht nur die Spezies Mensch, sondern auch die den Planeten umgebende Bewusstseinshülle zum nächsten evolutionären Umbruch aufgerufen ist, nämlich vom Geist zur Seele. Wir haben schon etliche Umbrüche durchgemacht: vom bloßen physikalischen Material, das wir mittels der Physik studieren, zur Lebensform, für die die Biologie zuständig ist, zu intelligenten Wesen, um die sich die Psychologie kümmert. Jetzt kommt als nächster Umbruch der Umbruch zu Seelen, die von der Theologie studiert werden und schließlich noch der Umbruch zu „reinen Geistern" (engl. *spirits*), für die die Mystik zuständig ist. So stehen wir also als Planet am Rand des Übergangs zu den beiden nächsten Phasen, und darum tritt die Krise ein. Ohne sie würden wir den Umbruch nicht anpacken.

Wie, denken Sie, wird Ihre Botschaft den Menschen der Welt helfen?

Die Aufgabe eines Lehrers ist es nicht, den Menschen etwas zu sagen, das sie nicht wissen. Sie besteht darin, sie an etwas zu erinnern, das sie in ihrem Innersten bereits wissen. Meine Hoffnung ist, dass genügend Menschen die Wahrheiten auszusprechen anfangen, die sie im Kern ihrer selbst wissen, und sich mit anderen vernetzen und dass auf diese Weise schließlich eine kritische Masse erreicht wird. Man braucht keine Mehrheit, um einen gewaltigen Umbruch im Denken zustande zu bringen. Dazu genügt eine signifikante Minderheit, oft weniger als zehn Prozent. Wenn es auf dem Planeten genügend Lehrer gibt, die dabei mithelfen, die Menschen für die

Wahrnehmung dessen aufzuwecken, was sie tief in ihrem eigenen Inneren bereits wissen, und wenn sich diese Lehrer mit anderen Gruppen vernetzen, dann wird es zu einem außergewöhnlichen Umbruch im Bewusstsein kommen, und ich trage meine zwei Cent zu diesem Prozess bei.

Was geschieht in Amerika, das in Afrika nicht geschieht?

Ich denke, in Amerika bietet sich eine außerordentliche Möglichkeit. Eines der Dinge, die ich nach dem Ereignis vom 11. September stark empfand, war, dass Amerika angesichts seiner gewaltigen Ressourcen, nicht nur seiner physischen Ressourcen oder seines Reichtums, sondern auch seiner denkerischen Kraft, uns die Möglichkeit bot, eine Speerspitze der menschlichen Evolution zu werden. Das Schlimme war, dass die mit der politischen Autorität Ausgestatteten sich entschieden, zu einer Religion auf der zweiten Stufe zurückzukehren, ja sogar zu einer Religion auf der ersten, mit unberechenbaren, unkontrollierbaren, fernen, fordernden Gottheiten, die mit ihrem Zorn das Volk heimsuchen. Uns war eine außergewöhnliche Möglichkeit geboten, anders zu denken und im Denken führend zu sein. Was ich liebend gern im Gefolge des 11. September gesehen hätte, wäre gewesen, dass man ein fünfjähriges Moratorium für alle Vergeltungsschläge angesetzt und die führenden Persönlichkeiten aus Spiritualität, Politik, Militär, Ökologiebewegung, Psychologie, Medizin und Landwirtschaft zu einem fünfjährigen Brainstorming darüber zusammenberufen hätte, wie wir das Leben auf dem Planeten Erde ganz anders gestalten können, als nur auf eine Religion der ersten oder zweiten Stufe zurückzufallen, bei der das Prinzip des Auge um Auge und Zahn um Zahn gilt. Der Grund, warum ich es so aufregend finde, in dieser Zeit in diesem Land zu leben, ist, dass wir tatsächlich die Ressourcen, die Freiheiten und die intellektuelle Kraft haben, die uns in die Lage versetzen, ein

Paradigma schaffen zu können, das es der menschlichen Spezies ermöglichen würde, den Durchbruch zum Christusbewusstsein zu schaffen. Das ist eine wirklich faszinierende Zeit, in der wir leben dürfen, und ein faszinierendes Land. Diese Arbeit könnte ich in Afrika nicht tun; ich könnte sie in der Dritten Welt nicht tun.

In Ostafrika hätte ich nicht die Ressourcen, die Technologie oder das Publikum, also alles das, was in die Lage versetzt, in der Welt etwas Neues zu bewirken. Als ich in einem Dorf in Afrika lebte, ging es bei meiner Zusammenarbeit mit der örtlichen Gemeinschaft darum, Wasser und Nahrung zu beschaffen und die Umwelt vor Ort zu verändern, in der Hoffnung auf Besserung, aber das hätte sich nie groß auf das ausgewirkt, was auf einer globalen Bühne abläuft. Hier kann ich dabei ein Faktor sein.

Wo sehen Sie die beste Chance für eine Veränderung?

Da wir uns in eine völlig verkehrte Richtung bewegen, beginnen allmählich sogar diejenigen unter uns, die vor sich hin Schlummern, zu merken, dass die Dinge sich rasch derart gewaltig verschlechtern, dass wir es nicht mehr den Regierenden überlassen können, die Entscheidungen zu treffen, sondern aufstehen und uns selbst untereinander organisieren müssen. So hat für mich dieser völlig verkehrte Umschwung die Funktion eines Weckrufs. Ein Teil von mir denkt, hier laufe gerade eine Politik unter allerhöchstem Risiko ab. Bevor wir in den Irakkrieg zogen, hatte ich das Gefühl, falls sich die Friedensbewegung zu schnell durchsetzen sollte, würde sie eher lähmend wirken, weil wir alle nur wieder einschlummern würden. Aber es kam zum Krieg und zur Zerstörung und viele Leben gingen verloren. Das Ideal wäre eine Art von Politik unter höchstem Risiko gewesen, bei der alles ernst genug geworden wäre, um die Leute so aufzuwecken, dass sie für immer wach blieben, aber dass das nicht hätte heißen müssen, dass eine derartige Menge unschuldiger Menschen sterben müssen. Diese Grenze haben wir überschritten. Meine Hoffnung ist, dass, weil die Dinge sich derart verschlechtern, mehr und mehr Menschen aufwachen werden, und zwar genügend aufwachen, um wach zu bleiben, und nicht nur aufwachen, bis die Krise vorbei ist und dann wieder zum *business as usual* zurückkehren.

Kennen Sie die naturwissenschaftlicher ausgerichteten modernen Religionen, die den Gottesbegriff ablehnen?

Ich denke, diese Leute missverstehen, worum es bei der Naturwissenschaft geht, und eine Menge Naturwissenschaftler missverstehen das. Es gibt eine Richtung, die man heute als „Szientismus" bezeichnet, und das ist eine irrige Form der Naturwissenschaft. Auf die gleiche Weise, wie es fundamentalistische Religionen gibt, gibt es auch einen fundamentalistischen Szientismus, der mit solider Naturwissenschaft nicht viel zu tun hat. Die Naturwissenschaft sollte für eine genaue Auswertung der Daten offen sein und auf der Grundlage der Daten die Muster erklären, Experimente durchführen, die die Hypothesen überprüfen und dann wirksame Modelle entwickeln. Der Szientismus tut das nicht. So glaubt der Szientismus zum Beispiel, dass nur die materielle Welt wirklich sei, und wenn etwas nicht materieller Natur ist und es mittels unserer Instrumente oder fünf Sinne nicht empirisch bewiesen werden könne, existiere es nicht. Der Szientismus ist der Erforschung eines gesamten Bereichs der menschlichen Erfahrung gegenüber verschlossen; das ist fundamentalistische Naturwissenschaft. Das ist wirklich schlechte Wissenschaft, und genau wie die fundamentalistische Religion ist sie die Weigerung, die Befunde der wirklichen Wissenschaft gelten zu lassen. In der Vergangenheit standen fundamentalistische Religion und Naturwissenschaft im Streit gegeneinander. Es muss eine Vermählung zwischen der mystischen Religion und der guten Naturwissenschaft geben. Wenn man diese beiden zusammenbringt, können außerordentliche Dinge passieren. Für meine Doktoratsdissertation machte ich eine experimentelle Untersuchung mit 496 Menschen über die Auswirkung des Fürbittgebets aus der Ferne auf die Selbstachtung und das Ausmaß von Angst und Depression in der Bevölkerung. Das ist ein Gebiet, auf dem ich versuchte, das Beste aus Realwissenschaft, Zufalls-, kontrollierten und doppelblinden Experimenten mit einem esoterischen Phänomen wie dem Fürbittgebet zu verbinden. Das lässt sich machen, wenn man solide Wissenschaft mit mystischem Denken zusammenbringt; dann ergibt sich eine außergewöhnliche Synthese. Wenn man fundamentalistische Religion mit Szientismus zusammenbringt, dann ergibt sich daraus nur ein außerordentlicher Kampf, bei dem jede Seite der anderen vorwirft, blind zu sein.

Was ist Gebet?

Zunächst einmal gibt es eine Menge verschiedener Arten von Gebet. Die meisten Menschen denken dabei nur an das Fürbittgebet; das ist aber nur eine Art von Gebet. Es gibt das Lobgebet, das Dankgebet, das Gebet der Anbetung, das Gebet durch Meditation, aber die meisten Menschen denken nur an das Bittgebet, und so möchte ich meine Antwort auf dieses konzentrieren. Beim Bittgebet möchte man ein bestimmtes Ergebnis erreichen und man betet zu Gott, um dieses Ergebnis zustande zu bringen. Als ich diese Studie über das Gebet unternahm, untersuchte ich einige unterschiedliche Begriffe von Gebet. Es gibt manche Menschen, die denken, beim Bittgebet oder Fürbittgebet gehe es nur darum, über das Unvermeidliche zu plaudern. Sie sagen, selbst wenn Gott existiert, dann hat er vermutlich, da er allwissend ist, bereits von vornherein alle Einzelteile in die Gleichung eingebaut, einschließlich des Gebets, das in zehn Jahren daherkommen wird. Es werde also keinerlei Änderung bewirken, denn Gott hat schon alle Einzelteile zusammengesetzt und die Gleichung ausgeglichen. Das Bittgebet sei also nur Zeitverschwendung und ein Geplauder über das Unvermeidliche, denn Gott werde tun, was er tun werde. Nun, ich denke und glaube nicht, dass das stimmt.

Es gibt eine Vorstellung vom Bittgebet, die ich als das Satellitenschüssel-Modell bezeichne. Gesetzt den Fall, ich möchte für meinen Bruder Séamus beten, der in Irland lebt, aber wegen der Erdkrümmung kann ich nicht direkt für ihn beten, und so müsste ich mein Gebet von Gott wie von einer Satellitenschüssel am Himmel abstrahlen lassen, und Gott würde mein Gebet zu Séamus hinablenken. Gott wäre also eine Art Umsetzer, der meine Bitten auf ihre Ziele hinstrahlt. Nun, ich glaube auch das nicht, aber eine Menge Leute arbeiten mit diesem Modell. Dann gibt es ein Modell, das ich als das abrahamische bezeichne. Das ist das Modell, bei dem man mit Gott feilschen kann. Es gibt eine großartige Geschichte darüber, wie Abraham um das Schicksal von Sodom und Gomorra feilscht und zu Gott sagt: „Falls es in diesen Städten 50 gute Menschen gibt, willst du sie auch dann zerstören?" Und Gott sagt: „Also gut, wenn es 50 gibt, dann werde ich sie verschonen." „Und was ist, wenn es nur 45 sind?" „Gut, auch dann noch." „Aber gesetzt den Fall, es sind nur 40?", „Meinetwegen, auch dann noch." „Und angenommen, es sind nur 30, nur 20 …?" Und er geht herunter bis auf 10. Gibt es also manche Dinge, über die man mit Gott feilschen kann, und man kann Gottes Arm beugen und bekommen, was man will? Ich denke nicht, dass das Gebet so wirkt.

Dann gibt es noch eine Vorstellung, die ich das mosaische Modell nenne. Es gibt eine Geschichte über Moses in der Wüste, wo die Israeliten in einen Kampf gegen die Amalekiter geraten. Moses geht den Berg hinauf und erhebt die Hände und ruft die Hilfe Gottes für seine Seite an. Solange er die Hände hoch ausgestreckt halten kann, haben die Israeliten die Oberhand. Aber als ihm die Arme ermüden und sie ihm sinken, beginnen die Amalekiter die Oberhand zu gewinnen. Da treten zwei Männer rechts und links an Moses heran und stützen ihm die Hände hoch, und da gewinnen schließlich die Israeliten.

Es gibt manche Leute, die denken, es gebe für das Gebet irgendeinen Trick. Wenn man dahinterkomme, wie der Trick funktioniert, bekomme man, was man wolle. Das kann eine Pilgerfahrt nach Mekka sein, oder es können die Neun Ersten Freitage sein oder eine Reise nach Lourdes oder was auch immer. Ich glaube nicht, dass es überhaupt einen Trick dafür gibt.

Ich stelle mir das Gebet wie ein Berieselungssystem auf einem Rasen vor, bei dem alle diese Röhren im Boden an einen einzigen Wasserhahn angeschlossen sind. Es gibt eine Quelle. Das ist Gottes Liebe zu uns. Dank dieser Liebe fließt das Wasser durch das ganze System und berieselt den Rasen, der das Leben des Menschen ist. Aber es gibt Knotenpunkte, an denen die Röhren zusammenlaufen, und wenn die verstopft werden, dann bekommt ein Bereich des Rasens kein Wasser. Der Sprinkler in diesem Bereich funktioniert nicht, weil alles verstopft ist. Was die Verstopfung bewirkt, sind Vorurteile, ein Mangel an Vergebung und schlechte Theologie. Beim Gebet geht es darum, die Blockierungen im Röhrensystem aufzulösen, damit das Wasser in der Röhre, das bereits im System ist, freigesetzt wird, um den gesamten Rasen zu berieseln. Gebet ist nicht dort, wo wir Gottes Arm beugen. Ich glaube gar nicht, dass Gott im Gebet überhaupt eine Rolle spielt. Ich glaube nicht, dass es beim Gebet darum geht, Gott darum zu bitten, er solle am Ende etwas anderes als Ergebnis herauskommen lassen. Ich denke, beim Gebet geht es darum, dass Menschen die Blockierungen im Bewässerungssystem lösen, so dass anderen Menschen unser Mitgefühl zugutekommt. Ich denke nicht, dass Gebet überhaupt etwas mit Gott zu tun hat. Beim Gebet geht es um unser Bewusstsein und unsere Aufmerksamkeit, mit der wir es ermöglichen, dass sich die Blockierungen im System auflösen, damit das Wasser frei an seine Zielpunkte fließen kann. Das nenne ich lasergesteuerte, zielgerichtete Absicht. Dabei geht es überhaupt nicht darum, Gott um sein Eingreifen zu bitten.

Ich glaube nicht, dass das Gebet überhaupt Gott ins Spiel bringt. Wir rufen nicht ein transzendentes Wesen an, es solle sich in die Belange der Menschen einmischen und ein anderes Ergebnis hervorbringen. Aber da wir Gott sind, beten wir tatsächlich zu Gott; wir bemühen uns um den Zugang zu unserer eigenen inneren Göttlichkeit. Es fällt schon den meisten von uns wirklich schwer, zu glauben und es praktisch so anzustellen, dass wir Symbole außerhalb unserer selbst erschaffen, um damit zu versuchen, uns auf das zu konzentrieren, was in unserem Inneren vorgeht. Aber die meisten machen es sogar umgekehrt: Sie projizieren dieses Bild nach außen, um sich zu konzentrieren, und denken dann, das Eigentliche spiele sich da draußen ab. Das ist, wie wenn Sie auf eine Filmleinwand schauen und meinen, da vorne reite jetzt John Wayne tatsächlich von links nach rechts über die Bühne, und Sie ziehen Ihre Waffe und fangen an, auf ihn zu schießen, wo doch in Wirklichkeit das Geschehen sich im Filmapparat abspielt. Aber es ist sehr schwierig, sich einen Film anzuschauen, indem man sich die Zelluloidstreifen ansieht. Das ist eine sehr langweilige Form, sich einen Film anzuschauen. Wenn man die Bilder auf den Zelluloidstreifen aber auf eine Bildfläche projiziert, bekommt man die Illusion, dass die sich bewegen und die Illusion von Zeit und Geschwindigkeit und Größe. Das erlaubt es, ganz klar und deutlich zu sehen, was sich auf den Zelluloidstreifen abspielt. Aber wenn man glaubt, dass das tatsächlich auf der Leinwand passiere, macht man sich etwas vor. Wenn wir zu Gott beten, dann deshalb, um uns leichter auf das Bild von etwas konzentrieren zu können, das in uns selbst ist. Aber wenn wir denken, das sei da draußen, und dann zu einem Wesen beten, das von außen her eingreifen soll, wird das falsch. Gebet ist eine Hilfe zur Selbstwahrnehmung, es ist eine Hilfe, sich voll bewusst zu werden, es ist eine Hilfe, meine Absicht wie einen Laser zu steuern, aber das wird vom Gott in mir angetrieben und mein Ziel ist der Gott in dir oder der Gott in jedem anderen Menschen, für den ich gerade bete.

Was ist Sünde?

Ich glaube nicht, dass Sünde die Übertretung eines Gebots ist. Ich glaube nicht, dass Sünde das Brechen eines Gesetzes ist. Sie hat nur beiläufig damit zu tun. Im Wesentlichen ist Sünde die bewusste, vorsätzliche Entscheidung, nicht zu wachsen. Wenn ich vor einer Möglichkeit stehe, bei der ich aus meinem Gottsein heraus handeln und in einer Situation Liebe und Mitgefühl ausstrahlen kann, und ich mich stattdessen dafür entscheide, mich mit meinem Ego oder meiner Persona zu identifizieren, es also vorziehe, nicht zu wachsen, dann ist das Sünde. Oft ist das damit verbunden, dass man ein Gebot übertritt oder irgendein Gesetz bricht, aber das ist bei diesem Prozess nicht das Wesentliche. Das ist nur die Auswirkung oder das Symptom oder das Epiphänomen davon. Es ist überhaupt nicht der Kern, um den es geht.

Werden manche Menschen von der Sünde erstickt?

Ich denke, viele Menschen haben eine überwältigende Ehrfurcht vor Gesetz und Konvention. Aus kultureller Prägung und ihrer Kindheitserziehung heraus denken sie nicht selbstständig; sie treten nicht in Kontakt mit ihrer eigenen Seelenweisheit. Es gibt einen Ort jenseits der Vernunftwelt; das ist die Seelenwelt. Es gibt eine viel tiefere Weisheit als unser Denken, und das ist unser spirituelles Wissen, aber den meisten von uns ist beigebracht worden, diesem zu misstrauen. Wir sind darin unterwiesen worden, uns an Dogmen zu halten, auf Lehren zu hören, an eine ganze Menge zu glauben und Intuition und angeborene Weisheit zu missachten.

Ich verfolge gern mit, wie kleine Kinder sich von ihrer Geburt an in die Welt der sie umgebenden Phänomene vertiefen. Sie trinken alle ihre atemberaubenden Erfahrungen in sich hinein und sie stellen großartige Fragen. Mit fünf oder sechs Jahren schicken wir sie in die Schule; wir ignorieren ihre Weisheit und stopfen sie mit Daten und Informationen voll. Daten und Informationen ermöglichen es uns nur, die äußere Welt zu manipulieren, aber sie stimmen uns nicht auf unsere eigene Wahrheit ein. Das ist das, was die Weisheit tut. Das ist auch das, was die Seele tut. Kinder wissen das instinktiv, bis das Erziehungssystem ihnen beibringt, dem zu misstrauen. Dann kommt auch die Religion mit ihrer Art der Erziehung daher und setzt sie bis in unser Erwachsenenalter fort. Die Religion macht damit weiter, uns einzuschärfen, wir sollten unserer Intuition oder Weisheit oder unserem Seelensinn misstrauen und uns stattdessen an das offenbarte Dogma und das kirchliche Glaubenssystem und einen ganzen Haufen ethischer Normen halten.

Warum sind wir für Propaganda so anfällig?

In den USA ist unsere Propaganda viel subtiler. Nachdem ich die ersten 26 Jahre meines Lebens in Irland gelebt habe, dann 14 Jahre in Ostafrika und jetzt rund 17 Jahre hier in den Staaten bin, sehe ich, dass diese Kultur über eine außerordentliche Fähigkeit zur Selbsttäuschung verfügt. Weil das Leben in Amerika so gut ist und wir so viele Freiheiten haben, glauben wir unseren eigenen Lügen bereitwilliger. Wir übernehmen diese Lügen, die ungemein subtil sind und besonders stark auf Abwege führen, weil wir sie nicht als solche erkennen und nur schwer etwas dagegen tun können.

Das Gebiet um die Bucht von San Francisco, wo Ihre Kommunität angesiedelt ist, ist ein sehr materialistisch geprägtes Gebiet. Wie wirkt sich das auf die Spiritualität aus?

Ich denke, das ist ein sehr materialistischer Teil der Welt, aber zugleich kenne ich kein anderes Segment der Bevölkerung, das sich klarer der Menschenrechte bewusst ist und sich stärker dafür interessiert und engagiert, dass die gesamte Weltbevölkerung die gleichen Möglichkeiten bekommt. In vielen Gegenden der Welt sind die Menschen derart damit beschäftigt, dass sie jeden Tag über die Runden kommen und überleben, dass sie nicht die Energie oder Zeit haben, in einem größeren Rahmen zu denken. Es gibt innerhalb dieser Kultur eine Untergruppe, der es gut genug geht, dass sie über die Muße, die Ausbildung, das Fachwissen und die Ressourcen verfügt, um grundlegend etwas ändern zu können. Ich kenne in diesem Gebiet einige außerordentliche Menschen. Trotz des Umstands, dass sie oft sehr wohlhabend sind, verwenden sie ihren materiellen Reichtum für den Versuch, global Änderungen herbeizuführen. Das gehört zu dem Faszinierenden hier. Natürlich gibt es auch eine Menge Leute, die einfach bloß darauf aus sind, auf dem Rücken derer, die immer ärmer und ärmer werden, immer reicher und reicher zu werden.

Worum geht es Ihnen letztlich mit Ihren Büchern?

Ich stelle mir das gern so vor, dass ich Teil einer vernetzten Gruppe sein könnte, die die Menschen für die Wahrnehmung aufweckt, dass dies ein Spiel ist und wir das falsche Spiel treiben. Manche von uns denken, bei diesem Spiel gehe es um Prestige, manche denken, es gehe um Politik, und manche, es gehe um Reichtum; aber bei diesem Spiel geht es um nichts von alledem. Bei diesem Spiel geht es um das Suchen und sich Erinnern. Das Spiel besteht darin, zu suchen und das Vergessen dessen aufzuheben, wer wir wirklich sind; und das Spiel besteht darin, zu suchen und darauf hinzuarbeiten, dass sich auf dem Planeten Erde eine Spezies entwickelt, die fähig ist, ihr eigenes Gottsein zu erkennen. Ich möchte unbedingt Teil dieser Bewegung sein und genügend Menschen aufwecken, damit diese Bewegung zu einem Bewusstseinswandel für den ganzen Planeten führt und sich auf alles auswirkt, was wir tun, von der Politik bis zur Landwirtschaft.

Glauben Sie an das Böse?

Jeder Einzelne von uns hat einen Schattenanteil. C. G. Jung sagte vom Schatten: „Der Schatten besteht zu 80 Prozent aus Gold." Freud glaubte, das Unbewusste verwahre das unterdrückte Trauma unseres Lebens. Das glaube ich nicht; Freud erkannte nur einen Teil der Wahrheit. Es ist eher so, dass 20 Prozent dieses Schattens mit der Finsternis oder dem Trauma meiner Erfahrung mit dem Leben ausgefüllt sind. Die anderen 80 Prozent bestehen aus unverwirklichtem Potenzial. Wäre ich in eine andere Familie hineingeboren worden, dann hätte man mich vielleicht gefördert, um Musiker zu werden. Das war nicht der Fall. Oder wenn ich in eine andere Familie hineingeboren wäre, hätte man mich vielleicht gefördert, um Eiskunstläufer zu werden. Auch das war nicht der Fall. Die Familie, in die ich hineingeboren wurde, interessierte sich für das akademische Leben, und so studierte ich. So gibt es also alle diese Seiten von uns, die nie entwickelt werden, und das liegt an der bestimmten Familie, in die wir hineingeboren wurden, oder an der Kultur, der wir angehören.

Was ist das Böse? Ich denke, das ist unverwirklichtes Potenzial und die Frustration, die sich daraus ergibt und das Versagen, unserer eigenen Egozentrik Herr zu werden. Wenn ich mich nicht mit meiner eigenen Egozentrik auseinandersetze, muss ich sie auf einen anderen Menschen oder auf irgendeinen Bereich der Gemeinschaft projizieren. Ich denke, wir tun das als Individuen, als Gemeinschaften, als Kulturen und sogar als globale Gemeinschaft. Es gibt eine große Menge von nicht wahrgenommenem Schattenmaterial im Raum, das unsere gesamte Spezies von sich abgespaltet hat. Das verschmutzt die Bewusstseinshülle um den ganzen Planeten.

Vor einigen Monaten hatte ich eine Vision, in der ich das Universum als schwangere Frau sah. Ich hatte ihre Silhouette vor Augen und sie war mit dem Planeten Erde schwanger. Ich konnte sehen, dass diese werdende Mutter zuweilen sprühend und gesund wirkte, und zuweilen richtig fahl und teilnahmslos. Da ging mir auf, dass es nicht nur eine Nabelschnur gibt, die unseren Planeten mit dem Universum verbindet, sondern sechs Milliarden Nabelschnüre, und dass durch alle diese Nabelschnüre Flüssigkeit fließt, und mir wurde klar, dass sich die Qualität dieser Flüssigkeit auf den Gesundheitszustand der Mutter auswirkt. Mir ging auf, dass jeder Mensch auf dem Planeten mit dieser Bewusstseinshülle um den Planeten verbunden ist und von ihr getragen wird, und dass umgekehrt auch er Material in sie einspeist, weil die Nabelschnur diese beiden Funktionen hat: Sie ernährt das Kind, weil die Mutter ihm Nährstoffe zuschickt, und das Kind scheidet durch die Nabelschnur in die Mutter zurück aus, und sie entledigt sich im Namen des Kindes dieses Mülls. Wenn unsere Gedanken oder Worte oder Taten gewalttätig sind, dann schicken wir dieses ganze giftige Material in den Schoß zurück und zurück in die Membran, die uns ernähren sollte, aber wir verschmutzen und vergiften sie und sie kann uns nicht mehr richtig ernähren. Von daher glaube ich, dass das Böse ungelöste Dinge sind, die selbstsüchtige Entscheidungen beeinflussen, die wir als Individuen, Gemeinden und Nationen treffen und die wir auch als globale Gemeinschaft treffen. Wenn wir uns dessen bewusst werden, müssen wir drei Dinge tun. Wir müssen auf die Qualität dessen achten, was wir denken. Wir müssen auf die Qualität dessen achten, was wir sagen. Wir müssen auf die Qualität dessen achten, was wir tun. Wir müssen sicherstellen, dass wir da draußen nicht Gewalttätigkeit fördern oder ungerechtes Urteilen und wir müssen Mitgefühl hinausschicken. Wenn dann diese Membran von innen her immer mehr Mitgefühl bezieht, wird sie immer besser fähig, uns zu nähren, und dann löst sich das Böse auf. Solange wir als Individuen, Gemeinschaften und Nationen das nicht wahrnehmen, projizieren wir bloß weiterhin unser schlechtes Material auf andere und strafen sie damit.

Was macht Ihnen an unserer Gesellschaft Sorgen?

Ich erinnere mich, wie ich im April 1978 in einer Tiefenmeditation eine Vision hatte, in der Jesus gekreuzigt wurde, starb, von den Toten auferstand und dann wieder gefangen genommen und noch einmal gekreuzigt wurde, und dann kam am zweiten Sonntag eine ganze Gruppe heraus, um sich seine Auferstehung als besonderes Schauspiel anzusehen, aber diese Auferstehung fand nicht statt, und die ganze Menge zog enttäuscht wieder ab. In meiner Vision sagte Jesus zu mir, nachdem er dann doch zum zweiten Mal auferstanden war: „Wer, glaubst du, hat mich am meisten enttäuscht?“ Ich gab zur Antwort: „Ich vermute Petrus. Petrus sollte doch der Fels sein, auf den du deine Kirche bauen wolltest, und dreimal hat er geleugnet, dass er wisse, wer du seiest.“ Jesus sagte hierauf: „Nein, das war nicht Petrus. Petrus tat das, weil er Angst hatte, und für Angst habe ich Verständnis.“ So sagte ich: „Gut, wenn es nicht Petrus war, dann Judas. Judas war einer der zwölf und er verkaufte dich um Geld.“ Und Jesus erwiderte: „Nein, es war nicht Judas. Judas brachte eine Menge Schlauheit, eine Menge Können und eine Menge Einsatz für das auf, was er tat. Er war es nicht.“ So sagte ich: „Wenn es nicht Petrus war und nicht Judas, dann muss es der Hohepriester gewesen sein. Der Hohepriester war ein Schriftgelehrter und der Führer der spirituellen Bewegung. Er sollte den Messias erkannt haben, als er kam; stattdessen hat er dich gekreuzigt." Und Jesus sagte: „Nein, sogar er war es nicht. Er blieb bei seiner harten Haltung. Nachdem ich das erste Mal von den Toten auferstanden war, kreuzigte er mich wieder. Nein, er war es nicht." Darauf sagte ich: „Wenn es nicht Petrus war und wenn es nicht Judas war und wenn es nicht der Hohepriester war, gebe ich auf. Sage du mir, wer es war." Und er gab mir zur Antwort: „Es war die Menge. Die gelangweilte, antriebslose, mittelmäßige Menge. Sie wollte von mir nur eines: unterhalten werden. Es beeindruckte sie nicht, dass ich sie auf wunderbare Weise speiste oder dass ich am Kreuz starb oder dass ich von den Toten auferstand. Sie wollte nur eines: ihre Unterhaltung. Es war ihr völlig gleichgültig, was ich ihr sagen wollte. Sie wollte nur unterhalten werden." Was mich am meisten enttäuscht, ist, dass die große Mehrzahl von uns derart mittelmäßig ist. Wir sind weder heiß noch kalt, wir richten keinen großen Schaden an und wir tun nicht viel Gutes. Wir trudeln einfach so in diesem Dämmerzustand des halb Wachseins durchs Leben. Das sind nicht so sehr die Regierenden, die uns an der Nase herum in die Hölle führen, denn die bringen immerhin Macht und Leidenschaft und Einsatz für das auf, was sie tun. Aber die meisten anderen Menschen schlingern bloß ziellos durchs Leben.

Ist das ein Ergebnis von Angst?

Ich denke, es ist das Ergebnis einiger unterschiedlicher Dinge. Zur Zeit Jesu gab es in Rom den alten Spruch, die Menge schreie immer nur: „Gebt uns Brot und Spiele!" Solange wir etwas zum Essen im Bauch und unsere Unterhaltung haben, ist es uns völlig egal, was ihr Typen da oben an der Spitze treibt. Regierende wissen das. Sie wissen, dass sie den Menschen bloß genügend Brot und Spiele geben müssen, und sie können so ziemlich alles tun, was sie wollen. Die ganze Geschichte hindurch haben die Machthaber, die mit irgendeinem Programm auftraten, sei es politischer oder religiöser Natur gewesen, gewusst: Wenn sie die Grundbedürfnisse der Menschen nach Unterhaltung und Nahrung stillen können, können sie weithin alles tun, was sie für sich tun wollen und die Leute nach Belieben hinführen, wohin sie wollen. Ich denke, die gesamte Menschheitsgeschichte hindurch haben uns die Führergestalten immer wieder auf zynische Weise manipuliert.

Vergibt Gott Sünde?

Einmal fragte mich jemand: „Kann Gott alles verzeihen?" Ich gab zur Antwort: „Nein, Gott kann nichts verzeihen." Gott ist die einzige „Person" im Universum – um mich so anthropomorph auszudrücken –, die nicht verzeihen kann und nicht verzeiht. Denn um verzeihen zu können, müsste Gott zunächst einmal gegen mich erzürnt sein und damit dann anschließend aufhören. Und da Gott als der unaussprechliche Grund unseres Seins unfähig ist, erzürnt zu sein, ist Gott die einzige Person, die nicht verzeihen kann. Verzeihen kommt bei jedem von innen her.

Ich finde es sehr interessant, dass es am Ende des jüdischen Jahres, bevor das Buch zugeklappt wird, eine Zeremonie namens Kol Nidre gibt. Beim Kol Nidre gestehen die Menschen ihr Fehlverhalten ein, aber dabei ist überhaupt nicht von Beleidigungen Gottes die Rede. In dieser ganzen Liturgie findet sich keine einzige Aussage, dass man Gott beleidigt habe. Es geht immer nur um gegenseitige Verletzungen, denn Gott kann man nicht verletzen. Man kann jemand anderem wehtun, aber man kann nicht dem transzendenten, unaussprechlichen Grund unseres Seins wehtun. Vergebung handelt nie davon, dass man Gottes Pardon dafür erbittet, sie verärgert zu haben. Vergebung besteht immer darin, zu erkennen, dass jede Sünde darin existiert, beim Wachsen zu versagen, und dass dieses Versagen sich auf meine Beziehungen schädigend auswirkt, auf meine Kultur und auf meine Welt. Daher sind die, von denen ich mir Vergebung zusprechen lassen muss, meine Brüder und Schwestern. Bei jeder Vergebung geht es um mein Eingeständnis, dass ich die Beziehung zwischen meinem eigenen Wesen und mir selbst und zwischen mir selbst und anderen beeinträchtigt habe. Aber vom letzten Grund meines Seins kann ich mich nie ganz abkehren.

An welcher katholischen Lehre stoßen Sie sich am meisten?

Für mich ist eines der traurigsten Dinge am Priestersein im katholischen System, dass die Regeln für den Empfang der Eucharistie so exklusiv gestaltet sind. Die Eucharistie dürfte das Heilendste gewesen sein, was Jesus in seinem ganzen Leben getan hat. Sie hatte eine viel heilendere Wirkung als die Auferweckung von Menschen von den Toten oder die Heilungen der Verkrüppelten, die er erwirkte, oder der Blinden, denen er das Sehen wiederschenkte. Die Eucharistie war das Ende der Exklusivität. Hier lud Jesus ausnahmslos alle von den Straßen und Gassen zum Festmahl an Gottes Tisch; es war das Ende des Exklusiven und Elitären. Es schreckt mich ab, wenn ich als katholischer Priester gesagt bekomme, ich müsse von diesem Festmahl alle ausschließen, die geschieden und wieder verheiratet seien, homosexuell oder nicht christlich. Das Wesen der Eucharistie ist ihre Inklusivität, was heißt, dass jeder Einzelne von uns von Gott gleichermaßen geliebt wird und wir alle an den Tisch seines Festmahls gerufen sind. Die Eucharistie ist ein Symbol der Liebe, die Gott für uns hat, und der Tatsache, dass Gott uns alle in gleichem Maß liebt. Eines der Dinge, die wir in unserer Kommunität sonntags tun, ist, dass wir zu den Leuten sagen: „Jede und jeder hier ist herzlich eingeladen, mit uns die

Kommunion zu empfangen, denn Gott liebt jeden Einzelnen von uns im gleichen Maß und das hier ist ein Symbol dafür, wie Gott uns nährt." So bestürzt mich der Gedanke gewaltig, mir vorzustellen, dass aus der einmaligen, größten Lehre Jesu von der Inklusivität in der katholischen Lehre das Kriterium für die Exklusivität geworden ist.

Warum betont die katholische Kirche den Gehorsam gegenüber ihren Regeln und verwendet Schuldgefühle dazu, Menschen zu beschämen, die diesen Regeln nicht gehorchen und aus der Kirche austreten?

Die Kirche schießt sich selbst in den Fuß, weil sie an so vielem festhält. Die Kirche hält die gehorsamen Menschen in ihrem Pferch fest und verliert dabei die kreativen Menschen, also diejenigen, die das System wirklich in Richtung seines mystischen Kerns vorwärtsbringen könnten. Diejenigen, die sich bloß auf die Wurzeln konzentrieren und den Status quo aufrechterhalten, die lassen sich festhalten. Das ist die ganze Geschichte hindurch passiert. Die Kirche hat ihre größten kreativen Denker und Mystiker verloren.

Dieses Interview wird in Ihrem neuen Buch veröffentlicht werden; auch von Rundfunkanstalten soll es eventuell ausgestrahlt werden. Wird das nur wieder das Bedürfnis nach Brot und Spielen bedienen? Wie fühlen Sie sich diesbezüglich?

Es gibt eine wunderbare Sufi-Geschichte über einen Mann, der irgendwo an der Grenze Afghanistans lebte und jede Woche seine Esel belud, um sie über die Grenze zu führen. Jede Woche hielten ihn die Grenzsoldaten an, weil sie überzeugt waren, dass er Drogen schmuggelte. Sie durchsuchten sämtliche an den Eseln hängenden Säcke und schauten in die Ohren der Esel und öffneten den Eseln das Maul. Das taten sie Woche für Woche und er zog hin und her mit den Eseln, und sie kamen nie dahinter, was er da trieb. Und er schmuggelte tatsächlich. Er schmuggelte Esel! Ich denke, das ist das, was wir hier tun. Ich versuche, Esel zu schmuggeln, versuche, auf einen Platz zu gehen, auf dem die Leute gut unterhalten werden möchten, und ich versuche, bei ihnen einen Esel einzuschmuggeln. Der Esel ist eine bestimmte Art Wahrheit und eine bestimmte Art des Wachseins, und wenn auch nur ein Mensch im Publikum schließlich dahinterkommt, was das mit den Eseln auf sich hat und dass der Esel das ist, was versteckt ist, und wenn nur dieser eine Mensch aufwacht, dann reicht das.

Woran kann man merken, ob man sich leidenschaftlich für eine Sache einsetzt oder ob man bloß einfach fanatisch ist?

Ich denke, es gibt zwei große Unterschiede zwischen jemandem, der mit Leidenschaft eine Sache vertritt und jemandem, der sich fanatisch für eine Sache einsetzt. Der erste Unterschied ist der Sinn für Humor. Fanatiker haben keinen Sinn für Humor; sie lachen nie über sich und ihre Ideen. Ein leidenschaftlicher Mensch kann das. Und der zweite große Unterschied ist der Sinn für Zeit. Ich denke, wenn jemand leidenschaftlich für Gottes Werk eintritt, muss er sich an Gottes Zeitplan halten. Wenn ich mich an meinen Zeitplan für den Prozess halte, dann ist das meine Vorstellung und mein Programm und dann geht's um mein Ego. Das hat nichts mehr mit Gottes Zeit zu tun. Und so muss ich die Dinge in ihrem eigenen Tempo geschehen lassen und sowohl meine eigenen Anstrengungen als auch die Ergebnisse mit Sinn für Humor betrachten. Wir müssen über uns selbst lachen.

Ich erinnere mich daran, wie der Dalai Lama ins Saint Patrick's College in Meno Park kam. Man zog zur Begrüßung des Dalai Lama unter Anführung vom Erzbischof von San Francisco in feierlicher Prozession ins Auditorium des College ein. Als der Dalai Lama hereinkam, strahlte er mit einem Lächeln von Ohr zu Ohr, während der Erzbischof mit todernster Miene ganz feierlich in der Prozession schritt. Der Eindruck, den der Erzbischof machte, besagte: „Ich bin eine wichtige Person." Und der Eindruck, den der Dalai Lama machte, war: „Ihr seid wichtige Leute." Der Dalai Lama lachte und lächelte voller Staunen über sein Publikum und der Erzbischof war völlig aufgeplustert in seiner eigenen Wichtigkeit. Das bringt es für mich auf den Punkt. Wenn ich nicht über mich selbst lachen und über andere ehrfürchtig staunen kann, sondern voller Ehrfurcht vor mir selbst bin und andere verachte, habe ich keine Ahnung, worum es bei der Spiritualität geht.

Warum gaben Sie Ihrem neuen Buch den Titel „Seelen auf Safari"?

Wenn ich versuche, das Konzept „Seelen in Raumanzügen" zu erklären, merke ich, dass ich eine Menge unterschiedlicher Begriffe verwende. Ich glaube, dass sich unsere Essenz auf diesem Planeten inkarniert, und damit wir das tun können, brauchen wir eine Art Ausrüstung, die uns hilft, in dieser Umwelt leben zu können. Wir kommen für einen bestimmten Zweck hierher; wir kommen nicht bloß zu einem Besuch. Unsere Inkarnation hat einen Zweck. In Kenia bedeutet das Wort „Safari" keine exotische Reise zur Beobachtung wilder Tiere. Mit einer Safari ist einfach eine Reise gemeint. Das könnte eine Safari zum Schulhaus sein oder eine Safari nach Nairobi; es ist einfach eine Reise.

Unser Zweck ist, auf einer Reise zu sein. Es ist eine Reise des Erinnerns. Es geht nicht so sehr darum, dass wir hier zum Lernen oder zum Entdecken sind. Für mich sind wir hier, um uns daran zu erinnern, dass wir die Wolke des Vergessens lüften können, die die Inkarnation mit sich bringt. Es ist eine Reise von Gott zurück zu Gott, und wir gehen durch die Wälder verschiedener Arten von Illusionen. Die meisten von uns haben die Illusion, dass wir getrennt von Gott sind, dass Gott auf uns zornig ist und dass wir Sünder sind und erlöst werden müssen. Ich mag den englischen christlichen Begriff „redemption" für Erlösung nicht. Er kommt aus dem Lateinischen und bedeutet „Zurückkauf". Dahinter steckt die Vorstellung, zwischen Gott und Satan habe es irgendwie einen *Deal* gegeben. Wegen unserer sündigen Natur sei Satan unser Besitzer und Gott habe uns durch den Tod Jesu von Satan zurückgekauft, also durch das Opfer seines Sohnes. Diese Bilderwelt macht absolut keinen Sinn.

Woran versuchen wir uns zu erinnern?

Wir versuchen uns daran zu erinnern, dass es letztlich nur Gott gibt. Gott spielt ein außerordentlich kreatives Versteckspiel mit Gott. Gott ist, Gott weiß, wer sie ist und Gott liebt die, als die sie sich selbst findet, und um sich selbst zu erfahren, erschafft Gott. Auf ganz ähnliche Weise ist das zum Beispiel bei einem sich liebenden Paar so: Die Natur dieser Liebe hat es an sich, dass sie offensichtlich etwas anderes als sich selbst erschaffen will, um diese Liebe zu personifizieren oder diese Liebe zu inkarnieren. Warum sollten Mann und Frau in ihrer Liebeswonne den Wunsch nach einem Kind haben? Elternschaft ist eine unglaubliche Verantwortung, aber die Liebe hat etwas an sich, das in uns den Wunsch weckt, auf irgendeine Weise etwas zu reproduzieren oder zu erschaffen. Was da erschaffen wird, enthält zwar unsere DNS und ist umweltmäßig von uns beeinflusst, aber es ist trotzdem hinsichtlich seiner Seele einmalig.

Gott muss, damit sie sich selbst erfahren kann, erschaffen, so dass alles, was *ist*, lediglich ein Geschöpf Gottes ist. Im Hinduismus heißt es: „Die Steine sind Gott, der schläft, die Pflanzen sind Gott, der erwacht, die Tiere sind Gott, der umhergeht, die Menschen sind Gott, der denkt", und ich füge zu diesem

Satz hinzu: Christusbewusste Menschen sind Gott, die sich ihrer selbst bewusst wird. In diesem außerordentlichen Ausbruch von Kreativität seitens Gottes, um die unterschiedlichsten Facetten ihrer selbst zu erfahren, erschafft sie alles, angefangen von den Mineralien bis zu den Menschen und über sie hinaus. Ich glaube nicht, dass wir im Universum die höchste Lebensform sind. Jede Artikulation Gottes ist eine einmalige Weise, auf die Gott sich selbst erfährt.

Für mich geht es beim Erinnern darum, zu verstehen und den Schleier der Illusion wegzureißen, dass ich von Gott getrennt sei und erlöst werden müsse. Jede und jeder Einzelne von uns ist Gott. Es gibt nichts als Gott. Aber es gibt Artikulationen Gottes, die sich ihres Gottseins völlig unbewusst sind, und es gibt Artikulationen Gottes, die glauben, sie seien sündige Wesen, und es gibt Artikulationen Gottes, die einfach glücklich damit sind, Blumen, Bienen oder Dinosaurier zu sein. Es gibt auch einzigartige Untergruppen, die sich dessen bewusst werden, dass sie Gott sind und dass alles, was sie abzutrennen scheint, eine vom Vergessen erschaffene Illusion ist. Das sind die christusbewussten Wesen oder Erleuchteten mit der Buddhanatur oder Avatare usw. Beim Erinnern geht es darum, die Illusionen abzustreifen, dass wir von Gott getrennt sind.

Geben Sie mir ein Beispiel für einige dieser Illusionen.

Die verheerendste Illusion ist, dass wir von Gott getrennt sind und dass Gott eine Art von ferner Gottheit ist, vor der man Angst haben muss, der man gehorchen muss, die man verehren und anbeten muss und die unser Verhalten tatsächlich in Rage versetzt. Das ist die größte Illusion von allen. Aus dieser Illusion ergibt sich die Illusion, dass wir alle als Individuen voneinander getrennt sind. Wir sind voneinander nicht mehr getrennt als die fünf Finger meiner Hand. Sie alle sind Artikulationen der gleichen Hand und haben die gleiche Nützlichkeit, und solange sie kooperieren und ihnen klar ist, dass sie alle Teil ein und derselben Hand sind, verrichten sie ihre Tätigkeit perfekt. Aber falls sie anfangen, so zu handeln, als seien sie getrennte Wesenheiten und in Konflikt miteinander geraten, dann ist das eine autoimmune Krankheit. Das Wesen der autoimmunen Krankheit besteht darin, dass das System sich selbst nicht erkennt und im Krieg mit sich selbst liegt. In gewisser Hinsicht ist jeder Konflikt eine autoimmune Krankheit. Das kann ein innerpsychischer Konflikt sein, bei dem ich mich selbst nicht mag, Selbstwertprobleme, ein zwischenmenschlicher Konflikt in einer Beziehung, ein Konflikt zwischen Gemeinschaften oder auf internationaler Ebene, und das alles ist letztlich eine autoimmune Krankheit, die daher kommt, dass das System es nicht schafft, sich selbst zu verstehen. Wenn wir nicht erkennen, dass wir Gott sind, dann müssen wir unvermeidlich voneinander getrennt sein. Wir trennen uns von der Natur und beuten sie aus, weil wir keine Ehrfurcht vor ihr haben. Wenn wir die Illusion durchbrechen, wissen wir, dass auch die Natur eine Artikulation Gottes ist, genau wie wir eine sind, ausgenommen, dass die Natur eine nicht selbstreflexive Artikulation Gottes ist und wir eine reflexive Artikulation Gottes sind. Avatare und erleuchtete Wesen sind sogar reflexiv bezüglich des Faktums, dass sie tatsächlich Gott sind und alles andere Gott ist.

Warum sprechen Sie von Gott in weiblicher Form?

Für mich ist Gott völlig unaussprechlich und nicht in Begriffe zu fassen. Wenn wir daher von Gott als dem letzten Grund unseres Daseins sprechen, verwenden wir Metaphern. Da die Metapher Gottes als Vater, Gesetzgeber, König und Tyrann Jahrtausende hindurch gebraucht und missbraucht wurde, möchte ich unterschiedliche Metaphern mischen. Im Grunde versuche ich zu vermitteln, dass Gott letztlich Liebe ist. Mutterliebe kann sehr oft realer sein als Vaterliebe. Die meisten Menschen bestehen darauf, das Bild von Gott als Vater zu verwenden, und als Gegengewicht dazu verwende ich zuweilen weibliche Pronomina und spreche von Gott als Mutter. Alle Pronomina, die Gott Personsein zusprechen, sind gänzlich überholt. Gott ist keine Person. Es ist anthropomorph, zu denken, Gott habe die Charakterzüge eines Menschen, aber es ist das Beste, was wir fertigbringen. Wenn wir eine Erfahrung des Göttlichen machen, bleibt uns nichts anderes übrig, als sie mit den für uns kostbarsten Begriffen zu beschreiben. Wir als Menschenwesen denken, das Personsein sei das höchste Einzelattribut, und so schreiben wir dies auch Gott zu.

Grenzt es Gott nicht auch ein, wenn man ihm einen Namen gibt?

Absolut. Eine Menge frühe Christen, vor allem die Griechen, sprachen davon, was Gott nicht ist. Sie weigerten sich, zu sagen, was Gott ist. Sie sagten stattdessen: x, Gott ist nicht x; y, Gott ist nicht y; und z, Gott ist nicht z. Das war eine Art, unsere falschen Begriffe von Gott auszuschließen. Sie machte sich auch im Westen bemerkbar, als Meister Eckhart, ein christlicher Mystiker im 13. Jahrhundert, sagte: „Ich bete täglich zu Gott, dass er mir helfe, Gott loszuwerden." Mit anderen Worten: Was immer für Theologien ich erschaffe oder Begriffe von Gott ich habe, sie sind falsch, und so bete ich darum, dass er mir helfe, sie loszuwerden. Wenn ich das tue, kann ich mich im Zentrum der absoluten, schwangeren Leere des Geheimnisses aufhalten. Das ist keine Leere des Nichts-Seins *(nothingness)*, sondern des Nicht-etwas-Seins *(no-thing-ness)*. Es ist nicht so, als existiere nichts, sondern es geht um das nicht „etwas" sein. Da gibt es keine Trennung und alles ist möglich. Das ist das Feld aller Möglichkeiten. Wenn Jesus vom Himmelreich oder vom Vater sprach, dann legte er Wert darauf, eine Fülle von Allegorien zu verwenden, in der Hoffnung, wenn er genug davon verwende, würden wir keine von ihnen buchstäblich nehmen. Aber natürlich haben wir genau das getan. Jesus sagte nie: „Das Himmelreich *ist so und so.*" Er sagte immer: „Das Himmelreich *ist wie ...*" Damit wollte er betonen, dass das eine Allegorie sei und keine ontologische Beschreibung, der Himmel sei so und so. Er gab uns eine allegorische Beschreibung eines Bewusstseinszustands. Um nur einige Beispiele zu nennen: „Das Himmelreich *ist wie* ein Sämann, der hinausgeht, Samen auszustreuen"; oder „das Himmelreich *ist wie* ein Fischer auf dem See"; oder „das Himmelreich *ist wie* eine Frau, die Brot bäckt"; oder „das Himmelreich *ist wie* ein Kaufmann, der kostbare Perlen sucht". Jesus verwendete Allegorien, die für seine Zuhörerschaft Sinn machten.

Sogar wenn man Gott Sein zuschreibt, ist das sinnlos, denn „Sein" ist selbst eine menschliche Kategorie. Hat man erst einmal eine Erfahrung des letzten Daseinsgrunds gemacht, so versucht man mental, sie irgendwie begrifflich zu fassen, um anfangen zu können, sich damit auseinanderzusetzen.

Die große mystische Erfahrung Gottes durchläuft vier Stufen. Die erste Stufe ist die tatsächliche Erfahrung selbst, die völlig unaussprechlich ist und sich nicht in Worte fassen lässt. Die zweite Stufe ist, dass man nach der Erfahrung mit einer Art von symbolischem Rückstand dasitzt. Die dritte Stufe besteht darin, dass man dann versucht, sich begrifflich mit diesen Symbolen auseinanderzusetzen. Und viertens schafft man theologische Systeme, um diese Begriffe logisch und untereinander stimmig erscheinen zu lassen. Zu dem Zeitpunkt, zu dem man zur Theologie kommt, ist man drei Stufen von der tatsächlichen Erfahrung entfernt, und jede dazwischenliegende Stufe hat ihre eigenen kulturellen Vorurteile und individuellen Schräglagen beigesteuert.

Wenn zwei oder drei Menschen eine tief mystische Erfahrung machen, muss jeder von ihnen sie interpretieren, das heißt, ihr einen Sinn geben, und zwar gemäß der Kosmologie, die jeder hat. Wenn ich ein Fundamentalist bin, sei es ein christlicher, jüdischer oder islamischer, dann werde ich Gott in starken Schwarz-Weiß-Begriffen fassen und meine Ansichten über ihn anderen aufdrängen. Wenn ich ein Wissenschaftsgläubiger bin und überhaupt nicht an irgendeinen Gott glaube, werde ich diese Erfahrung als einen merkwürdigen Anfall erklären oder als zufälliges Neuronengewitter in meinem Gehirn. Wenn ich ein religiöser Mensch bin, werde ich versuchen, sie dem konform zu machen, was mir beigebracht worden ist. Wenn ich ein echter Mystiker bin, werde ich sie überhaupt nicht zu erklären versuchen; ich habe die Erfahrung gemacht, und die Erfahrung genügt mir als solche. Ich weiß, dass, sobald ich über sie zu sprechen beginne, ich sie verloren habe. In der taoistischen Tradition sagt Laotse: „Diejenigen, die reden, wissen nicht, und diejenigen, die wissen, reden nicht." Der echte Mystiker wird gar nicht erst versuchen, die Erfahrung in Worte zu bringen. Die Theologen werden sie bis ins kleinste Detail in Worte fassen, aber sie werden die Erfahrung nicht gehabt haben. Sie beschreiben, was sie nicht erfahren haben, während der Mystiker nicht beschreibt, was er erfahren hat.

Wenn wir uns auf diesem Planeten inkarnieren, von welchem Ort her inkarnieren wir uns da?

Ich denke, das ist eine Reise durch Bewusstseinszustände. Ich glaube fest, dass das Leben, wie wir es erfahren, ein Traum ist, den das Ego hat, und das Ego ein Traum ist, den die Seele hat. Die Seele ist ein Traum, den der Heilige Geist hat, und der Heilige Geist ist ein Traum, den Gott hat. Das sind in Träumen und wiederum Träumen eingenistete Träume. Die Reise von Gott weg führt einen in immer mehr und mehr Illusion oder tieferes Eingenistetsein. Die Reise zurück zu Gott ist ein Abstreifen dieser Illusionen.

Wenn wir denken, wir sind wach, dann sind wir in Wirklichkeit in unserem tiefsten Schlaf. Was wir „Wachbewusstsein" nennen, ist in Wirklichkeit unser tiefster Schlaf und unsere übelste Illusion. Das ist dann der Fall, wenn wir wirklich in der Illusion befangen sind, wir seien getrennt von Gott, getrennt von der Natur und getrennt voneinander. Wenn wir uns abends schlafen legen und träumen, streifen wir die Körperlichkeit dieser Illusion ab. In unserem Traumzustand sind wir uns unserer physischen Körper überhaupt nicht bewusst; wir handeln auf einer psychologischen und spirituellen Ebene. Wir erschaffen Geisteszustände und Gefühlszustände, aber wir müssen diese nicht mehr verkörperlichen. Die gesamte Energie, die in unserem Wachbewusstsein dafür verbraucht wird, die Realität leibhaftig abzubilden, ist jetzt dafür freigesetzt, emotionale und intellektuelle Bilder hervorzubringen. Das ist der Grund dafür, dass unsere Träume viel intensiver sind als unser Leben im Wachzustand, weil in unseren Träumen für die mentalen und emotionalen Prozesse zusätzliche Energie zur Verfügung steht.

Wenn wir vom Traum-Schlaf zum traumlosen Schlaf übergehen, dann werden wir die Illusion los, dass wir getrennt sind, denn die Seele hört auf dieser Stufe zu existieren auf, und es gibt nur noch reinen Geist (*spirit*). Das ist der Zustand, in dem wir in jedem 24-Stunden-Zyklus am nächsten an unsere Heimatbasis herankommen. Als Jesus auf einer Stufe sagte: „Im Haus meines Vaters gibt es viele Wohnungen", meinte er nicht, da gebe es ein Haus für die Juden, ein anderes für die Christen und ein drittes für Muslime, jedes in abgetrennten Wohnbereichen, in denen sie voreinander in Quarantäne gehalten würden. Davon spricht er gar nicht. Wir sind in der Lage, Himmel zu erschaffen, die näher an der Quelle liegen, und dabei hängt alles davon ab, wie erfolgreich wir unsere Illusionen abgelegt haben. So sind mit den verschiedenen Wohnungen die verschiedenen Bewusstseinszustände gemeint, durch die wir auf unserer Safari in Richtung Einssein mit Gott reisen.

Wenn wir sterben und diesen physischen Raumanzug ganz loswerden, denke ich, dass wir diejenige Stufe von Himmel oder Hölle erfahren werden, für die wir bereitet und bereit sind. Wenn ich ein gemeiner, streitsüchtiger, eigensinniger Charakter bin und glaube, das Leben sauge einen aus und ich könne niemandem trauen, dann ist das die Wirklichkeit, die ich mir auf der anderen Seite erschaffe, und das ist meine Hölle. Wenn ich glaube, dass das ideale Leben für mich wäre, mit meinen verstorbenen Großeltern und allen meinen Freunden, die ich hier auf der Erde kannte, zusammen zu sein, so kann ich mir einen von allen diesen Menschen bevölkerten Himmel erschaffen. Aber wenn mein Denken derart eng ist, dann wird das zu meiner Himmelserfahrung, bis ich diese Illusion loswerde, und dann bin ich für die nächste Stufe bereit. Die Reise auf der anderen Seite ist ebenso eine Safari, bei der wir Schicht um Schicht die Haut der Illusion der Trennung abschälen und schließlich völlig mit dem letzten Daseinsgrund verschmelzen, und dann ist das Spiel zu Ende.

Was geschieht dann?

Ein neues Spiel beginnt, und das ist das Ende von Spiel eins.

Wie sieht Spiel zwei aus? Wissen wir das noch nicht?

Ich habe keine Ahnung. Seien Sie so kreativ wie möglich und multiplizieren Sie alles mit zehn. Das ist dann der Beginn von Spiel zwei.

Es sieht fast so aus, als erschafften wir dieses physische Dasein. Wenn das stimmt, woher kommen wir dann?

Unsere Existenz ist Gottes Versuch, sich selbst zu erfahren. Das gilt für alles. Die gesamte phänomenale Welt kommt aus Gottes Intention, sich selbst zu erfahren. Ganz gleich, ob es sich um eine physische, emotionale, intellektuelle oder spirituelle Dimension handelt, ist das alles lediglich ein weiterer Aspekt Gottes, die sich selbst erfährt; das ist alles, was ist. Jeder von uns ist geprägt von seiner Kultur, seinem religiösen Aufwachsen, seinem Charakter und seiner Geschichte, denn wir inkarnieren uns viele Male auf dem Planeten Erde, bis wir uns vorstellen können, wie wir in einer solchen Umwelt Seelen in Raumanzügen oder Seelen auf Safari sein und lernen können, wie man liebt. Wenn wir das geschafft haben, dann gibt es vermutlich andere Dimensionen, in denen wir inkarnieren können, um andere Bedingungen zu erfahren und uns zu testen und zuzusehen, ob wir immer noch weiter zu lieben lernen können.

Ich glaube, dass der Planet Erde als Aufenthaltsort einer der mühsamsten Plätze für uns ist, weil wir so stark zu Vorurteilen, Wut und habgierigem Eigeninteresse neigen und all dem als Gegengewicht nur recht und schlecht unser Mitgefühl, unsere Liebe und unser Altruismus entsprechen, wozu wir ebenfalls neigen. Bei diesem Ringen liegen die Gewichte sehr gleichmäßig verteilt. Ich denke, dass es an anderen Orten leichter geht, an denen Liebe und Mitgefühl von vornherein die Oberhand haben. Das mag dann zwar für das Weiterwachsen eine angenehmere Umgebung sein, aber immerhin haben wir ein beschleunigteres Wachstum.

Es scheint, dass Nordkalifornien, einer der schnelllebigsten Plätze auf dem Planeten, es zum echten Kampf werden lässt, wenn man ein Gleichgewicht zwischen physischer Existenz und Erleuchtung aufrechterhalten will.

Da bin ich mit Ihnen einer Meinung. Auf verschiedenen Stufen der Menschheitsgeschichte gab es Kraftorte, Plätze, an denen es zu großen Durchbrüchen kam. Im Wesentlichen ereignete sich die Zivilisation auf diesem Planeten im Lauf der letzten 12 000 Jahre im Umfeld von vier großen Flüssen: um den Gelben Fluss in China, den Nil in Afrika, den Tigris und Euphrat im Mittleren Osten und den Indus in Indien. Wenn es zu einem Zusammentreffen von sehr vielen Menschen kommt, erschafft das beschleunigte Wachstum ein breites Spektrum von Möglichkeiten für Gutes wie Böses.

Das Gleiche lässt sich für den Bereich um die Bucht von Nordkalifornien sagen. Im Silicon Valley werden 130 verschiedene Sprachen gesprochen. Hier leben Menschen aus der ganzen Welt, die ihre Traditionen mitgebracht haben, ihr intellektuelles Knowhow, ihren Abenteurergeist; es ist ein Schmelztiegel, in dem man einerseits Gewalttätigkeit findet und andererseits tief einfühlsame Menschen. Dieses Gebiet ist derzeit ein echter Kraftort.

Wenn also viele Menschen zusammenkommen, entsteht ein großes Potenzial für das Wachstum und ein großes Potenzial für das Böse. Würde ein solches Potenzial nie entstehen, wenn nicht viele Menschen zusammenkämen?

Ja, so wäre es. Was gewöhnlich passiert, wenn man Menschen zusammenbringt, und zwar Menschen mit ganz unterschiedlichen Einstellungen und aus verschiedenen Kulturen, ist, dass die Kreativität in Fluss kommt. Diese Menschen bekommen direkt miteinander zu tun, und das bringt unsere Ängste ans Licht und auch unsere Kreativität. Wo immer aber Menschen zum Querdenken und zum Überschreiten von Kulturen ermutigt werden, erlebt man eine außerordentliche Zunahme der Ideen. Wir alle haben unsere ganz eigenen Ansätze dazu, wie wir das Experiment des Menschseins anstellen. Jede und jeder von uns hat seine eigene Art und Weise zu versuchen, die gewöhnlichen Überlebensfragen und die großen existenziellen Fragen nach Sinn und Zweck des Lebens überhaupt zu bewältigen. Manche tun das unbewusst mittels der Art, wie sie sich verhalten, andere durch philosophisches Nachdenken oder durch Meditation. Wir tun das alle auf unsere eigene Art. Wenn man nun Menschen mit ihren je eigenen Vorstellungen zusammenbringt und sie den Mut und die Fähigkeit haben, einander zuzuhören, dann kommt es zu einem Quantensprung im Wachstum. Ich denke, das ist das, was in den großen Metropolen passiert. Es kommt zu einer außerordentlichen Zunahme der Kriminalität und zu einer außerordentlichen Zunahme der menschlichen Kreativität.

Nimmt die Gewalttätigkeit zu?

Wenn ich diese Frage höre, fallen mir zwei Dinge ein. Das erste ist, dass ich zuweilen denke, die politische Führungsriege möchte Angst erzeugen, weil sie eine Bevölkerung, die Angst hat, manipulieren kann. Sie entzieht ihr dann bestimmte Bürgerrechte mit der Begründung, dass sie ihr dadurch größere Sicherheit bieten könne. Eine der Weisen, diese Angst zu erzeugen, besteht darin, den Menschen einzureden, sie könnten niemandem mehr trauen. Gleichzeitig bläht man die Berichte über Gewaltausschreitungen in irgendeinem beliebigen Gebiet künstlich auf. Oft ist das, was wir zu hören bekommen, nicht eine repräsentative Auswahl von dem, was tatsächlich passiert. Ich denke, das ist eine Art, auf die die Gewalttätigkeit zuzunehmen scheint.

Auf eine zweite Art nimmt die Gewalttätigkeit insofern zu, als ein heutiger Psychopath dank unserer höher entwickelten Technologie viel größeren Schaden anrichten kann als früher. Das heißt nicht, dass er unbedingt gewalttätiger ist; es liegt einfach daran, dass ihm die Technologie zur Verfügung steht, um größere, eindrucksvollere Gewalttätigkeit auszuüben.

Die USA gelten als das drittgewalttätigste Land der Erde. Das wird dem Umstand zugeschrieben, dass die Menschen der Vereinigten Staaten frei sind und die Wahl haben, ob sie sich richtig oder falsch verhalten wollen.

In der jüdisch-christlichen Heiligen Schrift gibt es eine grandiose Geschichte über den Sündenfall. In der besteht die erste Sünde darin, von der Frucht des Baums der Erkenntnis des Guten und des Bösen zu essen. Das ist der ultimative Punkt am Scheideweg, denn erst von da an sind wir wirklich frei. Auf dieser Stufe können wir moralische Entscheidungen treffen. Wir können erst dann moralische Entscheidungen treffen, wenn die Hardware vorhanden ist und wir uns vorstellen können, dass wir in den Mokassins von jemand anderem gehen können. Es gibt einen Punkt am Scheideweg, der sich dann einstellt, wenn wir zwischen den beiden unterscheiden lernen, und das führt zu den großen Möglichkeiten: zum Bösen oder zum Guten. Bis dahin leben wir in einem amoralischen Lebensstil. Er ist weder gut noch böse, sondern fast instinkthaft und fast ganz von unwillkürlichen Reaktionen auf das Leben gelenkt.

Man lebt also so, wie man es sich selbst ausgewählt hat?

Ja, das tut man. Die freie Wahl besteht grundsätzlich aus einer Entscheidung für Bewusstheit und Achtsamkeit, und diese Achtsamkeit fängt mit einer Selbstwahrnehmung an. Ich muss wahrnehmen, dass ich eine Artikulation Gottes bin, und daher bist auch du eine Artikulation Gottes, und der Gott in mir entdeckt den Gott in dir. Das besagt der großartige Hindu-Gruß „Namaste“: „Der Gott in mir erkennt und ehrt den Gott in dir.“ Das beginnt sich dann durch die gesamte artikulierte Natur hindurch fortzusetzen. Ich habe die gleiche Ehrfurcht vor Menschen anderer Kulturen, vor anderen religiösen Glaubenssystemen, vor Tieren, vor dem pflanzlichen Leben und vor dem Planeten. Die freie Entscheidung für die Achtsamkeit ist die Wahrnehmung und die Entscheidung, sich des Gottes in allen Dingen bewusst zu sein. Meine Definition der Sünde lautet, dass Sünde nicht im Übertreten eines Gesetzes besteht oder im Brechen eines Gebots oder in der Missachtung einer Vorschrift; für mich ist Sünde die bewusste, vorsätzliche Entscheidung, nicht weiterzuwachsen. Sie besteht darin, in meiner eigenen Unachtsamkeit zu bleiben, statt die Bewusstheit zu wählen.

Was werden wir in „Seelen auf Safari“ zu lesen bekommen?

Dieses neue Buch wird besser als das erste werden, und ich habe nicht das Gefühl, dass ich der Autor von dem allem bin. Ich denke, dass die Qualität der Vorträge und Homilien in diesem Buch eine Steigerung zeigen werden. Ich glaube, dass mein Job an jedem Sonntagmorgen darin besteht, zu versuchen, eine Art von Kanal oder elektrischer Leitung für spirituelle Ideen zu werden, die durch mich hindurchfließen. Vielleicht ist es so, dass ich mit zunehmendem Alter mein Ego ein bisschen weiter aus dem Weg schaffen kann und dass dann diese Worte besser durchfließen können. Wenn ich mir gelegentlich die eine oder andere Aufnahme meiner Homilien aus den letzten anderthalb Jahren anhöre, staune ich zuweilen über die Ideen, die da zum Vorschein kommen. Das bin nicht ich, der sie erschafft; es ist eher so, dass ich eine Art Kanal für sie bin. So machen auch mir die Homilien, die ich mir angehört habe, viel Freude.

Die ultimative Massenvernichtungswaffe

„Wahrheit ist nicht das, was demonstrierbar ist – sie ist das, was unausweichlich ist."

Saint-Exupéry

Es gibt auf dieser Welt eine Massenvernichtungswaffe, die sogar noch verheerender als erwartet ist, noch schlimmer, als unsere Intelligenz befürchtet hatte. Die Elemente, aus denen sie zusammengesetzt wird, sind an und für sich harmlos, aber die Art, wie man sie kombinieren und das Ergebnis dann einsetzen kann, machen es möglich, sie mit verheerenden Folgen zu verwenden.

Die Massenvernichtungswaffe, über die ich hier spreche, ist nichts anderes als die Heiligen Schriften. Eine Waffe mit verheerenderen Folgen, als sie die Traditionen heiliger Schriften des Planeten Erde haben, wurde in der Menschheitsgeschichte noch nie entdeckt, ausgenutzt und angewandt.

Die großen Schrifttraditionen: die jüdisch-christliche, die Upanishaden, die Pitakas des Buddhismus, der Koran usw. wurden alle auf verschiedene Weisen gebraucht und missbraucht. Unsere Schrifttraditionen sind in Wirklichkeit die Aufzeichnung der Versuche von Menschen, unseren Erfahrungen angesichts der großen existenziellen Fragen um Leben und Tod auf dem Planeten Erde einen Sinn zu geben. Sie bauen auf einer Art von Glauben an Gott auf. Gedacht waren sie als metaphorische, gleichnishafte und allegorische Erklärungen dessen, wie wir das Leben erfahren. Richtig verstanden, sind sie Symbol, Metapher, Erzählung und Gleichnis. Leider werden sie in den Händen fundamentaler Buchstabengläubiger rasch zu Massenvernichtungswaffen.

Der erste Missbrauch der Heiligen Schriften war die Vorstellung, damit lasse sich Völkermord rechtfertigen. Das tauchte in den Heiligen Schriften früh auf. In der hebräischen Heiligen Schrift gibt es als Auftrag den so genannten „Bann". Der Bann war angeblich ein Gebot oder Auftrag Gottes, wenn man die Stadt seines Feindes erobere, müsse man darin alle Lebewesen töten.

Im Buch Josua gibt es eine Geschichte, in der erzählt wird, wie die Israeliten den Jordan überquerten, bis nach Jericho gelangten und die Stadt umzingelten. Da habe Gott den Befehl gegeben, jeder Soldat müsse losmarschieren und alle Lebewesen töten, vor allem jeden Mann, jede Frau, jeden Ochsen und Esel und jedes Kamel. Man dürfe kein lebendiges Geschöpf mehr übriglassen. Diese Verpflichtung gibt es in der Bibel häufig. Sie enthält Berichte darüber, wie Gott auf bestimmte Oberkommandierende regelrecht wütend wurde, weil sie diese Verpflichtung nicht bis in ihre letzten Verästelungen ernst nahmen und ausführten. Es kam vor, dass ein mitleidiger Befehlshaber die Kinder verschonte und sich damit bloß den Zorn Gottes zuzog, der sich ärgerte, dass der Auftrag, restlos *alle* Lebewesen zu töten, nicht ausgeführt worden war. So wurde aus der Heiligen Schrift der Genozid gerechtfertigt.

Wir verwenden die Heilige Schrift auch zur Rechtfertigung unserer totalen Beschlagnahmung der Natur. Die Natur wurde uns rasch zum Feind. Aus irgendeinem perversen Grund erklärten wir alles, was von der Erde stammte, zur Kreatur Satans, während alles, was von den Himmeln her kommt, von Gott stammen soll. Im Buch Genesis gibt es einen Satz, in dem Gott angeblich Adam und Eva das Recht gab, die Natur zu plündern, auszubeuten oder die Verantwortung für sie zu übernehmen. Die ganze Geschichte hindurch haben wir die Natur so betrachtet, als sei sie bloß eine Ressource zur Befriedigung der Ansprüche der Menschen. Die Folgen waren verheerend.

Wir haben die jüdisch-christliche Heilige Schrift dazu verwendet, die Unterwerfung der Frauen auf unserem Planeten zu rechtfertigen. Sowohl in der hebräischen Heiligen Schrift als auch in der christlichen Tradition sollten Frauen in der Kirche den Mund halten, und wenn sie Fragen hätten, sollten sie daheim privat ihre Männer fragen, statt die Gemeinde damit zu stören, dass sie in der Kirche redeten. Es kam zudem zu einer Unterdrückung des weiblichen Prinzips überhaupt: des weiblichen Gesichts Gottes und des weiblichen Aspekts der Natur.

Es gab die angeblich biblische Auflage, die schwarze Bevölkerung zu unterdrücken. Man stützte sich dabei auf eine Geschichte, die sich im Buch Genesis findet. Sie spielt nach der Flut, die angeblich alle menschlichen Lebewesen vernichtete und nur acht Personen überleben ließ: Noach, seine Frau, ihre drei Söhne und deren Frauen. Aus der Zeit, als sie anschließend anfingen, die Erde wieder zu bevölkern, wird eine Geschichte erzählt, in der Noach als der erste Mensch auftaucht, von dem berichtet wird, er sei stockbetrunken gewesen. Er lag nackt und besinnungslos in seinem Zelt und sein Sohn Ham kam hinein, sah die Blöße seines Vaters, fing zu kichern an, ging hinaus und erzählte seinen Brüdern, was er gesehen hatte. Die zwei Brüder waren erschrocken, nahmen eine Decke ins Zelt und deckten ihn zu, um nicht die Blöße ihres Vaters zu sehen. Als Noach aufwachte und die Geschichte erfuhr, sprach er den folgenden Fluch: „Verflucht sei Ham. Von diesem Tag an soll er ein Sklave seiner Brüder sein." In der hebräischen Kosmologie wurde Sem der Vater des semitischen Volkes, Jafet der Vater des kaukasischen Volkes und Ham der Vater des afrikanischen Volkes. Dieser Text wurde die ganze Geschichte hindurch zur Rechtfertigung der Versklavung der schwarzen Bevölkerung verwendet, namentlich in den amerikanischen Südstaaten. Er erlaubte nicht nur, sondern befahl ausdrücklich, dass die Schwarzen sowohl den Kaukasiern als auch den Semiten dienstbar sein sollten.

Einer der verheerendsten Missbräuche von allen ist die Vorstellung von der Wiederkunft Christi. Es gab die Vorstellung, dass Jesus, der sein Leben lang das Christusbewusstsein entwickelt hatte und der Prototyp dessen war, wozu es das gesamte Menschengeschlecht bringen sollte, zu einem bestimmten Zeitpunkt zurückkommen und alle diejenigen niedermachen werde, die nicht an das Christentum glaubten. Diese Vorstellung wird als „die Entrückung" bezeichnet. Damit ist gemeint, dass die Wiedergeborenen in die Himmel versetzt werden. Dann würden nur noch die Unerlösten auf dem Planeten Erde zurückbleiben und diesen Planeten für eine Zeit lang erben, bis dann Jesus mit seinen Legionen wiederkäme und es zu einer gigantischen Schlacht von Armageddon komme, bei der alle Unerlösten ausgetilgt würden.

Ein Stück weit ist dafür Paulus verantwortlich. In seinem ersten Brief an die Thessalonicher schrieb er: „Ich möchte nicht, dass ihr mich falsch versteht, denn diejenigen, die in Jesus entschlafen sind, werden nicht weniger glücklich dran sein als diejenigen unter uns, die noch leben werden, wenn er kommt. Vielmehr wird das Folgende geschehen: Gott wird seinen Engel mit einer Trompete schicken und die aufwecken, die in Jesus gestorben sind und sie werden als Erste auferstehen. Dann werden wir Übrigen, die noch leben, erhoben und wir werden mit ihnen in den Wolken vereint." Die Thessalonicher nahmen ihn wörtlich und hörten mit Arbeiten auf, denn wozu sollte man noch arbeiten, wenn Jesus sowieso bald wiederkommen werde? Darum musste Paulus rasch in einem zweiten Brief an die Thessalonicher schreiben: „Das habe ich nicht wörtlich gemeint. Wir wissen ganz und gar nicht, wann er wiederkommt und daher ist hier meine neue Regel: Wer nicht arbeitet, soll auch nicht essen." Paulus versuchte, das zurückzunehmen, was er in seinem ersten Brief gesagt hatte. Leider wird er immer noch wörtlich genommen. Das sind einige der Bereiche, in denen man die Heilige Schrift dazu verwendet, andere zu missbrauchen.

Das ist fast so, als biete man uns ein Schnäppchen an in der Art von „für zehn Dollar können Sie essen, so viel Sie wollen". Wir packen Ihnen etliche dieser Exzesse, Missbräuche und Missverständnisse der Bibel zusammen und für zehn Dollar können Sie eine Version der Bibel haben, eine Nacherzählung, die speziell von diesen fünf Missverständnissen und insbesondere drei von ihnen ausgeht. Eine dieser drei Vorstellungen ist die Vorstellung von Armageddon. Das ist die Vorstellung, es werde zur Beendigung aller blutigen Schlachten zu einem brutalen Endkampf kommen, in dem die eine Seite von Jesus und die andere Seite von Satan angeführt werde. In vergangenen Generationen machten sich die Leute ein Vergnügen daraus, einfach aus der Gesellschaft auszusteigen, wenn sie zur Überzeugung kamen, dieser Tag stehe nahe bevor. Die ganze Geschichte hindurch gibt es Berichte von Leuten, die ihre Städte und Dörfer verließen und auf Berggipfel zogen, weil sie sich vorstellten, Jesus werde kommen und seine Schau abziehen, aber ein ums andere Mal stellte sich heraus, dass sie sich getäuscht hatten. Es gibt eine neuere Version davon, weil es jetzt Millionen von Menschen gibt, die sich nicht damit zufrieden geben, auszuziehen und Jesus wiederkommen zu lassen, wenn er so weit ist; und so versuchen sie tatsächlich, seine Wiederkunft zu beschleunigen. Sie sind versessen darauf, Armageddon in unserer Zeit zu veranstalten. Es gibt Millionen fundamentalistischer Christen vom rechten Flügel, die alles daransetzen, Jesus mit Gewalt zum Eingreifen zu bewegen. Darum versuchen sie mit allen Mitteln, die politischen, gesellschaftlichen und geographischen Voraussetzungen zu schaffen, von denen sie glauben, dass sie in der Bibel als Voraussetzungen für die Wiederkunft Christi aufgezählt sind. Sie investieren buchstäblich Milliarden von Dollars in dieses Projekt. Dabei optieren sie zugleich für die beiden anderen Vorstellungen.

Die erste dieser beiden Vorstellungen ist, dass die Natur von Grund auf böse ist. Warum also sollten wir sie schützen? Warum sollten wir uns Sorgen um sie machen? Und die zweite Vorstellung lautet: Wenn wir die letzte Generation sind, die den Planeten Erde bewohnt, was macht es da für einen Sinn, die Umwelt zu schützen? Warum sollten wir nicht in der Arktis bohren? Warum sollten wir nicht die Wildnis vernichten? Es wird ja niemanden mehr geben, an den wir sie vererben müssen. Als Einzige werden ja für eine kurze Zeit nur noch die Sünder übrig bleiben, während wir, die Erleuchteten, die Entrückten, uns in den Wolken bei Jesus sammeln werden, um unsere Heere für die Rückkehr aufzustellen. Wenn die Einzigen, die zurückbleiben, die Sünder sind, warum sollten wir ihnen noch etwas übriglassen? Warum sollten wir ihnen die Wälder lassen, eine saubere Luft oder sauberes Wasser? Warum sollen wir das alles nicht jetzt vollends verbrauchen? Ich übertreibe nicht. Es gibt buchstäblich Millionen von Menschen, die Milliarden von Dollar in dieses Projekt stecken. Sie glauben allen Ernstes, das Kommen Jesu stehe unmittelbar bevor, und sie versuchen, die Voraussetzungen dafür mit Gewalt herbeizuführen. Hätte Jesus nicht den Weitblick gehabt, drei Tage nach seinem Begräbnis von den Toten aufzuerstehen, dann würde er sich im Grab umdrehen, wenn er erfahren müsste, dass diese Leute glauben, sie stellten das Christusbewusstsein dar oder repräsentierten die Lehre Jesu. Es ist ein unfassbarer Missbrauch der Heiligen Schrift, diese drei Vorstellungen zusammenzunehmen und zu versuchen, das Ende der Zeit früher herbeizuführen, dabei die Natur zu zerstören und sämtliche Menschen verloren gehen zu lassen, mit Ausnahme derjenigen, die an Jesus als ihren persönlichen Erlöser glauben.

„Theokratie“ ist die Vorstellung, dass man alle Angelegenheiten der menschlichen Gemeinschaft nach göttlichen offenbarten Prinzipien regeln kann. Man ist der Auffassung, dass das Gesetz des Landes und das Gesetz der Schrifttraditionen synonym seien, das heißt, man glaubt, die Schrifttradition, zu der man sich bekennt, sei die Grundlage für die gesamte Gesetzgebung, die man in der zivilen Gemeinschaft braucht. Nach diesem Glauben müssen Politik, das Kriegswesen und die Wirtschaft streng gemäß den Vorschriften und Offenbarungen der eigenen Schrifttradition laufen.

Für die Theokratie gibt es in der Menschheitsgeschichte viele Beispiele. Das frühe Judentum war eine Theokratie. Der Islam ist zum größten Teil noch eine Theokratie. Die meisten Länder der arabischen Welt sind Theokratien, die versuchen, den Koran als das Gesetz des Landes durchzusetzen. Solange die päpstlichen Armeen Europa unter Kontrolle hatten, setzten sie das katholische Glaubenssystem als das Gesetz des Kontinents durch. Die Menschheit hat das die ganze Geschichte hindurch getan. Es gibt zwei Formen der Theokratie. Die eine wird von religiösem Fanatismus angetrieben. Religiöse Fanatiker sind glücklich, wenn sie Politiker, Militärs und Vertreter des *Big Business* in ihre Unternehmungen mit hineinziehen können, um ihr eigenes enges, sektiererisches Programm einer Gemeinschaft aufzwingen zu können. Das ist eine Form der Theokratie.

Die andere Form ist im Lauf der letzten fünfzig Jahre zunehmend in Erscheinung getreten. Das ist eine Theokratie, die von Politikern, Wirtschaftsbossen und Leuten angekurbelt wird, die sich weder für Gott interessieren noch überhaupt an Gott glauben, aber ein umfassendes Interesse an der Religion haben, weil sie sie für ein ungeheuer mächtiges Instrument halten, um die Massen in den Dienst ihres sehr weltlichen Programms zu peitschen. In Amerika sind wir mit einer Mischung aus diesen beiden Formen gesegnet. In den letzten paar Jahren haben wir es fertiggebracht, diese beiden Formen der Theokratie in unser System einzuschmelzen. Herausgekommen sind sehr merkwürdige Bettgenossen. Da hat sich ein ungewöhnlicher Verbund aus Fundamentalisten, auf die Bibel pochenden christlichen Gruppen und römisch-katholischen Bischöfen ergeben. Fundamentalistische Christen wittern hinter jeder befreienden liberalen Idee Satan. Sie haben sich mit einigen römisch-katholischen Bischöfen zusammengetan und tun so, als seien sie das Sprachrohr Jesu. Sie sprechen im Namen Gottes und halten unterwürfige Gemeinden in Schach, denen sie erzählen, eine Stimmabgabe für die Demokratie disqualifiziere sie von der Teilnahme an der Eucharistie.

Bei den merkwürdigen Bettgenossen im Mittleren Westen der USA handelt es sich um Leute aus durch und durch loyalen, patriotischen, gewöhnlichen Familien, die bereit sind, ihre Söhne und Töchtern ins Ausland in den Krieg zu schicken, um jene Terroristen zu bekämpfen, die in den Laboratorien derzeitiger paranoider Regimes in Rekordauflagen hergestellt werden. Was an all dem am meisten verwundert, ist die Tatsache, dass jetzt aus den Guten die Bösen geworden sind und aus den Bösen die Guten. Diejenigen, die dieses Abschlachten von Kindern stoppen und unsere Soldaten heimholen und sie davon abhalten wollen, als Erste loszuziehen, gelten als unpatriotisch. Die Leute, die in ihren Büros sitzen und andere in den Krieg schicken, während keines ihrer eigenen Kinder je in den Konflikt verwickelt und zum Kanonenfutter wird, gelten – dank eines bemerkenswerten Kniffs und Drehs – als die Guten.

Die Leute, die die 500 Milliarden Dollar, die man für diesen Krieg aufgewendet hat, lieber in die Bildung, das Krankensystem und die Sozialversicherung stecken würden, werden als unamerikanisch bezeichnet. Diejenigen, die sich daranmachen, die Ressourcen dieses Landes zu verschwenden und dabei fett werden, haben es dank einer Wendung des Schicksals fertiggebracht, als die Guten zu gelten. Die Leute, die versuchen, eine Situation zu schaffen, in der immer weniger unserer jungen Menschen in unseren Gefängnissen landen, werden als die Bösen angesehen. Unsere beiden derzeit am rasantesten wachsenden Industrien sind unser Gefängnissystem und unsere Kriegsmaschinerie. Der größte Teil unseres Geldes geht in diese Systeme. Der Slogan „No Child Left Behind" (Kein Kind bleibt zurück) klingt absolut richtig, denn wenn diese Denkart weiter anhält, wird kein Kind mehr übrig bleiben. Jedes Kind wird entweder zum Häftling oder zum Kanonenfutter. Unsere Kinder werden alle aufgebraucht sein, während die Saubermänner sich zurücklehnen und zuschauen. Heißt das patriotisch sein? Heißt das Amerikaner sein? Heißt das ein Jünger Jesu sein?

Ich glaube zwar an die Trennung von Kirche und Staat, aber da kommt es derzeit zu einer großen Verwirrung. Man kann nicht Spiritualität und Politik voneinander trennen. Zwar müssen wir tatsächlich Kirche und Staat voneinander trennen, aber wir dürfen nicht Spiritualität und Politik voneinander trennen. Jede Spiritualität mit der Einstellung, von der Politik solle man die Hände weglassen, verkommt zur belanglosen Esoterik. Andererseits ist jedes religiöse System zutiefst Gottlos, das versucht, das Weiße Haus, den Kongress oder den Supreme Court dazu zu missbrauchen, seine enge sektiererische Dogmatik durchzusetzen und diese in den Gesetzen unseres Landes zu verankern.

Es geht um einen Tanz, der getanzt werden muss. In dieser Hinsicht halte ich die Liberalen für genauso schuldig wie die Konservativen. Liberale, die die Spiritualität völlig aus der nationalen politischen Debatte heraushalten wollen, höhlen den Dialog genauso aus wie die Konservativen, die die Religion auferlegen und dazu verwenden wollen, uns allen ihre sehr engen sektiererischen Glaubensüberzeugungen aufzudrängen. Wenn wir wirklich spirituelle Menschen sein wollen, müssen wir in der Poltik involviert sein. Und um wirklich spirituelle Menschen sein zu können, müssen wir ebenfalls Kirche und Staat getrennt halten. Zwischen diesen beiden Standpunkten besteht kein Widerspruch.

Es ist eine Sache, gegen die schlimmen Auswüchse unserer Zeit zu wettern und ihnen die Stirn zu bieten; und es ist eine andere Sache, eine Vision zu schaffen. Ich möchte nicht einfach bloß aufzeigen, was schrecklich falsch läuft; ich möchte auch auf das schauen, was in unserer heutigen Welt richtig läuft.

Vor einigen Wochen fand die Versammlung einer Gruppe von Leuten statt, die sich als „Bioneers" bezeichnen. Das sind Menschen aus der ganzen Welt, die sich seit rund siebzehn Jahren immer wieder treffen. Ihr Ansatz ist, dass sie in der Natur nach Lösungen für die Probleme der Menschheit suchen. Sie sehen sich genauer an, wie kreativ die Natur mit einem Problem umgeht, das sich einstellt, um zuzusehen, ob wir daraus etwas lernen können: für die Bewältigung von Problemen in unseren politischen Systemen, unseren Bildungsmodellen, unserer Landwirtschaftspolitik und allen anderen Bereichen des menschlichen Lebens. Einen der Vorträge hielt Paul Hawkins. Während seines Vortrags befand sich im Hintergrund ein Bildschirm, auf dem ständig eine Liste von Organisationen auf dem gesamten Planeten Erde ablief, deren Mitglieder versuchen, schon hier und heute auf unserem Planeten anders zu leben.

Die Liste enthielt Gruppen, die in der Politik engagiert sind, in der Medizin, in der Landwirtschaft, im Rechtswesen und in jeder nur erdenklichen Art menschlichen Miteinanders. Diese Liste lief pausenlos während der ganzen Stunde ab, die Paul Hawkins sprach. Er sagte: „Wenn ich diese Liste noch den ganzen Freitag, Samstag, Sonntag und Montag weiterlaufen lassen würde, wäre sie immer noch nicht zu Ende. So viele Organisationen sind es, die sich schon jetzt um eine andere Art des Lebens auf dem Planeten Erde bemühen, die versuchen, neue Ansätze zu verwirklichen." Aber davon erfährt man in den Massenmedien kaum etwas. Aus dem Mainstream-Fernsehen und den Mainstream-Zeitungen erfährt man nur hier und da eine Kleinigkeit über die merkwürdigeren unter ihnen. Der Planet Erde steht in Flammen. Er steht nicht in Flammen der Angst oder der Fremdenfeindlichkeit, sondern er steht in Flammen von Menschenwesen mit einem außergewöhnlichen Christusbewusstsein, von denen viele noch nie etwas von Jesus gehört haben, aber dennoch bei ihrem Bemühen, auf unserem Planeten etwas zu verändern, die Buddhaschaft oder das Christusbewusstsein erlangt haben.

Es geht nicht darum, nur gegen alles zu sein, was sich derzeit abspielt; es geht darum, eine neue Vision zu vertreten. Es gibt Millionen und Abermillionen erwachter Menschen auf unserem Planeten, die alles, was wir als Menschen tun, bewusst etwas anders anpacken. Es gibt eine Vision, und das ist die einzige Vision, die es je gab. Sie ist inspiriert vom unaussprechlichen Geist Gottes, der durch die Schöpfung sprudelt und sich in immer mehr außerordentlichen Verknüpfungen manifestiert und sich nicht aufhalten lässt. Man kann ihn nicht auf Dauer aufhalten. Er ist ein Vorwärtssprudeln, eine Evolution, die uns von der ethnozentrischen Militär-, Wirtschafts- und Gesellschaftspolitik wegführt und uns anfangen lässt, mit kosmischer Bewusstheit zu denken, als Gemeinschaft der empfindenden

Lebewesen, die den Planeten Erde bewohnen. Das ist die Art Vision, die charismatische Führungspersönlichkeiten hervorbringen wird, und die werden mehr durch ihr Beispiel als durch zwingende Gesetzgebung anleiten. Sie wird Menschen erschaffen, die die fernen fordernden Gottheiten hinter sich lassen und den Gott im Kern jedes Einzelnen von uns und im Kern jedes anderen Lebewesens wiederfinden, sich an ihn erinnern und ihn erkennen werden. Diese Vision entfaltet sich und lässt sich nicht aufhalten. Aber auch eine Reise von tausend Meilen muss mit einem ersten Schritt beginnen und eine Vision für die nächsten tausend Jahre muss mit der Entscheidung einzelner Menschen beginnen. Ich appelliere an Sie: Wenn Sie Ihre Wahl treffen, dann lassen Sie Ihre Entscheidungen nicht von Angst und Fremdenfeindlichkeit bestimmt sein, sondern von Liebe und Mitgefühl.

Das Wunder ist, dass wir das Wunder nicht sehen

„Der Geist wird mit dem Auge der Materie blicken.
Die Materie wird mit dem Antlitz des Geistes entzücken.“

Sri Aurobindo

Es gibt eine Sprache, die ich „Mythisch“ nenne. Mythisch ist sogar älter als Irisch, schöner als Englisch und wohlklingender als Spanisch. Es gibt nur wenige Menschen, die fließend Mythisch sprechen, und zwei Sorten von Menschen, die Mythisch gänzlich missverstehen. Die Vertreter der einen Gruppe halten Mythisch für Blödsinn und wollen überhaupt nichts davon hören. Sie sind der Auffassung, dass damit nur dumme Geschichten erzählt werden, die sich ungebildete Leute ausgedacht haben, um damit Sachen zu erklären, hinter die die Naturwissenschaft noch nicht gekommen ist. Die Vertreter der anderen Gruppe gehen noch gnadenloser mit dieser Sprache um. Das sind die Fundamentalisten, die alles für buchstäblich wahr halten und meinen, dass sie Mythisch verstehen, aber in Wirklichkeit nicht den Hauch einer Ahnung davon haben. Mythisch ist nämlich eine außergewöhnlich metaphorische Ausdrucksweise der Wahrheit, die derart tiefgründig und inhaltsreich ist, dass man sie gar nicht ins Theologische, Philosophische oder Naturwissenschaftliche übersetzen kann. Sie aber reduzieren sie fundamentalistisch auf ihre buchstäblichen Aussagen und meinen allen Ernstes, das sei ihr tatsächlicher Sinn.

Da gibt es zum Beispiel die wunderschöne Geschichte von den drei Weisen, die aus dem Morgenland kommen, um dem Jesuskind die Gaben von Gold, Weihrauch und Myrrhe zu bringen. Die Vertreter der ersten Gruppe sagen, diese mythische Geschichte sei albern und habe sich historisch nie ereignet. Die Vertreter der zweiten Gruppe sind der Auffassung, sie habe sich ganz genau so zugetragen. Jesus habe Gold, Weihrauch und Myrrhe geschenkt bekommen und das alles bei sich daheim verstaut. Sie glauben auch, dass Herodes, ein paranoider Schizophrener mit der ständigen Angst, vom Thron gestürzt zu werden, es zugelassen habe, dass drei Männer aus dem Osten kamen, um nach dem neuen König der Juden zu suchen, der ihn ablösen sollte. Dass er dieser Gruppe zwei Jahre Zeit gelassen haben solle, um das Jesuskind zu finden, das nur knapp zehn Kilometer von ihm entfernt zur Welt gekommen war, und gewartet habe, bis sie wieder zurückkämen, ist schlicht und einfach eine lächerliche Vorstellung. Aber die Vertreter dieser Gruppe sind der festen Überzeugung, dass sich das buchstäblich so abspielte, weil sie nicht begreifen, worum es bei diesem Mythos geht. Sie erfassen nicht den Unterschied zwischen Weisheit und Wissen oder den Unterschied zwischen Wahrheit und bloßen Tatsachen. Das ist aber ein gewaltiger Unterschied.

Tatsachen sind in Wirklichkeit nur eine kartographische Erfassung des Geländes. Sie bilden auf einer Landkarte ab, wie die Landschaft aussieht. Eine nebensächliche Tatsache ist ein Faktum, das die Welt in keiner Weise ändert.

Die Wahrheit ist ganz anders. Wahrheit hat nichts mit Tatsachen zu tun. Wahrheit ist das, was verändernd wirkt, und die letzte Wahrheit ist das, was alles radikal verändert. Solange man den Unterschied zwischen Tatsachen und Wahrheiten nicht versteht, versteht man auch kein Mythisch. Man versteht folglich auch nicht die Geschichte von den drei Weisen. Solange man nicht zwischen Weisheit und Wissen unterscheiden kann, kann man auch den Sinn dieser Geschichte nicht erfassen. Wissen ist nur die Fähigkeit, auf seine äußere Umgebung einzuwirken. Das ist für uns sehr wichtig. Damit können wir in unserer Umwelt überleben. Dank unseres Wissens können wir Dinge erfinden, unsere Häuser heizen, Autos fahren usw. Das ist Wissen.

Weisheit ist etwas ganz anderes. Weisheit ist das, was uns in Einklang mit der Wahrheit bringt. Weisheit ist das, was uns in unserer Verbindung mit Gott verankert. Wo sind die weisen Menschen? Was bedeutet es, ein weiser Mensch zu sein? Der weise Mensch ist einer, der den Unterschied zwischen der Wahrheit und bloßen Tatsachen erkennt, zwischen Weisheit und bloßem Wissen. Der weise Mensch ist einer, der in der Wahrheit gründet, und der wirklich weise Mensch ist einer, der das Christusbewusstsein erkennen kann.

Das Christusbewusstsein hat sich uns nicht erst seit dem Anfang der Geschichte des Christentums oder mit Jesus, dem Zimmermann aus Nazareth vor 2000 Jahren erschlossen. Das Christusbewusstsein kam schon vor Jesus zu uns, und seit Jesus noch viele andere Male. Der wahrhaft weise Mensch ist der Mensch, der die Augen hat, um sehen zu können, dass sich das Christusbewusstsein in jeder Überlieferung überall auf unserem Globus finden lässt. Dieses Christusbewusstsein kommt immer mit Gaben: Der weise Mensch bringt tatsächlich Gaben von Gold, Weihrauch und Myrrhe mit, aber das sind symbolische Gaben. Gold stellt das Königtum dar. Es stellt nicht die Wirklichkeit dar, dass wir in einer politischen Gesellschaft mit einem König ganz oben und uns allen anderen ganz unten leben. Es bedeutet, dass wir alle königlich sind und jeder Mensch auf dem Planeten Erde das Recht auf Sicherheit, Unterkunft und Wertschätzung hat. Es bedeutet, dass wir den königlichen

Charakter aller Lebewesen anerkennen, indem wir ihnen die Art Würde und Gerechtigkeit zukommen lassen, auf die sie von Geburt an ein Anrecht haben. Das ist das Gold, das der weise Mensch dem Kind bringt, also dem zur Welt kommenden Christusbewusstsein.

Der Weihrauch war ein Geschenk zu Ehren der Göttlichkeit Jesu. Jesus war Gott, und auch wir sind es. Es gibt nichts außer Gott. Es gibt nur Gott. In einem wunderschönen Sanskrit-Gedicht heißt es: „Gott schläft im Stein, Gott erwacht in der Pflanze, Gott geht im Tier, Gott denkt im Menschen." Es gibt nur Gott. Der Weihrauch stellt das dar. Er bedeutet nicht, dass drei Männer durch die Welt reisten, um vor 2000 Jahren in Bethlehem einen Säugling und einen Engel zu finden, weil sie erkannt hatten, dass er und ausschließlich er eine Inkarnation des Göttlichen wäre. Darum ging es überhaupt nicht. Es war eine Anerkenntnis des Göttlichen in jedem von uns.

Die Myrrhe ist das traditionelle christliche Symbol für den Tod. Meinen Sie, die Weisen hätten erkannt, dass dieses kleine Kind eines gewaltsamen Todes sterben werde? Ich glaube das ganz und gar nicht. Die Myrrhe ist nicht die Anerkenntnis des Todes, sondern die Anerkenntnis, dass nur das Leben wirklich ist. Sie ist ein Balsam für das Leben. Mit ihr anerkennt man, dass es nur ein Leben gibt; dass dieses Leben in zyklischer Wiederkehr in die Inkarnation eintaucht und aus der Inkarnation wieder heraustaucht, und dass es nur das eine Leben gibt, das sich wie ein Faden durch ausnahmslos alles zieht. Es gibt das Leben als Kleinkind und das Leben als alter Mensch auf ziemlich genau die gleiche Art, wie ein Baum in sich alle Möglichkeiten des Lebens im Frühling, Sommer, Herbst und Winter in sich trägt.

Der heilige Franz von Assisi stand mitten im bitterkalten Winter vor einem Obstbaum im Winterschlaf und sagte zu ihm: „Sprich mir von Gott", und der Baum brach in Blüte aus. Das war kein Wunder. Es war die Fähigkeit des Franziskus, im toten Baum die vier Jahreszeiten zu sehen. Im Baum, der Winterschlaf hielt, steckten alle Möglichkeiten des Frühlings.

In einer einzigen Lebenszeit stecken alle Möglichkeiten unserer außerordentlichen Inkarnation auf dem Planeten Erde und der Desinkarnation und der Reinkarnation danach. Sie stellt die Tatsache dar, dass es nur ein einziges Leben gibt, das uns alle miteinander verbindet. Jeder von uns ist eine Artikulation dieses einzigen Lebens. Es gibt nur ein einziges Leben, das durch uns atmet. Es gibt nur eine Göttin, die sich immer und immer wieder in uns zum Ausdruck bringt. Das war die Gabe der Myrrhe, die die Weisen dem Jesuskind brachten.

Weisheit ereignet sich auf drei Stufen. Sie ereignet sich lokal, global und kosmisch. Auf Mythisch wird das so ausgedrückt, dass erzählt wird, dass die ansässigen Hirten, die auf den Feldern ihre Herde hüteten, als Erste gekommen seien, um das Jesuskind anzubeten. Als zweite Gruppe rückte eine internationale Besetzung an: die drei Weisen aus dem Morgenland. Die dritte Gruppe waren die Engel, also die kosmischen Reisenden. Das veranschaulicht die Tatsache, dass es alle betrifft, wenn das Christusbewusstsein aufleuchtet. Zuerst war die lokale Gemeinschaft betroffen, dann die globale und schließlich die kosmische. Jedes Mal, wenn jemand zum Christusbewusstsein erwacht, ist das ein lokales Ereignis, ein globales Ereignis und ein kosmisches Ereignis.

Der weise Mensch navigiert immer mittels seiner Seelenweisheit. Was die Safari des Weisen antreibt, ist immer die Seele. Was die Safari des weltlichen Weisen antreibt, ist immer der Kopf, kombiniert mit den Emotionen. Eine der größten Täuschungen und Illusionen, mit der wir Menschen leben, ist, dass wir angeblich vernünftige Tiere seien. Wir behaupten, wir seien vernünftige Tiere. Vernünftig sind wir überhaupt nicht. Wir sind emotionale Wesen, die das Denken gelernt haben. Das ist ein großer Unterschied. Manche von uns sind derart gut darin, ganz schnell Vernunftgründe zur Rechtfertigung unserer emotionalen Reaktionen auf das Leben aufzutreiben, dass wir glauben, wir reagierten mit Vernunft auf das Leben. Fast niemand von uns reagiert auf das Leben mit Vernunft. Wir reagieren aus dem Bauch heraus, und manche von uns sind so gut darin, zur Rechtfertigung unserer emotionalen Reaktion unverzüglich Vernunftargumente beizubringen, dass wir meinen, wir verhielten uns vernünftig; aber das tun wir nicht. Nur der wirklich weise Mensch lässt sich von seiner Seele steuern; alle anderen von uns lassen sich hauptsächlich von ihren emotionalen Reaktionen auf das Leben steuern. Sehr rasch manövrieren wir uns dann in die Angst hinein. Wir werden mit nur zwei Emotionen geboren: mit der Fähigkeit, Angst zu empfinden, und mit der Fähigkeit, Liebe zu spüren. Beide Fähigkeiten sind zwiespältig und führen zu all den Kombinationen und Mutationen, die alle anderen Tugenden und Laster hervorbringen. Wenn die Angst nach innen gewendet wird, wird sie zur Depression. Wenn sie nach außen gekehrt wird, wird sie zur Wut. Wenn die Liebe nach innen gewendet wird, wird sie zur Selbstachtung. Wenn sie nach außen gekehrt wird, wird sie zum Mitgefühl. Eine der Mutationen ist die Habsucht. Sie beruht immer auf Angst. Man läuft vor der Angst davon, die im Zentrum liegt, das heißt der Angst vor dem Tod, der Angst, besiegt zu werden, und der Angst, nicht geliebt zu werden. Sie kann zu außerordentlicher Macht führen. Es gibt auf dem Planeten keine mächtigeren Redner als die Menschen, die von der Habgier angetrieben werden und Vernunftgründe dafür anführen, ihrem Streben nach Macht zu entsprechen. Diese mächtigen Individuen scheinen einen Großteil unserer Welt zu beherrschen. Das Militär, die Politik und leider auch unsere Kirchen sind in ihren Händen. Das sind die Menschen, die das System am Laufen halten. Sie haben die Weisheit abgestreift und sich für die Angst entschieden.

Das griechische Wort Epiphanie bedeutet, dass ein Gott sich unter den Menschen inkarniert hat. Ist das nur einmal geschehen? Nach dem christlichen Mythos geschah das für alle, die nicht Mythisch sprechen, nur einmal vor 2000 Jahren mit dem Sohn eines Zimmermanns, der in Bethlehem zur Welt kam und den Namen Jesus erhielt. In Wirklichkeit ist es so, dass man, sobald man einigermaßen gut Mythisch zu sprechen gelernt hat und sich genauer mit all den großen Mythen der Welt befasst, immer wieder die gleichen Motive findet. Man findet sie in der irischen, afrikanischen, griechischen und skandinavischen Mythologie. Die Vorstellung, dass die Götter unter uns erscheinen, taucht in allen Weltreligionen auf. Das geschieht weiterhin durch alle Epochen der Menschheitsgeschichte. Es ist, wie Jesus sagte: „Spaltet ein Holzscheit, und ich bin da, wendet einen Stein um, und ich bin da. Es gibt keinen Ort, an dem ich nicht wäre."

Die Epiphanie geschieht überall. Gott unter uns: Das geschieht immer und immer wieder. Zu sagen, es „geschehe", ist in Wirklichkeit falsch ausgedrückt. Dabei entsteht der Eindruck, als gebe es irgendwo eine Leere, und dann geschehe es, und dann sei wieder die Leere da. Die einzige Realität ist die Epiphanie. Die einzige Realität ist, dass Gott ist. Es ist unser Erwachen für diese Realität, was wie eine Epiphanie wirkt. Die Wahrheit ist, dass Gott ist und *nur* Gott ist.

Wir neigen zur Auffassung, die wichtigen Gestalten in der Weltgeschichte seien die großen politischen, militärischen und wirtschaftlichen Führer oder die großen Sklavenhalter. Wenn die wirkliche Geschichte einmal geschrieben werden sollte, werden alle diese Leute höchstens in den Fußnoten des Vorworts vorkommen. Das 21. Jahrhundert gehört ihnen nicht. Die Geschichte des 21. Jahrhunderts gehört den Mystikern. Sie gehört den Menschen, die das Christusbewusstsein erfassen. Das geschieht jetzt. Es geschah nicht nur vor 2000 Jahren mit dem Jesuskind.

Es gibt eine große jüdische Überlieferung, die besagt, in jeder Epoche der Menschheitsgeschichte lebten nur 36 Heilige (Zaddikim) auf dem Planeten. Ich denke, da hat sich jemand verrechnet, oder vielleicht hat das auf frühere Zeiten zugetroffen, oder vielleicht brauchten wir mindestens 36 Heilige, um bestimmte Zeiträume zu überbrücken. Im Augenblick gibt es auf dem Planeten Erde eine Menge mehr davon. Es gibt, wie eine Art Halskette rund um den Globus des menschlichen Bewusstseins, eine filigrane Kette von Menschen, die einander an den Händen halten und eine Formatvorlage schaffen, die uns zum nächsten Quantensprung in unserer Evolution als Spezies führt. Wir können Teil dieser Kette sein oder wir können einfach darauf warten, bis sie zustande kommt. In diesem Diadem ist Jesus ein solcher Mensch, und auch der Buddha, Mutter Teresa, Thich Nhat Hanh und der Dalai Lama. Die Frage ist: Werden noch mehr von uns aufwachen und einander die Hände reichen und es lernen, diese Halskette zu bilden? Wohin schauen wir bei unserer Suche nach einer Führung? Erwarten wir irgendein katastrophales Ereignis, das uns auf die nächste Stufe unserer Evolution schleudern muss? Ich persönlich glaube, dass man nicht so weit fortschauen muss. Wenn man wirklich in die Augen eines Säuglings schaut, einem Schmetterling beim Flug zusieht, oder wenn man jemals einen Sonnenaufgang oder Sonnenuntergang gesehen hat, dann hat man bereits Gott gesehen. Man hat dann schon seine Epiphanie gehabt. Wir müssen nicht mehr darauf warten, dass ein katastrophales Ereignis die Weltgeschichte verändert.

Ich bete darum, dass Sie bereit dafür bleiben mögen, Ihre Epiphanie zu empfangen.

Superseelensonntag

„Es gibt keine Seinsstufe, auf der sich nicht überall und zu allen Zeiten die Heiligkeit Gottes finden ließe."

Martin Buber

In den letzen elf Jahren verbrachte ich immer wöchentlich drei Tage an meinem abgelegenen Ort in den Wäldern bei Healdsburg. Dort meditiere ich zuweilen und gelegentlich schreibe ich etwas, aber meistens beobachte ich einfach, was in der Natur vor sich geht. Vor einigen Monaten saß ich am Bach und sah ein Blatt vom Baum fallen und in einem Spinnennetz hängen bleiben. Es dauerte nicht lange, da kam die Spinne heraus, um zu überprüfen, ob vielleicht ihre nächste Mahlzeit eingetroffen sei. Als sie das Blatt in ihrem Netz sah, ging sie um es herum, um zu sehen, wo es anklebte, und den Schaden zu beheben.

Sie biss vorsichtig einen der Fäden ab, die das Blatt hielten, und das Blatt torkelte nach unten und blieb an einem anderen Faden des Netzes hängen. Ich sah ihr zu, wie sie auf das Blatt hinunterschaute, dann wieder zu ihm hinging und einen anderen Faden abbiss, aber der Wind blies es zurück und es verfing sich wieder in einem anderen Faden des Netzes. Die Spinne biss weiterhin die Fäden ab, aber das Blatt wollte immer noch nicht aus ihrem Netz fallen. Schließlich blickte sie lange auf das Blatt, und nach einiger Zeit kam sie darauf, dass es keine andere Lösung gab, als ihr ganzes Netz wegzuschneiden. Ich wandte mich wieder einige Stunden meiner Lektüre zu, und als ich schließlich wieder hinsah, war sie dabei, auf einem anderen Zweig ein neues Netz zu spinnen.

In der Welt des Mikrokosmischen ist ein einziges fallendes Blatt ein Akt Gottes. Während ich zusah, wie weitere Blätter fielen, begann ich nachzudenken: Werden nächstes Frühjahr die gleichen Blätter wieder herauskommen und dann schließlich wieder abfallen? Werden das andere, neue Blätter sein, oder einfach nur Reinkarnationen der alten Blätter? Werde ich mir wieder das gleiche Blatt anschauen, bloß in einer neuen Saison? Hat ein Blatt eine Seele? Ich dachte über eine Hierarchie oder eine Abstufung von Seelen nach.

Glauben Sie, dass Zellen Seelen haben? Hat jedes sichtbare Ding eine Seele? Gibt es Seelen, angefangen von Zellen-Seelen bis hinauf zu Galaxien-Seelen? Sehen Sie einfache Seelen oder einzelne Seelen, wenn Sie sich eine einzelne Zelle ansehen? Sehen Sie eine sehr komplizierte Seele, wenn Sie eine Galaxie betrachten? Gibt es kleinere Seelen als die einzelnen Zellen, bis hinab zur Stufe der Atome? Gibt es größere Seelen als die der Galaxien?

Es gibt verschiedene Stufen von Seelen. Die einzelne Seele ist das Wesen eines einzelnen Zellorganismus. Die nächste Stufe ergibt sich, wenn eine Gemeinschaft von Zellen sich zusammenschließt und ein Organ bildet, etwa ein Herz oder eine Lunge. Ich bezeichne diese Seelen als Superseelen. Auf einer bestimmten weiteren Stufe schließen sich Organe zusammen und schaffen einen Organismus oder einen Menschen; das nenne ich Megaseelen. Dann tut sich ein ganzer Haufen von Lebewesen auf einem Planeten zusammen, und das ergibt die Seele des Planeten; sie bezeichne ich als Ultraseele. Aber dieser Planet ist nur einer unter Milliarden und Abermilliarden anderer Planeten im Kosmos. Das Wesen dieses Kosmos nenne ich eine kosmische Seele.

Wenn die Superseele das Wesen eines Organs ist, was hat es dann mit dem menschlichen Körper in symbolischer und mystischer Hinsicht auf sich? Das Auge ist eine Superseele, die sich mit dem Sehen dessen beschäftigt, was wirklich ist. Dabei geht es nicht nur um das Sehen von Dingen im physischen Kosmos, sondern es ist eine Superseele, die sich mit dem Sehen des Kerns und Wesens von allem, was wirklich ist, beschäftigt. Das Ohr ist eine Superseele, die sich mit dem Hören auf die Harmonie des Geistes beschäftigt. Es hört den Hymnus des Universums. Es hört das Lied Gottes, die Bhagavad-Gita. Die Funktion des Ohres ist, dass es eine Superseele ist, die darauf angelegt ist, die Bhagavad-Gita zu hören.

Die Funktion der Nase ist der persönliche Kontakt mit dem Duft der Reise in die Erleuchtung. Der Tastsinn ist die Superseele, die die Grenzen um das Ego spüren lässt, damit wir diese überschreiten und das Gott-Bild in jedem anderen erkennen können. Die Haut ist eine Superseele, die sich der Aufgabe widmet, die Innenseite Gottes auf die Außenseite Gottes stoßen zu lassen. Die Funktion des Geschmackssinns ist die Superseele, die mir den richtigen Geschmack dafür gibt, was Gott ist, so dass ich dazu verführt werde, den ganzen Weg zu gehen. Das Herz funktioniert als die Superseele, die sich der Aufgabe widmet, in unserer Zeit und Welt Liebe zu offenbaren.

Die Lungen sind Superseelen, die mit dem Sterben und Auferstehen all der Raumanzüge beschäftigt sind, in denen Gott sich selbst in Form einer Inkarnation erfährt. Die Leber ist eine Superseele, die sich der Aufgabe widmet, die Unterscheidung zwischen dem Wert und der Giftigkeit einer Erfahrung vorzunehmen. Der Magen ist die Superseele, die sich der Aufgabe widmet, aus jeder menschlichen Erfahrung die Segnungen des Lebens zu extrahieren. Die Nieren sind Zwillings-Superseelen, die sich der Aufgabe widmen, nach keiner Erfahrung eine Sucht aufkommen zu lassen, sobald diese ihre Botschaft abgeliefert hat. Wir brauchen dann an solchen Erfahrungen nicht weiter hängen zu leiben. Die Beine sind die Superseelen, die sich der Aufgabe widmen, uns auf die Reise in die Erleuchtung zu tragen, die genau dort endet, wo sie anfing, abgesehen von der Wahrnehmung, dass diese Reise eine Reise zurück in den Kern unserer selbst und den Kern jedes anderen war. Wir sollten daran denken, dass diese Raumanzüge oder Körper, die wir bewohnen und die uns in die Lage versetzen, die Erfahrung der Inkarnation zu haben, außerordentliche Zusammenballungen kleinerer Wesenheiten sind. Sie sind ein Zusammenschluss von Superseelen, die die Megaseelen der Inkarnation eines einzelnen Menschenwesens in unserer Welt erschaffen, und diese unsere Welt ist eine Ultraseele, die aus all den Megaseelen zusammengesetzt ist, die sich zur kosmischen Seele hochaddieren, und diese ist das Wesen des gesamten Universums, in dem wir uns jetzt vorfinden.

Das physikalische Licht ist die Gegenwart des Heiligen Geistes oder Gottes im manifesten Bereich. Es ist ungemein kraftvoll. Der menschliche Körper ist voller Licht. Im menschlichen Körper gibt es rund 100 Billionen Zellen, und in jeder Zelle 100 Billionen Atome, und jedes Atom enthält ein einzelnes Proton Licht. Wenn es technologisch möglich wäre – das ist es nicht –, so ließe sich mit dem Licht im Körper eines einzigen Menschen ein Baseballstadion dreieinhalb Stunden lang mit einer Million Watt beleuchten. Man würde nur das Licht von sieben Menschen brauchen, um genug Licht für eine gesamte Weltmeisterschaft zu haben! Der Kosmos, den wir bewohnen, enthält für jeden Partikel Materie eine Million Partikel Licht. Im Grunde genommen ist das ein Lichtkosmos. In diesem Kosmos stellt die Materie eine geringfügige Verschmutzung dar. Zudem ist das Licht die Quelle und der Ursprung alles Lebens und aller

Energie auf unserem kleinen Planeten. Es gibt auf diesem Planeten keine Energiequelle oder Lebensform, die letztlich nicht ihr Dasein oder ihr Weiterleben dem Sonnenlicht verdanken würde. Sogar auf der physikalischen Ebene sind das Licht und das Sonnenlicht außergewöhnlich.

Begibt man sich auf die metaphysische Ebene, so ist das Licht noch außerordentlicher. Auf dieser Ebene ist das Licht die Manifestation des Geistes im immateriellen, nichtmateriellen, mystischen oder esoterischen Bereich. Das Licht wurde als Symbol verwendet, um damit eine Vielfalt von Wahrnehmungsformen zu bezeichnen: Erleuchtung, Achtsamkeit, Unterscheidung, Bewusstsein, Intuition, Klarheit, Einsicht und Erkenntnis. Alle diese Begriffe lassen sich als Metaphern für das Licht verwenden. Das eine Wort „Licht" kann zur Bezeichnung aller großen Durchbrüche in der Geschichte der menschlichen Spiritualität verwendet werden. Jesaja verwendete das Licht als Symbol für die letzte Freiheit.

Wenn Menschen in Angst leben, sind sie Sklaven. Die Geschichte Israels hat das immer wieder metaphorisch vor Augen geführt. Während der ersten Phase der Evolution lebten wir in Angst vor Kräften, Stämmen oder Gemeinschaften, die größer waren als wir. Wir wurden von ihnen versklavt. Die Geschichte dieses Planeten ist die Geschichte einer Eroberung nach der anderen. Israel erlebte von 1700 bis 1250 v. Chr. eine lange Zeit der Versklavung.

Um 1250 v. Chr. befreite Moses das Volk; es floh aus Ägypten und zog in die Wüste hinaus. Das ist die zweite Phase, die Phase der Wut. Wenn die Angst schließlich die Wut gebiert, kommt es zur Tat; ein Aufstand bricht los, und dieser kann zur Befreiung führen. Die Menschen werden frei, aber nur politisch frei und nur militärisch frei; an sich selbst glauben sie immer noch nicht. Sie wurden gezwungen, 40 Jahre lang durch die Wüste zu ziehen. Tatsächlich war es so, dass sie binnen sechs Wochen nach dem Auszug aus Ägypten an die Grenze ihrer alten Heimat gekommen waren, aber noch nicht an sich selbst geglaubt hatten. Sie hatten Kundschafter hineingeschickt, und diese waren zurückgekommen und hatten gesagt: „Wir haben keine Chance. Die Menschen in diesem Land sind Riesen. Sie werden uns niedermachen." So waren sie wieder in die Wüste zurückgekehrt und darin 40 Jahre lang umhergezogen, denn obwohl sie politisch gesehen frei waren, waren sie noch nicht mental, spirituell und emotional frei. Sie waren immer noch versklavt. Das passiert mit der Wut. Die Wut macht nie jemanden frei. Sie kann einen politisch frei machen, aber sie macht einen nie spirituell frei.

Es gibt in diesem Prozess eine dritte Phase. Das ist die Phase des Glaubens an sich selbst. Erst wenn man an sich selbst glaubt, wird man wirklich frei. Nach vierzig Jahren des Wanderns durch die Wüste glaubten die Israeliten genügend an sich selbst und konnten aus diesem Grund tatsächlich in das Gelobte Land einziehen.

Genau das Gleiche sehen wir 700 Jahre später wieder bei ihrer Heimkehr aus dem Exil in Babylon geschehen. In Babylon waren sie 70 Jahre lang versklavt. Sie waren physisch, politisch und mental versklavt, und dann im Jahr 529 v. Chr., als das Perserreich die Babylonier besiegte, wurden die restlichen Juden freigelassen, damit sie in ihr Land zurückkehren konnten. Sie waren wieder politisch frei, aber sie glaubten nicht an sich selbst. Sie gingen ins Land Israel zurück, das aus einer verwüsteten Landschaft, einer Ruinenstadt und einem zerstörten Tempel bestand. Jesaja versuchte sie so zu ermutigen, dass sie in die dritte Phase kämen, in die des Glaubens an sich selbst, um ihre Stadt wieder aufbauen zu können. Das schafften sie schließlich auch.

Das Problem ist – was passiert in Phase vier? Am Ende von Phase drei öffnet sich ein Scheideweg. Was gewöhnlich passiert, ist, dass, wenn wir der äußeren Sklaverei entkommen sind und aus der mentalen Sklaverei ausgebrochen sind, also sowohl die innere wie die äußere Freiheit erreicht haben und an uns selbst glauben, eine wichtige Frage aufbricht: Was glauben wir von den anderen? Wir können überheblich werden und den anderen unsere Art aufzwingen, genau auf die gleiche Art, auf die andere uns ihre Art aufgezwungen hatten. Viele unterwürfige Menschen, die schließlich in den Glauben an sich selbst hineingewachsen waren, wurden zu Aggressoren. Das ist die Geschichte Israels und die Geschichte der USA und die Geschichte jedes anderen Landes. Jedes Land hat in irgendeiner Form den Kolonialismus erfahren, und wenn es endlich das Joch des Kolonialismus abgeschüttelt hatte, ist es seinerseits in Gebiete eingedrungen und hat sie sich angeeignet, die ihm bislang nicht gehört hatten. Am Scheideweg eröffnet sich uns die Möglichkeit, dass wir mit unserem neuen Glauben an uns selbst entweder in den Unglauben an die Rechte anderer Menschen marschieren oder den Weg in die Richtung des Glaubens einschlagen, dass andere genau die gleichen Rechte haben, wie wir sie zu haben glauben.

Israels Scheideweg sah so aus, dass es entweder der Einladung in eine Mystik wie die der Kabbala folgen konnte oder der Einladung der Eroberung des Landes im Jahr 1210 v. Chr., der sie folgten, oder der Unterdrückung der Samariter, die sie im Jahr 529 v. Chr. unternahmen. Diese Eroberung und Unterdrückung anderer passiert in unserer Welt immer und immer wieder, wenn Menschen, die schließlich der inneren und äußeren Versklavung entkommen sind, die Möglichkeit hätten, genauso an andere wie an sich selbst zu glauben, dieses aber nicht tun. Wenn wir Phase vier erreichen und dann die Entscheidung treffen, an die Rechte der anderen genauso zu glauben wie an unsere eigenen, erst dann wird echte Spiritualität möglich.

Alles, was sich in den ersten drei Phasen als Spiritualität maskierte, ist lediglich eine Religion der Sklaverei. Es ist entweder die Religion der Sklaven oder die Religion der Sklavenhalter. Aber es ist eine Religion der Sklaverei. Die Erkennungszeichen dafür sind immer die gleichen. Dazu gehört die Vorstellung, das „auserwählte Volk" zu sein, oder, außerhalb der katholischen Kirche gebe es kein Heil, oder wir seien die Erwählten, oder die Erlösung gebe es nur für eine bestimmte Gruppe von Menschen. In der Praxis führt das immer zu Inquisitionen, Kreuzzügen und Proselytenmacherei. Wo immer Sie auf die Vorstellung stoßen, man sei etwas ganz Besonderes, sei auserwählt, habe das Heil für sich allein gepachtet; oder wo immer Sie die Praxis der Inquisition erleben oder mit ansehen müssen, wie jemand seine Ansichten anderen aufzwingt, haben Sie es mit einer Religion zu tun, die in den Phasen eins, zwei oder drei steckt und keine echte Spiritualität zu bieten hat.

Die echte Spiritualität ist die endgültige Befreiung, denn sie anerkennt, dass Gott nicht nur in mir oder meinem Kind ist; sie anerkennt, dass Gott in allen Volksstämmen ist und in allen empfindenden Lebensformen. Wir leben in einer außergewöhnlich aufregenden Zeit. Wir leben in einer Zeit der Weltgeschichte, in der die Welt verzweifelt versucht, diese wahre Spiritualität zu gebären. Wir leben in einer Phase der Geschichte Amerikas, in der wir verzweifelt versuchen, diese echte Spiritualität zur Welt zu bringen. Aber wir leben in einer Welt und in einem Amerika zu einer Zeit, in der die alten Religionen der Sklaverei diese Entwicklung in einem außerordentlich starken Würgegriff halten. Die Machtpositionen sind von fundamentalistischen Köpfen eingenommen worden. Sie scheinen alles zu beherrschen, aber die spirituelle Entwicklung wird sich nicht aufhalten lassen. Die echte Spiritualität wird sich weiterhin entfalten, bis schließlich Führungspersönlichkeiten auftauchen werden, denen tief in ihren Seelen aufgegangen ist, dass jeder Mensch die gleichen Rechte und Pflichten hat. Auf dieser Stufe werden wir wirklich frei sein. In dieser Phase werden wir von Superseelen zu Megaseelen zu Ultraseelen zu kosmischen Seelen geworden sein. In dieser Phase werden wir wirklich begreifen, worum es im Leben geht. Das Licht Christi ist nicht das Licht des Verhörenden, das ins Gesicht des Angeklagten scheint, um ihm irgendein Geständnis abzuzwingen. Das ist nicht das Licht Christi. Das Licht Christi ist sanft und zärtlich. Es strahlt den Heiligen Geist so kraftvoll aus, dass es schließlich die Illusion auflöst, wir seien von Gott getrennt und voneinander getrennt. Das Licht Christi ist das Licht, das das letzte fehlende Puzzleteil zur Evolution des Menschen liefert. Es wird aus der Wahrnehmung dessen bestehen, wer wir in Wahrheit sind. Es wird das Vergessen beheben und die Erinnerung daran wiederbringen, woher wir kommen, wer wir sind, worin unsere Aufgabe besteht und wofür wir bestimmt sind.

Gottes Vertrag mit uns Menschen

„Wer im Konflikt mit anderen sein Ego herausstellt, veranlasst sie dadurch, ebenfalls ihr Ego herauszustellen."

Paul Brunton

Während meiner Kindheit in Irland in den 1940er Jahren bekamen wir Pakete aus Amerika. Sie kamen in unvorhersehbaren Abständen, und ihre Unvorhersehbarkeit war Teil der Erregung, denn wenn sie in regelmäßigen Abständen gekommen wären, hätten wir gewusst, wann wir sie erwarten konnten, aber das konnten wir nie wissen. Manchmal lag ein Jahr zwischen zwei Paketen, manchmal waren es 18 Monate oder sogar zwei Jahre. Wenn sie eintrafen, war die Erregung fast nicht auszuhalten. Meine Großmutter, die ich „Big Mammy" nannte, hatte entfernte Verwandte in Boston. Hier und da packten sie etliche Kleidungsstücke zusammen und schickten sie uns. Für die Männer und Jungen war in diesen Paketen nicht besonders viel, weil Jungen sich aus Kleidern nicht viel machen. Mädchen sind da viel kreativer. Mädchen können sich im Lauf eines einzigen Tages immer wieder in anderen Zusammenstellungen kleiden. Die Jungen waren trotzdem auf die Pakete gespannt, weil sie aus Amerika kamen, exotische Briefmarken darauf waren und sie eine Menge braunes Packpapier lieferten, aus dem sich allerhand machen ließ, etwa Fußbälle. Das war das Besondere daran für die Jungen.

Ich erinnere mich, dass in einem bestimmten Jahr einmal ein Paket kam, das nur einen einzigen Gegenstand enthielt: einen großen Pelzmantel. Meine Großmutter war ganz aus dem Häuschen. Sie war eine kleine, ziemlich rundliche Frau. Als sie den Mantel anzog, ging er ihr bis an die Knöchel und sie sah darin aus wie eine Kreuzung aus einem Grizzlybären und Nikita Chruschtschow. Sie war in diesen Mantel ganz verliebt. Ich erinnere mich, dass sie ungefähr ein Jahr, nachdem sie diesen Mantel bekommen hatte, im Ritz Movie Theater in Cork City ins Kino ging. Warm eingekuschelt in ihr Bärenfell schaute sie sich den Film an. Als sie gegen Viertel nach zehn Uhr abends aus dem Kino kam, war es ziemlich kalt. Sie zog den Mantel fest um sich zusammen, um sich zu wärmen. Aber je enger sie ihn an sich drückte, desto kälter wurde ihr, und als sie noch einmal fest anzog, hatte sie die beiden Hälften des Mantels vor sich in der Hand. Jemand hatte im Kino in einem Anfall von Neid den Mantel am hinteren Saum mit einer Rasierklinge aufgetrennt. Deshalb hatte er sich beim festen Ziehen in zwei Teile aufgelöst. In Irland gibt es das Sprichwort: „Auch ein schlimmer Wind bläst irgendjemandem etwas Gutes zu." Aus dem Mantel wurden von da an zwei Decken, eine auf ihrem und eine auf meinem Bett. Sie nähte ihren Pelzmantel nie mehr zusammen. Es wurde nie mehr ein Mantel daraus. Von da an existierte er in Form von zwei Decken weiter.

Jesus sprach von etwas ganz Ähnlichem, vom Auseinandertrennen von etwas. Der in der jüdisch-christlichen Spiritualität so beliebte Begriff des Bundes beruht auf der Vorstellung, dass zwei Parteien eine Art von geschäftlicher Abmachung treffen: einerseits Gott und andererseits Menschen verschiedener Art. Er enthält Verbindlichkeiten, Pflichten und Rechte. Jede Partei muss gewisse Pflichten erfüllen und hat auf bestimmte Dinge Anspruch. Im Judentum gibt es eine lange Entwicklungsgeschichte dieses Begriffs. Beim ersten Bund zum

Beispiel, vermutlich dem zwischen einerseits Gott und andererseits Adam und Eva, sah die Vereinbarung so aus: Adam und Eva durften im Paradiesgarten leben, und ihre Pflicht und Verbindlichkeit war, nicht von den Früchten der beiden bestimmten Bäume im Garten zu essen. Alles andere stand ihnen zur Verfügung, aber von den Früchten dieser beiden Bäume sollten sie nicht essen. Das war der erste Bund oder Vertrag zwischen Gott und den Menschen. Er hielt nicht besonders lang.

Kurz danach kam der zweite Bund. Das war der Bund zwischen Gott und Noach und den sieben anderen Menschen, die vor der Flut gerettet worden waren: Noach und seiner Frau, ihren drei Söhnen und deren drei Frauen. Das ist ein neuer Bund. Laut diesem Bund erlaubte Gott Noach, die gesamte Erde zu beherrschen und auszubeuten, und er erlaubte ihm zum ersten Mal, ein Allesfresser zu sein. Bis dahin waren die Menschen Vegetarier gewesen; jetzt wurden sie Fleischfresser und Allesfresser. Gott verlieh Noach das Recht, den Planeten zu beherrschen. Das war die zweite Vereinbarung.

1200 Jahre später kam es zu einer Vereinbarung mit Abraham. Das war ein Bund zwischen Gott und wenigen Auserwählten. Es war kein Bund mehr zwischen Gott und allen Lebewesen, wie es der Bund mit Noach gewesen war, sondern ein Bund zwischen Gott und wenigen Auserwählten. Laut diesem Bund wollte Gott die Nachkommen Abrahams segnen und ihnen schließlich ein Land geben, welches nur ihnen gehören sollte.

Nach ungefähr 600 Jahren kündigte Gott diesen Bund und schloss einen anderen Bund mit Moses. In diesem Bund gab Gott Moses eine Verfassung, bestehend aus einem Gesetz und 613 Vorschriften, und er versprach ihm, er werde ein besonderes, ganz ihm gehöriges Land erben.

Ungefähr 200 Jahre nach Moses schloss Gott einen anderen Bund mit König David, in dem er David versprach, dass seine Dynastie für immer bestehen bleiben und ein Sohn von ihm für immer auf dem Thron des Landes Israel sitzen werde.

Ungefähr 400 Jahre danach kündigten zwei außergewöhnliche Propheten, Jeremia, der rund 600 Jahre vor Jesus lebte, und Ezechiel, ungefähr 550 Jahre vor Jesus, einen weiteren Bund an. Jetzt war dieser Bund zum ersten Mal nichts Äußeres mehr. Es ging darin nicht um Land, Nachkommen oder Dynastie. Er war eine Sache des Herzens. Die beiden sprachen von einem Bund, der nicht in Stein gemeißelt sei und nicht aus Gesetzen bestehe, sondern ins Herz des Menschen eingeschrieben sei. Ungefähr 600 Jahre danach sollte Jesus dieses Thema vertiefen. Jesus sprach von einem Bund des „Reiches Gottes in euch und unter euch".

Das ist eine kurze Geschichte des Begriffs „Bund". Meiner persönlichen Überzeugung nach beruht dieser Begriff „Bund" immer auf Unsicherheit, Angst und dem Bedürfnis, etwas Besonderes zu sein. Er führt unvermeidlich immer wieder dazu, dass sich Menschen unterschiedlicher Art immer wieder anders zusammentun, und das läuft jedes Mal auf irgendein fundamentalistisches Denken hinaus, ganz gleich, wo man es findet. Der Fundamentalismus besteht im Wesentlichen aus nur zwei Elementen, nämlich erstens, dass man ein sehr komplexes, tiefgründiges System hernimmt und es auf seine gröbsten Knochen reduziert, damit es die ganz normalen Menschen leicht verstehen können, und dass man zweitens einen Feind ausmacht und dämonisiert, um die Massen anzustacheln. So verläuft das unvermeidlich immer wieder, ob bei Religionskriegen, wirtschaftlichen Konkurrenzkämpfen oder ethnischen Konflikten. Es fängt damit an, dass man sich für auserwählt hält, und am Ende hat man immer irgendeine Art von Bund. Und es führt regelmäßig zu derart stereotypen Vorstellungen, dass man nur noch in den Kategorien von Geschlecht, ethnischer Zugehörigkeit, Konfessionszugehörigkeit oder sozioökonomischem Status denkt.

Man steckt dann die Menschen in bestimmte Schubladen und hat schließlich die Gruppe derer, die „draußen“ sind, und die Gruppe derer, die „drinnen“ sind, fein säuberlich getrennt. Das passiert, wenn man einen „Bund“ schließt.

Ich persönlich glaube ganz und gar nicht, dass Gott jemals mit dem Menschengeschlecht einen Bund geschlossen hat. Wie sollten wir eine wirtschaftliche Vereinbarung mit dem unaussprechlichen Grund unseres Daseins treffen können? Wie sollte man einen Vertrag mit einer unsichtbaren, heiligen, unaussprechlichen Wesenheit schließen können? Wie sollte Gott, wenn sie doch keinen Namen hat, rechtsgültig einen Vertrag unterschreiben können? Wie sollte Gott, die kein Gesicht hat, einen Personalausweis vorlegen können, um rechtskräftig einen Vertrag unterschreiben zu dürfen? Die Vorstellung eines Gottes, der mit irgendjemandem einen Vertrag abschließt, ist absolut lächerlich. Es gibt einen Vertrag, aber die Vertragspartner sind der Gott-in-mir und der Gott-in-dir. Die Hindus nennen das „Namaste“, das heißt: Der Gott in mir anerkennt und ehrt den Gott in dir. Alle Verträge sind nur deshalb gültig, weil sie versuchen, die Göttlichkeit zum Ausdruck zu bringen, an der wir alle Anteil haben. Es gibt sie nicht zwischen einer speziellen Menschengruppe und dem unaussprechlichen Grund unseres Daseins. Aber es gibt sie in Form von im Voraus abgesprochenen Vereinbarungen. Solche treffen wir, ehe wir hierher kommen, damit wir, wenn wir hier eintreffen, die Gottheit in jedem Menschen, jeder Kultur, jedem Volk, jeder Konfession, jeder Religion, jedem Geschlecht und jedem sozioökonomischen Status erkennen können. Wir sind dann in der Lage, alle diese künstlichen Schranken zu durchschauen und den Gott im Innern zu sehen. Das ist der einzig gültige Bund, das heißt der Bund, den ich zwischen mir und meinem Selbst schließe, weil mein Selbst dein Selbst und alle anderen Selbste meint. Der Hinduismus würde sagen: „Das bist du selbst." Alles, was du je über die transzendente Gottheit gelesen hast, bist nämlich in deinem Kern du selbst.

Wenn du über alle Akzidenzien von Geburt, Ethnie, Intelligenzquotient, Geschlecht, sozioökonomischem Status, Rassenmerkmalen, Konfessionszugehörigkeit und nationaler Identität hinaussehen und in den Kern blicken kannst, dann ist der Bund, den du schließt, in Wirklichkeit ein Bund zwischen dir und deinem Selbst. Es ist der Bund des Gottes in dir, der den Gott in jedem anderen wahrnimmt. Das, so scheint mir, ist der einzige Sinn, den das Reden vom „Bund" haben kann.

Wenn ich mir die Geschichte des Begriffs der Ehe auf dem Planeten Erde ansehe, so entdecke ich, dass die Ehe mehrere Wandlungen durchgemacht hat. Das erste Eheverständnis entstand vermutlich damals, als die Menschen endlich auf den Zusammenhang zwischen sexuellem Verkehr und Empfängnis kamen, also auf die Tatsache, dass, wenn ein Mann mit einer Frau schläft, ein Kind empfangen wird und dann später zur Welt kommt. Lange Zeit erkannten sie diesen Zusammenhang nicht. Als sie ihn zum ersten Mal entdeckten, wurde es sehr wichtig, dass eine vertragliche Übereinkunft zwischen der Frau, die das Kind austrug, und dem Mann, der es für das seinige hielt, getroffen wurde. Beim ersten Ansatz zur Ehe ging es um den Versuch, eine Art Schutz oder Rechtsschutz für den Mann und die Frau und ihre Kinder zu schaffen.

Das erste Eheverständnis hatte mit der Vaterschaft von Kindern, ihrem Schutz und ihrer Entwicklung zu tun. Später begann man die Ehe dazu zu verwenden, Beziehungen zwischen Familien, Gemeinschaften und zuweilen ganzen Nationen zu stabilisieren, zum Beispiel, indem der König von Spanien seine Tochter mit dem Sohn des Königs von England verheiratete, um eine Art Bündnis zwischen diesen beiden Nationen zu schmieden. Die Ehe wurde zu einer vertraglichen Übereinkunft, mittels derer man auseinanderstrebende Elemente der Bevölkerung zusammenkitten oder eine Art von Harmonie und Frieden schaffen konnte. Das war die zweite Spielart des Eheverständnisses. Auf einer bestimmten Stufe entstand dann die Vorstellung, bei der Ehe gehe es um Gefährtenschaft, das heißt, ins Zentrum rückte der Wunsch von Mann und Frau, einander Gefährten und zuverlässig füreinander da zu sein, also auf Lebenszeit eine Art Freundschaft zu pflegen. Das war die dritte Spielart des Ehebegriffs.

Später entstand in Europa der Begriff der romantischen Liebe. Das war die Vorstellung, man folge seinem Herzen und heirate den Menschen, in den man sich verliebe. Das war keine vertragliche Vereinbarung mehr, um Kinder in die Welt zu setzen oder eine dauerhafte gemeinsame Beziehung einzugehen. Es ging auch nicht nur darum, bis ins hohe Alter Gefährten zu bleiben; der springende Punkt war die biochemische Kraft, die das sich Verlieben in jemanden auslöst. In der Folge bezeichneten das Leute wie C. G. Jung als das heiligen Mysterium oder die heilige Vermählung. Es war die Vorstellung, dass die Ehe eine symbolische Suche darstelle, bei der eine Frau, die nicht ganz ist, weil ihre männliche Seite nicht voll entwickelt ist, einen Mann heiratet, dessen weibliche Seite nicht voll entwickelt ist. Indem sie einander die jeweils gegengeschlechtliche Seite lieferten und damit zeigten, was es bedeute, ein ganzer Mensch zu sein, könne dadurch jeder von beiden zu seinem ganzen Menschsein kommen. So heirateten wir also das andere Geschlecht, um es in uns selbst auszubilden, und nicht nur, um mit ihm zusammenzuleben. Die Ehe ist hier nicht mehr als Übereinkunft gedacht, mittels derer Männer und Frauen weiterhin Männer und Frauen bleiben, sondern eher als gegenseitige Ergänzung, die es beiden Seiten ermöglicht, die Gesamtpsyche zu entwickeln, die eigentlich gemeint ist, wenn es heißt, der

Mensch sei nach dem Bild und Gleichnis Gottes „als Mann und Frau“ erschaffen.

Auf irgendeiner Stufe begannen die Propheten Israels, diese Bilderwelt in ihr Verständnis des Bundes einzubauen. Obwohl der Begriff des „Bundes“ in Israel sehr alt war, finden wir zum ersten Mal bei Hosea die Vorstellung, dass dieser Bund mit Gott Elemente einer Ehe an sich haben könnte. Hosea spricht von diesem Bund zwischen Gott und Israel als von einem Ehevertrag zwischen einem Mann und einer Frau. Er wurde zu einem der ersten Menschen, der eine persönliche Erfahrung hernahm und sie zu einer globalen Kosmologie ausbaute. Er ging von der Erfahrung seiner eigenen Ehe aus und schuf daraus eine Kosmologie der Beziehung zwischen seiner gesamten Kultur und Gott. Die seiner Erfahrung zugrunde liegende Geschichte war die, dass er eine Frau geheiratet hatte, die ihm untreu war, ihm schließlich davonlief und zur Prostituierten wurde. Da sagte Gott zu ihm: „Ich möchte, dass du sie zurückholst, denn das wird das Bild dafür sein, wie meine Beziehung zu Israel beschaffen ist. Ich hatte Israel geheiratet und Israel hat mich verlassen und wurde zur Prostituierten, aber ich werde Israel wieder zurückholen.“ Hosea holte seine Frau zurück; sie hatten zwei Kinder miteinander, und dann verließ sie ihn wieder. Gott forderte ihn auf, sie wieder zurückzuholen. So verwendete Hosea seine eigene, persönliche Erfahrung seiner Ehe als Metapher für die Beziehung zwischen Gott und Israel. Meiner Überzeugung nach war das kein besonders hilfreiches Bild, denn wenn wir uns die Beziehung zwischen Gott und Israel genauer ansehen, soll es so gewesen sein, dass Gott Israel in der Wüste geheiratet hatte und sie eine Zeit der Flitterwochen miteinander verbrachten. Die Israeliten blickten darauf zurück und sagten: „Ja, als wir in der Wüste lebten, da gab uns Gott Manna vom Himmel und wirkte alle diese großen Zeichen und wir besiegten alle unsere Feinde.“ Aber wenn man sich diese

Flitterwochenphase genauer ansieht, so bestand sie darin, dass sie 40 Jahre lang *verloren* in der Wüste herumirrten. Was für ein Vergnügen das war, kann man sich vorstellen. Sie beschwerten sich ständig, dass sie nicht genug zu essen und nicht genug Wasser hätten, und sie revoltierten derart schlimm gegen Moses, dass er ihnen eine Plage in Form von Schlangen schickte, die sie bissen und töteten. Von wegen Flitterwochen! Im Rückblick, aus etlichem Abstand, sieht alles immer wesentlich rosiger aus.

Wenn ich mir diese Ehe Israels mit Gott ansehe, finde ich einerseits bei der „Frau" eine außerordentliche Untreue und andererseits beim „Mann" eine Menge häuslicher Gewalt. Er schlägt sie immer wieder. Er schickt sie immer wieder ins Exil. In regelmäßigen Abständen rücken Heere ein und rotten sie nahezu aus. Gott wäre häuslicher Gewalttätigkeit schuldig und seine Frau notorischer Untreue.

Ich will das als Bild dafür verwenden, dass es möglicherweise in unserer heutigen Zeit zu einem Konflikt zwischen Gott und uns kommt, wo unglücklicherweise 50 Prozent unserer eigenen Ehen in der Scheidung enden. Damit ist die Ehe keine besonders passende Metapher mehr für die Beziehung zwischen uns und Gott. Meiner Überzeugung nach führte Gott eine recht unglückliche und ziemlich erfolglose Ehe.

Sehen wir uns an, was Jesus schon zu seiner Zeit tat. Er sprengte diese ganze Denkweise. Er brachte eine ganz neue Denkvorstellung in den Prozess unserer Beziehung zu Gott. Er verinnerlichte diese vollständig und sagte: „Ich und der Vater sind eins." Dann fuhr er fort: „Die gleichen Dinge, die ich vollbringe, werdet auch ihr vollbringen, ja sogar noch größere", weil Jesus uns nicht einlud, eine Art von äußerlichem Vertrag mit einer anspruchsvollen fernen Gottheit zu schließen, sondern den Gott wahrzunehmen, der oder die unter uns und in uns lebt. Das ist ein völlig anderes Paradigma. Die Welt war dafür noch nicht reif. Daher kreuzigte sie ihn. Die Kirche, der er diese außerordentliche Einsicht vermachte, war für sie noch nicht bereit und höhlte diese Lehre aus.

Der Übergang zu diesem neuen Paradigma steht ganz notwendig für unsere Zeit und unser Denken an. In diese Richtung muss es gehen. Man braucht sich nur anzusehen, wie das naturwissenschaftliche Denkmodell funktioniert; genau so funktioniert das auch hier. Der typische Naturwissenschaftler wird eine Menge völlig sinnloser Daten vor sich haben und dann nach und nach eine Art von Muster herauszufinden versuchen, das diese Daten erklären könnte. Stufe zwei besteht darin, dass er diese Art Muster entdeckt. Auf Stufe drei entwickelt er eine Hypothese zur Erklärung dieses Musters. Auf Stufe vier richtet er eine Art Experiment ein, um diese Hypothese zu testen. Auf Stufe fünf führt er dieses Experiment in einem Laboratorium durch, um zu sehen, ob dabei das Entsprechende herauskommt. Auf Stufe sechs hat er ein neues Prinzip. Auf Stufe sieben verfügt er über ein gesamtes neues Modell, mit dem die Naturwissenschaft weiterarbeiten kann. Später aber tauchen anomale Daten auf, und dann muss das naturwissenschaftliche Modell ein bisschen justiert werden und es quillt an seinen Säumen etwas auf, um die neuen Daten mit einbeziehen zu können. Auf einer bestimmten Stufe kommt es dann leider so weit, dass derart viele anomale Daten aufgetaucht sind, dass das alte Modell nicht mehr viel taugt. Das passierte im 20. Jahrhundert. 1915 tauchte die Relativitätstheorie auf. 1920 passierte es mit der Revolution in der Quantenmechanik, bei der sich das alte Newton'sche Modell als völlig inadäquat erwies und wir ein nagelneues Modell entwerfen mussten, in das alle Newton'schen Daten und alle Daten der Quantenmechanik und alle Daten der Relativitätstheorie passten. Auf religiösem Gebiet versuchten wir dagegen, das alte Paradigma so zusammenzuflicken, als hätten wir den alten Mantel meiner Großmutter wieder nähen wollen. Das funktioniert nie, denn auch im Lauf des Prozesses, in dem wir Gott immer tiefer erfahren, tauchen immer mehr anomale Daten auf, bis schließlich die alten Paradigmen passé sind. Wir können sie nicht mehr zusammenflicken. Wir können den Wein neuer Einsichten nicht in die alten Schläuche eines überholten Denkens gießen. Obwohl der Prozess so verläuft, dass sich das eine aus dem anderen ergibt und wir das eine auf dem anderen aufbauen, ist die alte Form für unser Denken nicht mehr angemessen.

In den Zeiten, in denen wir leben, wird es für die Probleme der Menschheit so lange keine Lösung geben, wie unser Paradigma auf der Vorstellung von Verträgen zwischen der transzendenten Gottheit und speziellen Gruppen auf dem Planeten Erde beruht. Ganz gleich, ob es um Aufteilungen zwischen den Geschlechtern, Ethnien oder Rassen gehen mag, ist jedenfalls die Vorstellung, dass auf einer bestimmten Nation oder irgendeinem bestimmten sozioökonomischen Status eine besondere Form göttlicher Segnung ruhe, überholt. Solange wir unser Denken von diesen ausgeleierten Ideen beherrschen lassen, wird es keine Lösung für die Probleme der Menschheit geben. Wir sind zu kühnen neuen Denkweisen aufgerufen und zu einer völlig anderen Art und Weise, ethnische Zugehörigkeit, Rasse und sozioökonomischen Status zu überschreiten, und auch die Spaltung zwischen den Geschlechtern, den Begriff der Nation als etwas Endgültigem und den Begriff der Kirchen als dem offenbarten Wort Gottes. Wir müssen weit über all dies hinausgehen.

Ich möchte hier auch die Ansicht in den Raum stellen, dass wir in unserer Zeit dringend weltweit ein mindestens fünf Jahre langes Moratorium der Produktion aller Waffen, sowohl der konventionellen als auch der Massenvernichtungswaffen, brauchen; nicht nur an bestimmten Stätten, sondern rundum auf der ganzen Welt ein Moratorium der Produktion von Dingen, die Menschen töten. Ich möchte vorschlagen, dass wir stattdessen eine aus den Militärhaushalten finanzierte fünfjährige Konferenz der Nationen des Planeten Erde abhalten, auf der die führenden Agrarwissenschaftler, Ärzte, Erzieher, Psychologen, spirituellen Menschen und Umweltexperten zusammenkommen, damit wir als globale Gemeinschaft fünf Jahre lang alle unsere Ideen darüber zusammentragen, welche Art von Lebensstil der gesamten Spezies Mensch unserem Planeten Frieden und Harmonie bringen kann. Das, was sie herausfinden werden, sollte Verbindlichkeit bekommen, nicht durch gewaltsame Auferlegung, sondern weil es so anziehend und so von Gott erfüllt wäre, dass alle es mühelos annehmen würden. Dann sollten wir diesen neuen Lebensstil ein Jahrhundert lang ausprobieren. Mit dem Krieg haben wir es 5000 Jahre lang probiert und er hat nichts gebracht. Versuchen wir es hundert Jahre lang mit dem Frieden und sehen wir zu, was dann passiert.

Das Ende der Welt ist sehr nahe. Ich glaube das fest. Aber das Ende der Welt ist nicht das, was bei einem nuklearen Holocaust passiert. Das Ende der Welt wird so geschehen, dass ein blendender Lichtstrahl zu einer globalen Erleuchtung führen wird. Das Ende der Welt kommt; die Welt, wie wir sie kennen, ist passé. Eine ganz neue Welt ist am Entstehen. Heute wäre ein sehr guter Tag, um zu sterben.

Die Christenheit und das Christusbewusstsein

„Wir kennen das Göttliche und werden das Göttliche, weil wir es unserer geheimsten innersten Natur nach schon sind.“

Sri Aurobindo

„Die ganze Welt ist eine Bühne und alle Menschen auf ihr sind nur Schauspieler. Sie haben ihre Abgänge und ihre Auftritte; jeder Mensch spielt zu seiner Zeit sieben Teile; sein Akt sieht sieben Auftritte vor.“ Shakespeare stellt das so dar, dass die sieben Stufen des Lebens auf die Rückkehr zum Kindwerden hinauslaufen, bei dem man „ohne Zähne, ohne Augen, ohne Geschmackssinn, ohne alles“ ist. Das steht in „Wie es euch gefällt“, einem Stück, das er 1598 schrieb.

Ich denke, Shakespeare war einer der größten Kommentatoren des Soziallebens aller Zeiten. Ich bin mit ihm einer Meinung, dass sich das Leben in sieben Stufen entfaltet. Darüber, wie diese sieben Stufen beschaffen sind, habe ich meine eigenen Vorstellungen. Über die Stufen und ihre Zahl habe ich also die gleiche Vorstellung wie Shakespeare, wie er sie inhaltlich füllt, stimme ich aber nicht zu.

Jesus wurde über sieben Stufen zum Christus: Empfängnis, Mission, Tod, Hölle, Auferstehung, Himmelfahrt, Pfingsten. Die erste Stufe ist die der Empfängnis: die Bewegung von der Vor-Inkarnation zur Inkarnation. Das hat besonders schön und poetisch Paulus erfasst. Er sagte von Jesus: „Habt die gleiche Gesinnung in euch, die in Jesus war. Denn obwohl er Gott war, klammerte er sich nicht an seinem Gottsein fest, sondern er nahm menschliche Gestalt an und wurde den Menschen gleich.“ Paulus spricht dann im weiteren Verlauf davon, wie Jesus sich durch die Art Tod, die er starb, erniedrigte.

Der erste Auftritt ist die Empfängnis Jesu als die Bewegung, aus der Falle des Gottseins herauszutreten und die Inkarnation auf sich zu nehmen. Das ist die erste Station der Reise.

Die zweite Station der Reise Jesu war die Mission. Die Mission Jesu betraf nicht in erster Linie seine Lehre. Er kam nicht, um uns weise Sprüche zu überbringen oder Kranke zu heilen und Tote auferstehen zu lassen; das war nicht primär seine Mission. Seine Mission bestand vor allem darin, zum Prototyp der Evolution des Experiments *„homo sapiens“* zu werden. Das ist die Evolution von uns allen. Jesus war als der Prototyp dessen gedacht, zu dem wir alle werden sollen. Er war das ultimative Beispiel dessen, worauf dieses Experiment hinauslaufen soll. Das war der Hauptgrund für sein Kommen. Es war wichtiger als das, was er sagte; wichtiger als die Heilungen, die er wirkte, war das, wer er war. Er sollte vorbildhaft der Prototyp dessen sein, worauf dieses gesamte Experiment hinauslaufen soll. Das war seine Mission.

Die dritte Station ist dann der Tod. Was bedeutete der Tod Jesu? Ich glaube nicht, dass der Tod Jesu dazu diente, die Menschheit von ihren Sünden freizukaufen. Es gab keine ferne, fordernde Gottheit im Himmel, die nach einem blutigen Opfer verlangte, um Genugtuung für ihren Schmerz zu bekommen, dass man sich gegen sie versündigt hatte. Das hatte nichts damit zu tun. Ich glaube, falls Jesus als 80-jähriger Mann friedlich gestorben wäre, wäre sein Leben nicht weniger wirksam gewesen. Aber Jesus starb, weil er sterben musste, denn der Lehrer muss immer sterben.

Um die Erleuchtung zu erlangen, müssen wir zu Serienmördern werden. Jeder von uns muss vier Morde begehen, um ein erleuchtetes Wesen zu werden. Der erste Mord besteht darin, dass ich meinen Vater töten muss. Das bedeutet, dass ich alle Traditionen aufgeben muss, die mich an meine Vergangenheit gefesselt halten. Der zweite Mord, den ich begehen muss, besteht darin: Ich muss mein Ego töten. Das Ego ist das, was irrtümlich meint, das, was nicht ich bin, sei ich, und mich daran hindert, zu verstehen, wer ich in Wirklichkeit bin. Ich muss mein Ego töten. Der dritte Mord besteht darin, dass ich meinen Lehrer töten muss. Es gibt keinen Lehrer, der mich den ganzen Weg führen kann. Ab einer bestimmten Station muss ich den Lehrer loslassen, oder der Lehrer muss mich loslassen. Und schließlich muss ich Gott töten. Jede Theologie, die ich mir selbst bastle, bleibt ein Konstrukt. Kein theologisches System kann dazu führen, Gott zu verstehen. Ich muss mit Meister Eckhart sagen: „Ich bete täglich darum, dass Gott mich von Gott befreie." Mit den Buddhisten muss ich sagen: „Wenn du unterwegs dem Buddha begegnest, töte ihn." Der Grund, weshalb Jesus sterben musste, war der, dass die Jünger frei werden mussten, um in das hineinwachsen zu können, was für sie vorgesehen war. Daher mussten sie ihren Lehrer loslassen. Weil sie ihn nicht loslassen konnten, beschloss er, sie loszulassen.

Die vierte Station ist die Hölle. Im Apostolischen Glaubensbekenntnis gibt es die merkwürdige Stelle: „… gestorben und begraben, hinabgestiegen in die Hölle." Was soll das heißen, dass Jesus in die Hölle hinabgestiegen sei? Traditionellerweise lehrt die Kirche, dass damit gemeint sei, Jesus habe die dort festsitzenden Seelen befreit. Nach dieser Lehre aus der Zeit der Erbsünde hatte Gott seit Adam und Eva den Himmel verschlossen gehalten. Er hatte uns nicht nur aus dem Garten Eden hinausgeworfen, sondern auch die Tore des Himmels verschlossen. Das ist die Lehre, und ich glaube sie keinen Augenblick. Ich glaube ganz und gar nicht, dass alle – der Buddha, der 500 Jahre vor Jesus lebte, und Laotse, der 600 Jahre vor Jesus starb, und Sokrates, der 400 Jahre vor Jesus starb – in eine Art von Limbus gesperrt wurden und darin auf Jesus warten mussten, bis dieser die Himmelstore wieder aufmachte. Das glaube ich ganz und gar nicht. Allerdings gibt es tatsächlich Seelen, die nach ihrem Tod eingesperrt bleiben. Es gibt Menschen, die im Augenblick ihres Todes derart Angst haben, dem Licht entgegenzutreten, derart nach dem Leben auf dem Planeten Erde süchtig sind und derart an ihrem Ego kleben, dass sie sich nicht vorwärtsbewegen können. Diese Seelen brauchen das Beispiel einer voll entwickelten Seele. Der Abstieg Jesu in die Hölle liefert dieser Gruppe von Seelen das Modell dafür, wie die Reise aus der Finsternis ins Licht der vollen Befreiung aussieht.

Die fünfte Station ist die Auferstehung. Jesus führte uns vor, dass wir nicht bloß einmal in diesem jetzigen Leben eine Chance bekommen. Wir kommen immer wieder zurück, so oft das jeder und jede von uns nötig hat, um zu verstehen, nicht nur im Kopf, sondern im Herzen, dass das Einzige, was funktioniert, die Liebe ist. Jesus kam zurück. Er zeigte sich noch einmal über einen Zeitraum von 40 Tagen hindurch, was einfach eine magische biblische Zahl für die Fülle ist. Er kam zurück, um den Jüngern zu zeigen, dass auch wir die Möglichkeit haben, so oft wiederzukommen, wie wir das nötig haben, bis es jede und jeder einzelne von uns erfasst, unabhängig von Geschlecht, ethnischer Zugehörigkeit, sozioökonomischer Klasse, Intelligenzquotienten oder religiöser Zugehörigkeit. Alles dies hat nur so weit Sinn, als es uns immer wieder neue Möglichkeiten liefert, die Liebe im jeweiligen Zustand oder anderen Zusammenhang zu lernen und einzuüben. Das ist es, was meiner Auffassung nach die Auferstehung Jesu bedeutet.

Die sechste Station ist die Himmelfahrt. Was stellte diese Himmelfahrt dar? Sie stellte die Tatsache dar, dass diese Phase seiner Mission, diese bestimmte Inkarnation abgeschlossen war. Er hatte das ausgeführt, wozu er gekommen war, und jetzt ging er wieder zurück; er desinkarnierte sich wieder.

Die siebte Station war das Pfingstereignis. Das Pfingstereignis ist die letzte Bewegung in der Evolution des Menschen. Es ist die Bewegung von der Seele in den Geist. Es ist die Bewegung von der großen Seele, mahatma, in den großen Heiligen Geist. Jeder Mensch muss sie vollziehen.

Die Evolution des Menschen vollzieht sich grob gesprochen in fünf Stufen. Dieser Planet bestand für Millionen von Jahren nur aus Materie, und dann tauchten vor 3,8 Milliarden Jahren die ersten Formen von Leben auf. Die Evolution bestand im Übergang von der Materie zur lebendigen Form, von der Physik zur Biologie. Zu einem bestimmten Zeitpunkt, erst vor wenigen Millionen Jahren, erschuf das Leben den menschlichen Geist. Damals bewegten wir uns von der Physik über die Biologie weiter zur Psychologie. Auf der vierten Stufe kam die Evolution individueller Seelen, und das führte uns von der Physik über die Biologie über die Psychologie zur Theologie. Aber das ist nicht das Ende des Prozesses. Das Ende des Prozesses ist die Bewegung von der Seele in den Geist, sogar von der großen Seele in den Heiligen Geist. Das ist die Schlussbewegung. Es ist die Bewegung von der Theologie in die Mystik. Pfingsten stellte das dar. Jesus konnte den Geist erst da loslassen und kommen lassen, als die Seele ihr Werk getan hatte. Nur wenn wir uns mit Erfolg von der Physik zur Biologie zur Psychologie zur Theologie bewegt haben, sind wir für die Mystik bereit. Jesus vollendete sein großes Werk. Er bewegte sich daraus, Jesus von Nazareth zu sein, in das christusbewusste Wesen hinein, zu dem er wurde.

Ich möchte in sieben Stufen genauer untersuchen, warum die Anhänger der Jesusbewegung es nicht schaffen, zu Christusträgern zu werden. Auch wir sind durch sieben Stufen gegangen. Ich möchte betonen, dass dies nicht nur für die christlichen Kirchen gilt, sondern genauso auf alle anderen Religionen zutrifft. Wir durchlaufen die gleichen Phasen. Wir stoßen auf die gleichen Hindernisse. Wir starten mit den besten Absichten. Wir starten, wie Jesus es bei seiner Empfängnis tat. Und wiederum sind es diese sieben Stufen: die erste ist die Empfängnis, die zweite die Mission, aber auf der dritten, auf der gestorben werden sollte, wird institutionalisiert, und auf der vierten wird dann das Dogma entwickelt, auf der fünften Stufe kommt es zum Tod, auf der sechsten zur halbherzigen Reformation und auf der siebten zur Lehre von der Unfehlbarkeit.

Das trifft nicht nur auf die christlichen Kirchen zu. Es ist genauso bei allen anderen religiösen Bewegungen der Fall. Wir haben alle selbst diesen Prozess durchgemacht. Die Empfängnis fing im Fall der christlichen Kirchen ganz wunderschön an. Sie blieb das, was sie war, ungefähr drei Jahre lang, nämlich während des öffentlichen Auftretens Jesu, bei dem er von der Religion in die Spiritualität überging. Für alle, die damals mit ihm beisammen waren, war das eine außerordentliche Zeit; sie waren gänzlich in das verliebt, was dieser Mann schuf.

Die zweite Stufe dauerte ungefähr 40 Jahre. Das war, als die junge Christengemeinschaft, die ganz aus dem Geist lebte und versuchte, beispielhaft den Prozess vor Augen zu führen, in dessen Verlauf aus Religion Spiritualität werden soll. Genau wie für die Seele vorgesehen ist, sich in den Geist hinein weiterzuentwickeln, und genau wie es für die Theologie vorgesehen ist, sich in die Mystik hineinzuentwickeln, ist es für die Religion vorgesehen, sich in die Spiritualität hineinzuentwickeln. Diese junge Gruppe wurde zum Prototyp dafür, wie das geschehen könnte, und sie hielt das über einen Zeitraum von rund 40 Jahren durch, nämlich ab dem Tod Jesu bis zum Fall Jerusalems im Jahr 70 n. Chr. Als dann auf der dritten Stufe aus dem Tod die Spiritualität hätte hervorgehen und die Mission hätte erfüllt sein sollen, kam es stattdessen zur Schaffung der Institution. Es gab historische Umstände dafür, dass das passieren konnte. Aber es war schade, dass es passierte. Die Folgen müssen wir tragen.

Der erste Grund dafür, dass das geschah, war der Fall Jerusalems, die Eroberung Israels durch die Römer, die Zerstörung des Tempels und das Ende des Tempelpriestertums. Auf dieser Stufe trennte sich das auf das Gesetz orientierte Judentum von den Juden, die glaubten, Jesus sei der Messias; es stufte diese jüngere Bewegung als Aberglauben ein und stieß sie ab. Die Christen schufen Institutionen, um einigermaßen den Anschein des Zusammenhalts zu geben und gegen die Verfolgung durch Rom anzukämpfen. Diese Institutionalisierung erfolgte ab ungefähr 70 n. Chr., also dem Fall Jerusalems, bis gegen 312 n. Chr. Die Christen breiteten sich in ganz Europa aus und versuchten, ihre Bewegung zu institutionalisieren, und dazu wurde die christliche Religion in Beton gegossen. Das, was hätte Spiritualität gebären sollen, fuhr sich fest und erstarrte zur Institution.

Dann geschah im Jahr 312 n. Chr. etwas ganz Bedeutsames: die Bekehrung von Kaiser Konstantin. Konstantin sah ein Zeichen am Himmel, deutete es als das christliche Kreuzsymbol und legalisierte das Christentum zum ersten Mal. Damit setzte eine neue Entwicklung ein, die vierte Stufe. Auf dieser Stufen wurde das Dogma entwickelt und sie dauerte von 312 n. Chr. bis ungefähr 700 n. Chr. Auf dieser Stufe wurde alles, was ein faszinierender jüdischer Geschichtenerzähler mittels großartiger Gleichnisse und Bilder gelehrt hatte, durch die Mühle des griechischen, philosophischen, rationalen Denkens gedreht. Aus der lebendigen semitischen Redeweise wurden tote theologische Konstruktionen. Das fing schon kurz nach der Bekehrung von Konstantin mit dem großen Konzil von Nizäa im Jahr 325 n. Chr. an. Auf diesem Konzil wurde eine absolut esoterische Aussage darüber gemacht, wie der Vater den Sohn gebiert und der Sohn aus dem Vater hervorgeht und der Geist aus dem Vater und dem Sohn hervorgeht. Man verwendete ungewöhnliche Begriffe wie „Homöostase" und Wörter, die überhaupt keinen Sinn ergaben, weil sie sich damals in der Religion festgefahren hatten, wo doch die Geburt der Spiritualität vonnöten gewesen wäre. Auf dieser Stufe, im Entwickeln von Dogmen, blieben sie ungefähr 400 Jahre lang stecken, und dann kam die fünfte Stufe. Sie handelte vom Tod und spielte sich in drei Phasen ab.

Die erste Phase der europäischen Geschichte wird als das „Finstere Zeitalter" bezeichnet. Eine Religion, die nicht die Spiritualität gebären wollte, verlor den Geist. Die Folge war, dass die Finsternis wie eine Wolke über Europa hing. Das führte zur Geburt der zweiten Phase. Paranoide Angst identifizierte als Feinde die Juden, die griechische Orthodoxie und die Muslime. Ab 1099 n. Chr. durchzogen Kreuzzügler Europa und ermordeten in einem Anfall von Paranoia unzählige Juden, griechisch Orthodoxe und Muslime. Das dauerte Jahrhunderte lang an, und schließlich richtete diese Paranoia ihre Aggression gegen das, wogegen sie am Schluss immer hinausläuft: gegen sich selbst. Nachdem die Kirche im Äußeren alle Feinde umgebracht hatte, erfand sie die Inquisition und vernichtete alle Feinde im Inneren. Diese dritte Phase dauerte bis ungefähr 1540 n. Chr.

Die sechste Stufe war die halbherzige Reformation. Sie begann 1517, als Martin Luther seine 95 Thesen an die Wittenberger Kirche nagelte und anschließend in Europa die Hölle losbrach. Binnen 40 Jahren gab die katholische Kirche zu, dass einiger Erneuerungsbedarf bestehe und schuf nicht etwa die Reformation, sondern, wie sie sie selbst nannte, die Gegenreformation, also die Anti-Erneuerungsbewegung, um sich selbst zu heilen. Diese Bewegung dauerte in der einen oder anderen Form bis ungefähr 1850 an.

Ab ungefähr 1850 begann die katholische Kirche, die in ganz Europa riesige Gebiete mit eigenen Nationen und eigenen Heeren beherrschte, schließlich zu zerbrechen. Die italienische Armee rückte ein und zerschlug den päpstlichen Kirchenstaat. Als auf dieser siebten Stufe die Theokratie zu zerfallen begann, bestand ein trostloser Pius IX. auf einer Entschädigung. Diese Entschädigung sollte in der Lehre von der Unfehlbarkeit bestehen. Die Väter der Kirche versammelten sich grummelnd zum I. Vatikanischen Konzil und stimmten schließlich der Behauptung zu: „Der Papst kann unter bestimmten Umständen unfehlbar sprechen." Das ist die Stufe, auf der wir uns heute immer noch befinden.

Das sind also die sieben Stufen, über die die Jesusbewegung es verpasste, zur Trägerin des Christusbewusstseins zu werden, und stattdessen bloß zur Religion wurde.

Während dieser ganzen Zeit gab es natürlich eine Untergrundbewegung. Die Mystiker waren immer unter uns. Ich bezeichne sie als die Dreifaltigkeit in Aktion, diese Menschen, die sich um Auferstehung, Himmelfahrt und Pfingsten bemühen und immer wieder auftauchen und immer wieder von dem unterdrückt werden, was ich das bürokratische Dreieck nenne: Institutionalisierung, Dogmenentwicklung und ein gewisser „Killerinstinkt", der nicht davor zurückschreckt, bei der Durchsetzung des Dogmas unliebsame Kritiker zu beseitigen und hierbei wortwörtlich über Leichen geht. Da stehen also zwei Trinitäten gegeneinander, die Trinität von Auferstehung, Himmelfahrt und Pfingsten, die die Mystiker vorantreiben, und auf der anderen Seite die Trinität von Institutionalisierung, Dogmenentwicklung und dem „Killerinstinkt", die versucht, sie niederzuhalten. Das passiert in allen Religionen. Auf jedes II. Vaticanum, das Johannes XXIII. damit auslöst, dass er die Fenster aufreißt, um den Geist hereinzulassen, kommt ein ängstlicher Paul VI., der die Fenster wieder schließt und den Fuß auf die Bremse setzt, und dann ein Johannes Paul II., der für uns den Rückwärtsgang einlegt. Das passiert immer und immer wieder in jeder Bewegung und jeder Religion. Aber man kann den Geist genauso wenig zurückhalten, wie man Wasser mit der Hand eindämmen kann. Ganz gleich, welche Art von Damm oder Dogma man aufbaut, das Wasser des Geistes findet immer einen Weg darunter hindurch, darüber weg oder seitlich vorbei oder mitten hindurch. Der Geist der Evolution lässt sich nicht anhalten. Wir werden schließlich ans Ziel kommen; wir alle werden das schaffen. Am Ende werden alle Christen, Juden, Muslime, Hindus und Buddhisten usw. über die Religion hinaus zur Spiritualität kommen.

Dies hier ist eine Einladung an Sie, das Christusbewusstsein über sieben Stufen zu entwickeln. Ich lade Sie ein, das nachzuleben, was Jesus bei seiner Bewegung von Jesus, dem Zimmermann aus Nazareth, bis hin zum Sein als der Christus vollzog. Jede und jeder von uns ist dazu bestimmt, von dem, was wir sind, in den Zustand hinein fortzuschreiten, Träger des Christusbewusstseins zu sein. Für jede und jeden von uns wird sich das durch die gleichen sieben Stufen hindurch vollziehen.

Die sieben Stufen werden wiederum sein: die Empfängnis, auf die die Mission, die Erfüllung der Aufgabe folgt, dann der Tod, dann die Hölle, dann die Auferstehung und die Himmelfahrt und schließlich Pfingsten.

Was meine ich mit der Empfängnis? Ich habe aufgrund meiner Meditationen eine Glaubensvorstellung, in deren Rahmen der Teil des Lebens, der am meisten Angst macht, die

Empfängnis ist. Die Seelen werden fast verrückt, wenn sie sich in diese winzigen, dicht gepackten Körper mit nur anderthalb Kilogramm Gehirn eingesperrt finden und versuchen sollen, dieses als Kanal für die ungeheuer große Weisheit des Geistes zu verwenden. Es gibt zwei Gründe, aus denen Frauen Fehlgeburten erleiden. Ich denke, dass der Körper in der Lage ist, für eine Seele einen Gastgeber zu erschaffen, aber der Gastgeber selbst kann auf irgendeine Weise physisch oder biologisch defekt sein. Er ist dann kein adäquates Gefäß für die Seele, damit sie ihre Mission erfüllen kann, und der Embryo wird abgestoßen. Fast ein Drittel aller Schwangerschaften enden in Fehlgeburten. Andere Körper erschaffen einen gesunden Gastgeber, aber schließlich überlegt es sich der sie bewohnende Geist anders und zieht sich wieder zurück. Ich bin der Überzeugung, dass in den ersten Monaten einer Schwangerschaft die Seele in ihrem künftigen Körper öfter ein und aus geht, bis sie schließlich ihre Entscheidung trifft, ob sie bleibt. So sieht für mich die Empfängnis aus.

Wie sieht nun die Mission aus? Die Mission besteht darin, die Illusion zu überwinden, eine abgetrennte Identität zu sein; also, dass wir voneinander getrennt seien und dass wir von Gott getrennt seien. Sie besteht in der Fähigkeit, selbst voll zu erwachen, damit ich Ihnen beim Erwachen helfen kann und dass wir gemeinsam der ganzen Welt beim Erwachen helfen können. Daher hat die Mission drei Aspekte: dass ich aufwache, damit ich dir aufwachen helfen kann, damit wir gemeinsam unserem Planeten aufwachen helfen können. Das ist die Mission einer jeden und eines jeden von uns. Wir verkennen sie ständig. Wir meinen, unsere Mission bestehe aus unserem Beruf, aus unserer Berufung oder aus unserer Sucht. Die Mission ist nie Beruf, Berufung oder Sucht. Sie besteht im Aufwachen, damit ich dir aufwachen helfen kann, damit wir gemeinsam unserem Planeten aufwachen helfen können.

Während die Empfängnis der am stärksten mit Angst besetzte Teil der Reise für die sich inkarnierende Seele ist, ist der Tod der am stärksten mit Angst besetzte Teil der Reise für das Ego, das ausgetrieben werden soll. Vor nichts hat das Ego so sehr Angst wie vor dem Tod. Beim Tod handelt es sich nicht nur um die letzte Abdankung, wenn wir unsere sterbliche Hülle ablegen, sondern der Tod stellt sich auch ein, wenn Beziehungen zerbrechen oder wenn eine eigene Idee bei einer Kommissionssitzung abgeschmettert wird. Das Ego stirbt einen Tod um den anderen, und das ist für das Ego der mühsamste Teil der Reise. Letztlich müssen wir uns der Aufgabe stellen, dass jede und jeder sein Ego töten und am Ende auch seinen Raumanzug loslassen muss.

Genau wie Jesus die Hölle an dem Punkt durchschritt, an dem er seinen Raumanzug ablegen musste, so steht auch jede und jeder von uns vor der Entscheidung, entweder ins Licht zurückzukehren oder süchtig am Planeten Erde kleben zu bleiben. Verzweifelt möchten wir hierbleiben, denn sogar dann können wir unser Ego nicht loslassen. Wir erfahren die Hölle in dem Maß, in dem wir selbst im Tod nicht das Ego loslassen können. Dennoch werden wir auf einer bestimmten Stufe alle den Durchbruch schaffen. Es wird für jede und jeden von uns eine Auferstehung geben. Nach meiner Kosmologie besteht die Auferstehung in der Reinkarnation oder der Möglichkeit, so oft auf diesen Planeten zurückzukehren, bis ich schließlich im Kern meines Wesens erfasse, dass das Einzige, was funktioniert, die Liebe ist. Gott hat unendliche Geduld mit uns und lässt uns so oft wiederkommen, wie wir das brauchen, bis jede und jeder von uns nicht nur mit dem Kopf, sondern mit dem Herzen erfasst: Das Einzige, was funktioniert, ist die Liebe.

Was ist die Himmelfahrt? Die Himmelfahrt ist die endgültige Reise in die vollständige Erleuchtung. Jede und jeder von uns wird diesen Punkt erreichen. Es kommt nicht darauf an, welcher ethnischen Gruppe wir in der jeweiligen Inkarnation angehören, oder welches Geschlecht wir haben oder welcher Religion wir angehören, denn jede und jeder von uns hat die Garantie, schließlich bei der Wahrnehmung anzukommen, dass nur die Liebe funktioniert, weil alles, was existiert, Gott ist. Wir alle sind nur Äußerungen des Göttlichen.

Das führt jede und jeden von uns zur Pfingsterfahrung. Die Pfingsterfahrung ist eine von zwei Möglichkeiten. Entweder besteht sie im endgültigen Loslassen jeglichen Egos, so dass wir in die Göttlichkeit zurücksinken und nie mehr von Ihr getrennt werden, oder dass wir das Bodhisattva-Gelübde ablegen. Der Bodhisattva fasst, obwohl er schon ganz erleuchtet ist, den festen Entschluss, weiterhin auf den Planeten Erde zurückzukehren, bis jedes empfindende Lebewesen zum Erwachen gelangt. Pfingsten war nicht nur ein einmaliges von einem entschwundenen Jesus organisiertes Ereignis, sondern es geschieht immer wieder und wieder und wieder. Sind Sie für Pfingsten bereit?

Zeichen, Symbole und Sakramente

„Solange wir Phänomene oder Dinge nicht von innerhalb ihrer selbst her sehen oder hören, werden wir es nie fertigbringen, sie in unseren Herzen aufzuzeichnen.“

Matsuo Basho

Ein Zeichen steht mit beiden Füßen im Physischen. Ein Zeichen ist nur ein physikalischer Gegenstand, der für einen anderen physikalischen Gegenstand steht. Ein Straßenschild ist ein beschriftetes Schild, das für eine Asphaltpiste in einigen hundert Metern Entfernung steht. Es ist ein physikalisches Objekt, das für ein anderes physikalisches Objekt steht.

Ein Symbol ist etwas ganz anderes als ein Zeichen. Ein Symbol steht mit einem Fuß in der physischen Wirklichkeit und mit dem anderen Fuß in einer nichtphysischen Wirklichkeit. Ein Kuss zum Beispiel ist ein Symbol. Er ist kein Zeichen, sondern ein Symbol. Der physische Teil des Kusses sind zwei Lippenpaare, die sich treffen. Der nichtphysische Teil des Kusses besteht in der Übermittlung der viel tieferen Wahrheit: „Ich liebe dich.“

Ein Sakrament ist eine ganz besondere Kategorie von Symbolen, denn es lässt das geschehen, was es symbolisiert.

Da gibt es nun aber eine große Schwierigkeit: Zeichen, Symbole und Sakramente können auch zum Lügen missbraucht werden. Ein Zeichen kann eine Lüge aussagen. Jemand kann ein Straßenschild nehmen und umdrehen, und dann meint man, nach San Jose gehe es nach rechts, wo es in Wirklichkeit nach links geht, also genau in die entgegengesetzte Richtung.

Auch mit Symbolen kann man lügen. Der Inbegriff dafür ist der so genannte „Judaskuss“, den Jesus im Garten Gethsemani erhielt, mit dem Judas Zuneigung vortäuschte, aber in Wirklichkeit den Soldaten das Zeichen gab, dass dies der Mann sei, den sie festnehmen sollten.

Streng genommen kann ein Sakrament nie eine Lüge sein, sofern es ein echtes Sakrament ist. Aber oft ist das, was als Sakrament geboten wird, überhaupt kein Sakrament, weil es grundsätzlich auf die Achtsamkeit angewiesen ist. Man kann kein Sakrament unachtsam empfangen, denn es ist die Achtsamkeit und Aufmerksamkeit, die aus diesem Symbol ein Sakrament macht. Es ist etwas, das das erschafft, was es symbolisiert; wenn es das nicht tut, ist es ein totes Symbol. Wenn jemand gedankenlos zur Kommunion geht, empfängt er oder sie bloß eine Hostie und „darin“ steckt keine Kommunion. Bei der Kommunion geht es um eine achtsame Begegnung. Ohne diese Achtsamkeit wird aus dem, was wie ein Sakrament aussieht, ein sinnleeres Zeichen. Ich finde es außerordentlich, dass Jesus, dieser männlichste aller Männer, der uns die Sakramente gab, das weiblichste aller Symbole wählte, als er uns als letzte und größte Geste seiner Liebe das Sakrament der Kommunion schenkte. Dieser Mann, der den Mut und die Entschlossenheit und den Intellekt eines echten Mannes hatte, hatte auch die Sensibilität und Liebe einer vollkommenen Frau. Er wählte das durch und durch mütterliche Symbol, wie eine Mutter ihr Kind mit ihrem eigenen Körper nährt. Das ist ein reines Symbol und reines Sakrament. Jesus, der männlichste aller Männer, hinterlässt uns als letzte Geste seiner Liebe zu uns das weiblichste Symbol.

Wir unterstellen, ein Mysterium sei ein Geheimnis, das man nicht verstehen könne. Ich glaube nicht, dass man ein Mysterium nicht verstehen kann. Es mag sein, dass wir ein Mysterium nicht mit unserem Kopf verstehen können. Also müssen wir über Kopf und Sinne hinausgehen, um zur Erfahrung des Mysteriums zu gelangen. Das Mysterium lässt sich auf der Ebene der Seele viel tiefer verstehen, als wenn wir uns mit einem Problem beschäftigen und dieses nur rein intellektuell begreifen. Hat man das Mysterium einmal erfahren, so kann man den Verstand einsetzen, um diese Erfahrung in Worte zu fassen. Der Verstand kann diese Erfahrung nicht einfangen. Er kann diese Erfahrung auch nicht geben. Aber er kann uns im Nachhinein helfen, mit dieser Erfahrung zu ringen, ihren Sinn zu erfassen und sich an sie zu halten. Die „Epi-Genese", das Herausentwickeln einer Form aus der vorigen, ist das System, mittels dessen alle nachfolgenden Stufen alle vorausgegangenen Stufen transzendieren, jedoch zugleich enthalten. Nichts wird ausgelassen. So ist dies ein „epigenetisches" Modell, demzufolge die Seele, die die Erfahrung des Mysteriums macht, beim nachfolgenden Prozess des Verstehens des Mysteriums, das die Seele erfahren hat, den Verstand nicht auslässt. Der Verstand ist sehr wichtig, und auch die Sinne sind sehr wichtig.

Man erzählte mir einmal von einem Vierjährigen, der sich beim Spielen mit dem Schlüssel der Badetür selbst im Bad einsperrte. Als er merkte, dass er nicht mehr herauskam, bekam er Angst und begann zu schreien. Die Mutter auf der anderen Seite der Tür rief: „Mach die Tür auf, mach die Tür auf!" In ihrer Verzweiflung rammte sie mit ihrem Körper gegen die Tür, um sie aufzubrechen, aber vergeblich. Da überkam sie plötzlich ein außerordentlicher Augenblick der Klarheit. Ganz ruhig schob sie ein Blatt Zeitungspapier unter der Tür durch, stieß dann den Schlüssel mit einem Bleistift heraus, und der fiel auf die Zeitung, und sie zog diese mit dem Schlüssel darauf unter der Tür vor und schloss die Tür auf. Sie hatte dieses Problem rein physisch nicht bewältigen können. Daher hatte sie, um dieses physische Problem zu lösen, die rein physische Ordnung transzendieren müssen. Das hatte sie dadurch fertiggebracht, dass sie von der physischen Ebene auf die Ebene des Gedanklichen hinaufgestiegen war. Sie hatte dann weiterhin ihren Körper einsetzen müssen, um an den Schlüssel heranzukommen und die Tür aufzuschließen, aber ohne den Sprung auf die gedankliche Stufe wäre das rein physische Vorgehen nutzlos gewesen.

Das Gleiche erleben wir bei der Kommunion und beim Geheimnis. Um das Geheimnis erfahren zu können, müssen wir ganz über die rein intellektuelle Ebene hinausgehen. Wenn wir erst einmal wirklich erfahren haben, dass wir als Menschen Seelen in Raumanzügen sind, müssen wir hierauf unseren Verstand für den Versuch dazu einsetzen, diese unsere Erfahrung zu verstehen. Wir müssen von der bloßen Buchstabengläubigkeit an die Begegnung zum tiefen Geheimnis der Begegnung übergehen. Dabei fahren wir uns immer wieder fest. Die Theologen und Religionen bleiben ständig in der Vorstellung stecken, die buchstäbliche Auslegung sei der Schlüssel zum Geheimnis. Das ist er nie. Dem bin ich häufig im Seminar begegnet.

In unserem Unterricht über die Feier der heiligen Messe und das Verständnis der Eucharistie wurden viele unterschiedliche Beispielfälle angeführt, die uns helfen sollten, die Wandlung richtig zu verstehen. Einer war: Wenn ein Priester gerade mit den Worten „Das ist mein Leib" das Brot konsekriert und genau in diesem Augenblick ein Lieferwagen voller Brot vorbeifährt, hat er dann den Inhalt des Lieferwagens konsekriert? Natürlich nicht, brachten sie uns bei: „Nein, nein, nein, nur das Material auf dem Korporale (dem quadratischen weißen Tuch, das der Priester vor sich auf den Altar breitet) wird konsekriert."

Oder angenommen, es kommen zur Messe eine unerwartet große Menge Leute und das Korporale ist zu klein, so dass nur mit Mühe alle Hostien daraufpassen, und einige davon rutschen herunter, und man spricht: „Das ist mein Leib", werden dann diese auch konsekriert? Natürlich hieß es dann: „Es kommt auf die Absicht des Priesters an, nicht nur auf die physische Lage auf dem Korporale."

Früher gab es in jeder Kirche hinten in der Sakristei einen speziellen Ausguss, der als „Sakrarium" bezeichnet wurde. Aus ihm führte ein Metallröhrchen direkt in den Boden außerhalb der Sakristei. Blieb vom Reinigen des Kelchs etwas Wasser übrig, so schüttete man dieses in das Sakrarium. Oder wenn von den bei der Messe verwendeten Gegenständen einer vernichtet werden musste – etwa wenn eines der Altartücher stark verfleckt und folglich nicht mehr zu verwenden war –, dann mussten wir ihn verbrennen und die Asche ins Sakrarium spülen, weil diese Gegenstände als sakral galten.

Ich entsinne mich, wie der Professor einmal in der Vorlesung ausführte: „Angenommen, Sie lesen die Messe und haben gerade die Hostie konsekriert und Sie legen sie auf den Altar, und da läuft plötzlich eine Maus über den Altar, schnappt die Hostie und rennt damit in ein Mauseloch davon, und Sie können sie absolut nicht einfangen. Was tun Sie dann?" Ein besonders Schlauer sagte: „Ich würde die Kirche niederbrennen und die Asche ins Sakrarium spülen."

Geht es darum? Würde Jesus im Mauseloch festsitzen? Meinen wir das mit der Kommunion? Oder ist es so, dass das Bewusstsein, die innere Einstellung und die Absicht die Christusbewusstheit erschaffen? Das ist der Unterschied zwischen dem Buchstabenglauben und dem Geheimnis.

Es gibt eine andauernde Kontroverse zwischen den „scientists", den echten Naturwissenschaftlern, und den Leuten, die einen bloßen „Szientismus" vertreten, sowie zwischen den Theologen und den Mystikern, wie die letzte Wirklichkeit wohl beschaffen sei. Die Anhänger des Szientismus vertreten ein Glaubenssystem, demzufolge die einzige Wirklichkeit das physisch Greifbare ist, also das, was ich mittels meiner fünf Sinne oder deren Ausweitung durch die zur Unterstützung der Sinne entwickelten Instrumente erfassen kann. Die Leute, die den Szientismus im Unterschied zur „science", zur Naturwissenschaft, praktizieren, behaupten, die einzige Wirklichkeit sei die phänomenologische oder physische Welt. Das Bewusstsein sei ein Produkt des Gehirns. Ich glaube das Umgekehrte: dass das Bewusstsein sich des Gehirns bedient. Aber sie sagen zum Beispiel: „Wenn man ein Gehirn tötet, hört das Bewusstsein auf, und folglich beweist das, dass das Gehirn das Erste ist und sich das Bewusstsein aus dem Gehirn ergibt; das ist ein rein biochemischer Prozess. Das Bewusstsein ist ein durch ein Neuronengewitter ausgelöstes Epiphänomen, also eine Illusion." Ich möchte dem entgegensetzen: Wenn Sie im Fernsehen einem Fußballspiel zusehen und Bayern München spielt, und plötzlich fällt das Fernsehgerät aus und Sie haben kein Bild und keinen Ton mehr, ist dann das Fußballspiel abgebrochen? Natürlich nicht, denn der Fernseher hat nicht das Fußballspiel erschaffen. Das Fernsehgerät war nur das Medium, das die elektromagnetischen Impulse aufnahm und in sicht- und hörbare Signale umsetzte. Das ist alles, was das Gehirn tut. Das Gehirn ist für das Bewusstsein nur ein Medium. Wenn das stimmt, was ist dann die letzte Wirklichkeit? Die letzte Wirklichkeit ist eine Art Geist oder eine Art Bewusstheit, die sich der physischen Welt bedient, um ihr inneres Selbst damit zum Ausdruck zu bringen.

Die physische Welt ist zum Beispiel für die wirkliche Welt das, was ein Foto für den Gegenstand ist, den der Fotograf darauf festgehalten hat. Wenn Sie sich ein Foto von sich selbst ansehen, wissen Sie, dass das überhaupt nicht Sie selbst sind. Das ist bloß ein kleines zweidimensionales Fotobild der Vorderseite Ihres Körpers. Das Foto kann Ihr Wesen nicht einfangen, denn die physische Welt verhält sich zur realen Welt so, wie sich das Foto zu Ihnen verhält. Sie sind viel tiefer und von unendlich mehr Substanz, als das Foto von Ihnen zeigen kann. Die wirkliche Welt ist viel komplexer, schöner und geheimnisvoller, als das die physische Welt je ahnen lassen könnte. Sie sind viel mehr als das. Die Indianer Amerikas hatten das leider nicht richtig erfasst. Sie hatten gemeint, wenn man ein Foto von jemandem mache, fange man damit seinen Geist oder seine Seele ein.

Wenn ich wirklich verstehe, worum es bei der Kommunion geht, dann muss ich wissen – selbst wenn ich das nur gelegentlich und nur ganz kurz zur Gänze wahrnehmen kann –, dass ich zuinnerst und wesentlich mit allen Lebewesen verbunden bin. In dem Maß, in dem ich mich im Zentrum dieses Geheimnisses aufhalten kann, bewege ich mich in einer Kommunion-Erfahrung. In dem Augenblick, in dem diese Erfahrung zu vergehen beginnt, beginnt auch die Kommunion zu vergehen. Wenn ich mitten in einer tiefen Kommunion-Erfahrung bin, ist es unmöglich, dass ich wütend werde oder jemanden verurteile oder mich einsam fühle, denn ich bin dann mit allen Lebewesen durch und durch verbunden. Ich kann von nichts abgetrennt werden.

Wenn der einzige Unterschied zwischen der Kommunion, die wir empfangen, und den Plätzchen, die wir später miteinander essen, darin besteht, dass die letzteren viel besser als die Hostien schmecken, dann haben wir die Kommunion nicht begriffen. Wenn wir immer noch ängstlich darauf achten, dass nicht ein Stück von Jesus in unserem Mund hängen bleibt, dann ist es dringend angesagt, das wir uns etwas gründlicher mit dem Geheimnis beschäftigen. Bei der Kommunion geht es in erster Linie darum, von der Illusion loszukommen, man verfüge über eine abgetrennte Identität.

Gottes grosszügiges Festmahl für den Planeten Erde

„Der Gott der bedingungslosen Liebe hält die ganze Welt in seinen gütigen Händen."

Diarmuid Ó'Murchú

Sie tagen alljährlich fünf Tage lang im kalifornischen San Rafael. Sie erforschen die Natur, um in ihr Schlüssel für die Lösung unserer heutigen Probleme zu finden. Sie nennen sich die „Bioneers" und für ihren gemeinsamen Erfahrungs- und Ideenaustausch holen sie aus der ganzen Welt hoch qualifizierte Wissenschaftler für Agrarwesen, Psychologie, Physik, Bewusstseinsforschung usw. zusammen. Diese Treffen ergeben immer wieder ganz außerordentlich inspirierende Geschichten und zuweilen auch recht bestürzende.

So erzählte zum Beispiel voriges Jahr ein Farmer aus Kanada eine wirklich bestürzende Geschichte. Dieser Mann betreibt eine kleine Farm auf rein biologischer Basis; er baut seine Produkte ohne irgendwelche Pflanzenschutzmittel an. Vor einigen Jahren erwarb Monsanto, einer der fünf größten Nahrungsmittelhersteller des Planeten, ein großes Stück Land in der Nähe seiner Farm. Auf den dortigen Feldern bauten sie genetisch veränderte Pflanzen an. Im Lauf der Zeit wehte der Wind Samen davon auf die Farm dieses Mannes, wovon seine Bio-Produkte verseucht wurden. Die Firma Monsanto verklagte ihn vor Gericht, er habe ihr „ihre Technologie gestohlen". Die schlimmste Nachricht ist, dass die Firma Recht bekam. Die untere Gerichtsbehörde schloss sich ihrer Auffassung an, dieser organische Farmer habe von Monsanto die Technologie „gestohlen". Die Sache wird inzwischen vor einer höheren Gerichtsinstanz neu verhandelt.

Das ist so, als wären Sie Ihr ganzes Leben Nichtraucher, zögen sich durch Passivrauchen Krebs zu und die Reynolds Tobacco Company würde Sie vor Gericht verklagen, Sie hätten ihr Nikotin gestohlen.

Auf diesem Planeten gibt es seit rund 5000 Jahren eine furchtbare Waffe. Es ist die älteste Massenvernichtungswaffe, die wir geschaffen haben. Wir erfanden sie ums Jahr 3000 v. Chr. im Zug der Ackerbaurevolution. Damals kam es zu zwei großen technologischen Neuerungen: zum von Ochsen gezogenen Pflug und zum glasierten Tongeschirr. Das Tongeschirr machte es möglich, Nahrungsmittel zu lagern, ohne dass sie von Feuchtigkeit verdorben oder von Nagetieren angefressen wurden. Von da an waren wir in der Lage, Nahrungsmittel in größeren Mengen zu produzieren und aufzubewahren. Wir mussten nicht mehr Tag für Tag auf der Suche nach Nahrung sein. Jetzt war es zum ersten Mal möglich, Nahrungsmittel anzuhäufen oder sie anderen vorzuenthalten. Wer die Nahrungsmittel unter Kontrolle hatte, hatte auch die Gruppe unter Kontrolle. Auf diese Weise konnte man Nahrungsmittel einsetzen, um seine Feinde zu vernichten. Wenn man in das Gebiet einer anderen Kultur einmarschierte, brauchte man bloß deren Getreidevorräte anzuzünden. Und daheim konnte man an diejenigen Nahrungsmittel ausgeben, die die eigene Politik unterstützten. So wurde damals zum ersten Mal in der Menschheitsgeschichte dieses Massenvernichtungsmittel geschaffen und von da an immer wieder mit großem Erfolg eingesetzt.

Ich habe mein Leben im Wesentlichen in zwei unterschiedlichen Bereichen verbracht. Während meiner ersten 26 Lebensjahre lebte ich in Ländern der Dritten Welt; in meiner Jugend war Irland ein Dritte-Welt-Land. Dann lebte ich 14 Jahre lang in Kenia, das ebenfalls ein Dritte-Welt-Land ist. Und inzwischen lebe ich 17 Jahre in den USA, die eindeutig ein Land der Ersten Welt sind. Wenn ich mir die Länder der Dritten Welt ansehe, fallen mir zwei Dinge bezüglich der Nahrungsmittel ganz besonders auf: die außerordentliche Großzügigkeit der Armen und die außerordentliche Naivität der Armen. Wenn in irgendeinem Land der Dritten Welt bei jemandem Gäste zu Besuch kommen, teilen die Menschen mit ihnen so gut wie alles, was sie an spärlichen Vorräten haben. Dazu kommt eine außerordentliche Naivität, mit der sie einem alles glauben, was man ihnen erzählt. Eines Tages beobachtete ich mit Entsetzen, wie eine junge kenianische Mutter mit zwölf Eiern in unser Dorf kam. Sie verkaufte die Eier und kaufte mit dem Erlös eine Flasche Coca Cola, um sie ihrem Kind, das unter Unterernährung litt, zum Trinken zu geben. Das tat sie, weil eine Werbetafel im Dorf anpries: „Coca Cola bringt Gesundheit und Kraft", und sie das glaubte. Schließlich stand das in Buchstaben gedruckt da, und folglich musste es stimmen. Das ist ein Beispiel für die Naivität der Menschen in der Dritten Welt, die mit einer außerordentlichen Großzügigkeit einhergeht. Meine Erfahrung mit der Führungsschicht in Ländern der Ersten Welt ist, dass deren zwei Haupteigenschaften die Heuchelei und die Lüge sind.

Viele der großen Nahrungsmittel produzierenden Firmen wie Monsanto wollen uns glauben machen, dass sie die Art von Agrartechnologie entwickeln, die es fertigbringe, die immer weiter anwachsende Weltbevölkerung zu ernähren. Nichts könnte mehr von den Wahrheit entfernt sein als dies. Wir brauchen gar keine bessere Technologie, um immer schneller immer noch mehr Nahrungsmittel zu beschaffen. Es gibt auf dem Planeten bereits mehr als genug Nahrungsmittel. Sie würden ausreichen, um jedem Menschen auf dem Planeten täglich dreimal ein Festessen vorzusetzen. Die Frage ist nicht, wie wir mehr Nahrungsmittel produzieren können; vielmehr ist die Frage, wie wir die Nahrungsmittel verteilen, die wir haben. Es gibt Berge von Butter und Seen von Milch, die man unter Verschluss hält, um die Preise dieser Waren auf dem Weltmarkt künstlich aufgebläht zu halten. Diese außerordentliche Heuchelei und diese Lügen des Westens gestatten es uns, so zu tun, als setzten wir in Wirklichkeit alles daran, um immer mehr Menschen auf dem Planeten immer mehr Nahrungsmittel zur Verfügung stellen zu können.

Ich habe das Buch einer blitzgescheiten Inderin namens Vandana Shiva gelesen. Sie hatte Rang und Namen als Physikerin, stieg jedoch vor rund 20 Jahren aus der Wissenschaft aus um sich der Not indischer Frauen anzunehmen, die bei ihrer Nahrungsmittelproduktion von großen multinationalen Konzernen tyrannisiert werden. Sie zitiert in ihrem Buch die Aussage eines großen Konzerns: „Unkraut stiehlt uns Sonnenlicht, und darum muss das Unkraut mit einer Chemikalie ausgerottet werden, die alles vernichtet." Der Mensch, der dies sagte, sorgte sich nicht darum, dass damit den hungernden Massen Nahrungsmittel vorenthalten wurden. Er dachte in erster Linie daran, dass den Taschen der Multimillionäre, denen seine Hauptsorge galt, etliche Dollars entgingen. Gruppen wie Monsanto bringen es fertig, immer effizienter die Massen hungern zu lassen. Sie entwickeln bestimmte Technologien und schließen mit den Regierungen Abkommen, denen zufolge es für ortsansässige Bauern illegal wird, ihre Ernte einzubringen und die Körner als Saat für die Ernte des folgenden Jahres zu verwenden, um damit wiederum das Saatgut für das darauffolgende Jahr zu produzieren. Eine Saat-Technologie, für deren

Entwicklung Indien 10 000 mühsame Jahre der Forschung und Entwicklung der Anbaumethoden gebraucht hat, um Nahrungsmittel produzieren zu können, hat sich Monsanto jetzt patentieren lassen. Will man Saat aussäen, so muss man sie jedes Mal von Monsanto abkaufen.

Eine Geschichte in dem Dokumentarfilm „The Corporation" handelt von einer Stadt mit 10 000 Einwohnern in Guatemala, deren Wasserversorgung völlig verseucht war. Die Regierung bat die „Bechtel Corporation", zu Hilfe zu kommen und die Wasserversorgung zu sanieren. Bechtel erklärte sich dazu unter der Bedingung einverstanden, dass von da an das gesamte Wasser dieser Stadt Bechtel gehören sollte und es gemäß dieser Vereinbarung künftig als illegal gelten solle, wenn man aus irgendeinem Haushalt der Stadt einen Eimer vor die Tür stelle, um damit Regenwasser aufzufangen, weil alles Wasser in der Stadt Bechtel gehöre. Das führte zu Aufständen und schließlich zum Sturz der Regierung. Sieht so das Festmahl aus, bei dem wir angeblich alle vor Gottes Augen als gleichberechtigte Partner sitzen?

Wenn ich mir die Lehre Jesu ansehe, finde ich ein Gleichnis ganz besonders bestürzend. Darin spricht er von einem Mann, der seinem Herrn eine Menge Geld schuldete. Weil er dem Herrn diese Schuld nicht zurückzahlen konnte, warf der Herr diesen Mann, seine Frau und seine Kinder ins Gefängnis, bis er den letzten Penny bezahle. Spricht sich Jesus tatsächlich dafür aus? Sagt Jesus, dass Gott so mit uns umgehe, oder sagt Jesus als Kritiker der sozialen Verhältnisse, dass es in der menschlichen Gesellschaft so laufe? In zunehmendem Maß werden heutzutage ein Mann, seine Frau und seine Kinder ins Gefängnis geworfen, um aus ihnen die letzten Pennys herauszuquetschen, die dann in die Tresore der multinationalen Konzerne wandern.

Das ist wahr und es geschieht weiterhin und wir ächten jeden, der dagegen als „Agitator“ auftritt.

Der berühmte und heilige Kardinal Erzbischof Dom Helder Camara von São Paulo sagte einmal: „Wenn ich den Armen Essen gebe, werde ich ein Heiliger genannt. Wenn ich frage, warum diese armen Menschen nichts zu essen haben, schimpft man mich einen Kommunisten.“

Wenn ich mir betrachte, was im Lauf der letzten 10 000 Jahre mit unserer Nahrungsmittelproduktion passiert ist, sehe ich, dass wir den gesamten Prozess immer mehr mit etlichen schrecklichen Praktiken durchsetzen. Ich sehe, wie massenhaft hohe Dosen von Pestiziden bei der Gemüseproduktion eingesetzt werden, und ich sehe, wie Tiere unter den entsetzlichsten Umständen gezeugt, geboren und aufgezogen und dann auf rücksichtslos grausame Weise geschlachtet werden. Ich sehe auch, dass unsere Nahrungsmittel gedankenlos in riesigen Massen als reines „Material“ geerntet und dann ohne irgendwelche Form des Segens oder irgendeinen tieferen Sinn gekocht und aufgetragen werden. Wie vielen von uns liegt noch etwas daran, über Nahrungsmittel einen Segen zu sprechen, bevor wir sie essen, oder einen Gedanken daran zu verschwenden, woher sie kommen? Aus dem, was wir essen, beziehen wir den Kohlenstoff, Wasserstoff, Sauerstoff und Stickstoff, aus dem sich unser Körper aufbaut, so dass wir physisch das sind, was wir essen.

Soziologisch gesehen sind wir diejenigen, mit denen wir essen. Anthropologen erstellten eine Studie über die Essgewohnheiten der Menschen. Sie untersuchten genau, mit wem und wann Menschen essen, und sie kamen zum Ergebnis, dass man sich nur genau die Essgewohnheiten von Menschen ansehen müsse, um über sie alles Wesentliche in Erfahrung zu bringen. Sie behaupten, dass uns die jeweiligen Essgewohnheiten über die Grundstruktur der gesamten Kultur Aufschluss geben.

Psycho-spirituell sind wir so, wie wir essen. Es ist ganz wichtig, mit welcher inneren Einstellung, Gewissenhaftigkeit und Achtsamkeit wir uns unserem Essen zuwenden; das ist entscheidend dafür, wer wir psycho-spirituell werden. Wenn ich mit Dankbarkeit, Gewissenhaftigkeit und Achtsamkeit essen kann, weil ich mir dessen bewusst bin, dass dieses Essen die Endphase eines langen Prozesses ist, an dem buchstäblich der ganze Globus beteiligt ist, esse ich meine Nahrungsmittel auf völlig andere Weise. Wenn ich mich dagegen vor dem Fernseher in den Sessel fallen lasse und mir mit Pommes den Mund vollstopfe, bin ich psycho-spirituell eine große Null.

Verfluchen oder segnen wir das Land? In älteren Gesellschaften wurde jede Phase dieses Prozesses mit einem Segensgebet begleitet. Bei der Aussaat gab es ausführliche Segnungsrituale. Man begleitete das Ausstreuen der Samen mit achtsamen Segenswünschen. Man verfolgte achtsam ihr Aufgehen und Heranwachsen mit und jätete sie achtsam. So wirkte man beim Prozess der Entwicklung der nächsten Generation von Nahrungsmitteln mit Gott zusammen. Auch zur Ernte der Nahrungsmittel gab es wieder achtsame Gebetsrituale. Solche gab es wiederum zum Kochen, Auftragen und Verzehren der Speisen. Das meiste davon scheint den Bach hinuntergegangen zu sein. Heutzutage werden die Nahrungsmittel in keiner Phase ihres Entwicklungsprozesses mit Gebet durchtränkt.

Vor ungefähr 15 Jahren machte man in einer Stadt in Belgien anlässlich des tausendjährigen Jubiläums ihrer Erhebung zur Stadt ein Experiment. Die Stadtväter gaben zu diesem Anlass bei einem Musiker die Komposition einiger Musikstücke in Auftrag. Aber statt diese Stücke zu komponieren, wandte sich der Musiker an mehrere Bäcker, teilte sie aufs Geratewohl in zwei Gruppen ein und ließ sie zwei unterschiedliche Arten von Rosinenbrötchen backen. Die einen hatten als Symbol ein O eingeprägt, die anderen ein Dreieck. Eine Gruppe der Bäcker wurde angewiesen, beim Backen der Brötchen zu singen und Gebete über sie zu sprechen, die andere dagegen, dies nicht zu tun. Alle, die zur Feier kamen, erhielten je eines der beiden verschiedenen Brötchen und wurden aufgefordert, sie zu essen. Sodann wurden sie befragt, welches der Brötchen ihnen besser geschmeckt habe. Den Leuten hatten in einem statistisch signifikanten höheren Maß diejenigen Rosinenbrötchen viel besser geschmeckt, über die gebetet worden war. Nahrungsmittel sind nicht nur eine Ansammlung von physikalischen und chemischen Zutaten. Sie bestehen aus der Energie, mit der sie im Lauf des Prozesses ihrer Aussaat, ihres Wachsens, ihres Geerntet-, Gekocht-, Aufgetragen- und Gegessenwerdens imprägniert wurden. Dies alles ist Bestandteil des Prozesses.

War Jesus auf das Essen fixiert? Man könnte fast meinen, er sei magersüchtig oder esssüchtig gewesen, oder wie eine überfürsorgliche Mutter, die nur ständig drängt: „Iss, mein Kind, iss, iss!"

Jesus hatte ungemein vieles über das Essen zu sagen. Seine Gleichnisse handeln ständig vom Säen, Jäten, Ernten, Kochen, Essen und Festmahl halten. Einmal veranstaltete Jesus in Galiläa am See ein Frühstück, ein anderes Mal gab er ein riesiges Fest für 4000 Menschen. Außerdem sprach er häufig vom Essen. Warum sprach er derart oft davon? Für Jesus war Nahrung der in seiner Zeit umfassendste kulturelle Ausdruck dafür, ob jemand zu einer Gruppe dazugehörte oder nicht. Zu der Zeit, in der Jesus lebte, war die Tischgemeinschaft das entscheidende Kriterium dafür, ob man dazugehörte. Man verwendete die Tischgemeinschaft dazu, um sich von Sündern abzugrenzen und Gleichgesinnte einzuladen. Jesus hatte große Mühe damit, den Menschen klarzumachen, dass Gott jede und jeden von uns kraft ihres oder seines Geburtsrechts gleichermaßen liebt. Gott, der der Vater und die Mutter von uns allen ist, beruft jede und jeden von uns mit gleicher Zuneigung und Liebe. Als für Jesus die Zeit kam, alles loszulassen und zu sterben, war das endgültige Symbol, das er uns gab, dasjenige von der Mutterschaft Gottes. Es bestand darin, dass er uns symbolisch mit seinem eigenen Körper nährte. Wir nennen das Eucharistie; es ist das Wesen Jesu.

Sooft man im Neuen Testament die Eucharistie erwähnt findet, ist dieser Erwähnung ein Schlüssel beigegeben. Er besteht aus vier Verben, die wie vier heilige Codewörter in den Text gesetzt sind. Ganz gleich, unter welchen konkreten Umständen, ob bei der Speisung von 5000 Menschen oder im Kreis einer kleinen Gruppe von sieben am See von Galiläa: Wann immer man auf die Wörter „Er nahm, brach, segnete und gab“ stößt, weiß man, dass hier von der Eucharistie die Rede ist. Was bedeuten diese Wörter? Als er das Brot nahm, war das das dankbare Annehmen des Geschenks des Brotes von Gott. Dann brach er es, und das Brechen des Brotes war Ausdruck der Absicht, es mit anderen zu teilen. Die Absicht kommt vor der Praxis. Diese Absicht kommt von der Überzeugung, dass Brot seinem Wesen nach dazu gedacht ist, geteilt zu werden. Es wird aus dem Grund gebrochen, um symbolisch zu zeigen, dass es für mehr als nur einen gedacht ist. Als Drittes segnete er das Brot. Wir missverstehen ständig, was das bedeutet. Es ist nicht so, dass Jesus eine träge Masse namens Brot nahm und sie segnete oder Gott in sie einhauchte. Das Segnen einer Speise ist die Anerkenntnis, dass in ihr Segen steckt. Das ist Gottes Art, uns zu beschenken. Wir segnen eine Speise nicht auf die Art, dass wir etwas in sie hineingeben, was bislang nicht in ihr war; wir segnen eine Speise, indem wir anerkennen, was in ihr steckt, bevor wir sie empfangen. Dann teilen wir unsere Speise. Nachdem wir zuvor bereits die Absicht zum Teilen hatten, setzen wir sie jetzt ins praktische Tun um. Das ist es, was die Eucharistie für Jesus darstellte. Sie war das endgültige Mittel, alle einzuschließen; ein Festmahl, zu dem ausnahmslos alle ohne jegliche Diskriminierung eingeladen waren.

Was haben wir daraus gemacht? Wir haben die Eucharistie zum endgültigen Mittel der Diskriminierung umfunktioniert. Ist jemand schwul, dann darf er sie nach der römisch-katholischen Tradition nicht mit uns zusammen empfangen. Ist jemand geschieden und wieder verheiratet, so darf sie sie nicht mit uns zusammen empfangen. Ist man kein rechtgläubiger römischer Katholik, so darf man sie nicht mit uns zusammen empfangen. Und nicht nur das: Wir maßen uns auch noch an, dies bis ins Leben nach dem Tod hinaus auszuweiten. Es ist uns nicht schlimm genug, dass wir sagen: Du kannst in unseren Kirchen nicht zum Tisch des Herrn kommen, wenn du schwul, geschieden oder nicht römisch-katholisch bist. Nein, wir setzen noch eins drauf und sagen: Auch beim himmlischen Festmahl wird dir die Teilnahme verweigert werden, denn das ist nur für hundertprozentige, heterosexuelle Katholiken, die sich nie haben scheiden lassen.

Im Namen Jesu sage ich zu euch hundertprozentigen, heterosexuellen, nie geschiedenen römischen Katholiken: Rückt zur Seite und macht Platz für die Schwulen und Lesben, die Geschiedenen und die von der Kirche getrennten Brüder und Schwestern, denn Gott liebt sie genauso wie euch.

Gastfreundschaft

„Gott, dessen Wollust ist, bei dir, o Mensch, zu sein, kehrt, wenn du nicht daheim, am liebsten bei dir ein."

Angelus Silesius

Mein Vater war Archäologe und eines der Gründungsmitglieder der Archäologisch-Historischen Gesellschaft von Mizzen. Mizzen ist eine Gegend im westlichen Cork auf einer bekannten Insel, die Cork von Kerry trennt. Diese Gesellschaft bringt alljährlich eine Zeitschrift über die archäologischen Funde, die Geschichte und das Brauchtum der Gegend heraus. Ich entsinne mich, dass in der Ausgabe von 1995 eine Geschichte über einen alten Mann namens Bernard O'Reagan stand. Er war 1896 geboren und zeitlebens Ehrenmitglied der Archäologisch-Historischen Gesellschaft von Mizzen.

In dem Interview mit ihm fand sich eine bemerkenswerte Geschichte. Bernard hatte meinem Vater erzählt: „Als ich ungefähr acht Jahre alt war, kam einmal ein alter Bettler auf unseren Hof. Meine Mutter holte ihn in die Küche herein, gab ihm etwas zu essen und unterhielt sich mit ihm einige Stunden lang. Als er zum Gehen aufstand, rannte ich den Weg vor ihm voraus und versteckte mich hinter dem Gebüsch, um ihn zu beobachten, denn er hatte eine merkwürdige Art zu gehen. Von den Knien ab bogen sich seine Beine fast im rechten Winkel nach außen und er wiegte bei jedem Schritt weit zurück und vor, was mich faszinierte. Einmal fragte ich meine Mutter: ‚Warum geht der alte Mann so komisch?' Meine Mutter erklärte mir: ‚Ich will dir erzählen, wieso. Vor ungefähr 60 Jahren war in dieser Gegend eine große Hungersnot und die Menschen starben wie die Fliegen. Auf dem Friedhof hatte man eine riesige Grube ausgehoben und jeden Morgen fuhr ein Pferdewagen herum, und man sammelte alle Leichname der Leute auf, die in der Nacht gestorben waren, und fuhr sie zu dieser großen Grube. Und abends fuhr der Wagen noch einmal im Dorf herum und holte die Leichname all der Leute ab, die tagsüber gestorben waren, und man legte sie auf die Leichname der am Morgen Begrabenen. In dieser Gegend war eine Familie mit Mutter, Vater und zwei kleinen Jungen. Ein Junge war fünf und der andere zwei. Der Fünfjährige starb. Er wurde auf den Wagen gelegt und mit all den anderen Leichen in die Grube gelegt. Einige Wochen später starb auch der kleine Zweijährige und der Mutter brach das völlig das Herz. Sie klammerte sich an ihr totes Kind und weigerte sich, es herzugeben. So hielt sie es zwei oder drei Tage lang fest. Der Vater redete ihr zu, es endlich begraben zu lassen, aber sie sagte: Nein, ich kann ihn nicht loslassen. Schließlich gab sie unter einer Bedingung nach: Du musst ihm einen kleinen Sarg machen. Ich lasse es nicht zu, dass er einfach so in die Grube mit all den anderen verwesenden Leichen kommt. Mache einen kleinen Sarg und da hinein legen wir ihn.

Der Vater suchte einige Bretter und konnte daraus eine kleine Kiste zusammennageln. Aber das Kind war für die Kiste zu groß. Sie mussten seine Beine an den Knien brechen, damit es in die Kiste passte. Die Mutter sagte: Trag es am Morgen hinaus und leg es in die Grube. Das taten sie. Als sie am Abend dieses Tages zur Grube kamen, hörten sie ein Weinen. Sie horchten und gingen der Sache nach und entdeckten, dass das Weinen aus der kleinen Kiste kam. Sie zogen sie heraus und öffneten sie. Der kleine Junge war noch am Leben. Und das ist der Mann, den du heute den Weg hinuntergehen sahst.'"

Was über Maria und Martha erzählt wird, dürfte meiner Vermutung nach in vier verschiedenen Versionen vorliegen. Lukas erzählt, Jesus sei zum Haus von Maria und Martha gekommen, und Martha habe ihm ein Essen zubereitet, während sich Maria zu seinen Füßen gesetzt und ihm zugehört habe. Martha habe sich darüber geärgert, dass Maria ihr nicht bei der Zubereitung des Essens half. Da habe Jesus Maria angeschaut und zu ihr gesagt: „Martha, du beschäftigst dich mit vielem. Maria hat den besseren Teil gewählt. Der wird ihr nicht genommen werden." In der Version von Johannes wird erzählt, Jesus habe Lazarus, den Bruder von Maria und Martha, vom Tod aufgeweckt. Um zu feiern, was er für ihren Bruder getan hatte, hätten Maria und Martha Jesus und seine Jünger zu einem Fest in ihr Haus eingeladen. In dieser Geschichte von Johannes lesen wir: „Martha bediente, und Lazarus war unter denen, die mit Jesus bei Tisch lagen. Da nahm Maria ein Pfund echtes, kostbares Nardenöl, salbte Jesus die Füße und trocknete sie mit ihrem Haar." Es gibt eine weitere mögliche Version: Jesus kam in dieses Dorf und ließ sich bei der Familie von Maria, Martha und Lazarus verköstigen. Jesus war von seiner Wanderung müde und Maria schenkte ihm ihre ungeteilte Aufmerksamkeit, während Martha in der Küche das Essen zubereitete. Da kam Martha herein und sagte zu Jesus: „Sieh dir meine Schwester an! Sie überlässt die ganze Arbeit mir. Sag ihr, dass sie mir helfen soll!" Hierauf sah Jesus Martha an und sagte: „Martha, du beschäftigst dich mit vielem. Nur eines ist notwendig. Maria hat den besseren Teil gewählt." Darauf sagte Martha wütend zu Jesus: „Also gut. Dann koch dir dein Essen gefälligst selbst." Jesus bekam kein Essen. Er setzte seine Wanderung hungrig fort. Als er an einen Feigenbaum kam, der keine Früchte trug, verfluchte er diesen Baum und er verdorrte. Das nennt man versetzte Aggression.

In der tatsächlichen Geschichte aber geht es um die Beziehung zwischen Jesus und Maria. Während Maria zu Füßen Jesu saß und dem zuhörte, was er zu sagen hatte, saßen seine Jünger herum und warteten auf das Essen. Zur damaligen Zeit war es Frauen verboten, zu Füßen eines Lehrers zu sitzen. Im Talmud steht, ein jüdischer Vater solle seiner Tochter eher erlauben, sich als Hure zu betätigen, als zu versuchen, sie in der Tora zu unterrichten. Die Tora war nur für Männer. Maria brach dieses Gesetz, indem sie hingebungsvoll zu Füßen Jesu saß, ihm in die Augen schaute und mit ihrem Herzen genau auf alles hörte, was er sagte. Maria war im inneren Kreis Jesu und seiner Jünger. Maria stand Jesus vermutlich näher als jeder andere seiner Jünger. Die Frauen um Jesus waren gleichrangig mit den Männern. Das hat sich alles geändert. Heute, 2000 Jahre danach, sind die Frauen wieder mit Martha in der Küche, während zölibatäre Männer entscheiden, was das Beste für sie ist. Manche Dinge ändern sich nur gelegentlich für kurze Zeit, und dann wird alles wieder, wie es schon immer war.

Eine andere Geschichte über die Gastfreundschaft ist die von Abraham und den drei Fremden, die in Wirklichkeit Engel Gottes sind. Abraham wusste nicht, dass es Engel waren. Abraham war Nomade und begrüßte jeden Vorbeikommenden unverzüglich als seinen Gast. In dieser Geschichte ist interessant, dass es Sara war, die hinhörte, und Abraham, der geschäftig war. Abraham musste alles Mögliche zubereiten, während Sara ihren Gästen zuhörte. Sara empfing und brachte ein Jahr danach Isaak zur Welt. Sie empfing, weil sie nicht geschäftig herumrannte. Abraham war mit vielem beschäftigt.

In der Geschichte von Bernard O'Reagan tat seine Mutter beides. Sie richtete diesem umherziehenden Bettler nicht bloß etwas zum Essen her, um dann ihre übrige Zeit bei ihren Töpfen in der Küche zu verbringen, sondern sie setzte sich hin, aß mit ihm und sie erzählten einander ihre Geschichten. Das ist eine ganz eigene Art von Gastfreundschaft. In der Geschichte über Jesus geht es um das Gleiche. Der junge Bernard hörte seiner Mutter zu, empfing dabei ein außerordentliches Mitleid mit allen Benachteiligten und widmete sich sein ganzes weiteres Leben der Aufgabe, armen Menschen zu helfen. Maria hörte aufmerksam Jesus zu, empfing Jesus in ihrem Herzen und das Christusbewusstsein in ihrer Seele.

Bei echter Gastfreundschaft passiert etwas Wunderbares. Es gibt eine Form der Gastfreundschaft, bei der man nur versucht, sich der physischen Bedürfnisse eines anderen Menschen anzunehmen. Es gibt eine andere Ebene der Gastfreundschaft, auf der man der Seele des Gastes begegnet. In diesem Dialog geschehen außerordentliche Dinge. Wenn wir einander auf dieser Ebene der Gastfreundschaft begegnen, geht das Wort Gottes zwischen uns hin und her.

In Irland gibt es das Sprichwort: „Der Weg zum Herzen eines Mannes geht durch den Magen." Das mag stimmen, aber der wirkliche Weg zum Herzen eines Menschen geht durch seine Augen. Wenn man jemanden intensiv anschaut, ihm zuhört und mit der eigenen Seele hinschaut, kommt man mit der Seele des anderen in Kontakt. Das ist viel wichtiger, als jemandem bloß etwas zum Essen zu geben. Martha hatte das noch nicht begriffen. Die höchste Form der Gastfreundschaft besteht darin, sich um die physischen Bedürfnisse seiner Gäste zu kümmern und ihnen dann genau zuzuhören und den Kontakt von Seele zu Seele herzustellen. Maria brachte das fertig. Maria empfing das Christusbewusstsein, weil sie sich Jesus zu Füßen setzte und ihm zuhörte. Maria empfing Jesus in ihrer Seele, während Martha sich damit begnügte, sich geschäftig um seine physischen Bedürfnisse zu kümmern.

Das Lied „I Did it My Way“ ist das Lied, das Jesus oft zu hören bekam: „Ich habe es auf meine Weise gemacht“, nur dass eine weitere Zeile angefügt war: „Ich habe es auf meine Weise gemacht, und du musst es ebenfalls auf meine Weise machen.“ Im Leben Jesu verlangten Menschen, die es auf ihre Weise machten, dass Jesus es nicht auf seine Weise mache, sondern auf ihre Weise. Die Weise der Pharisäer war die Weise des Gesetzes, und sie verlangten, dass Jesus alles auf die Weise des Gesetzes tun sollte. Sie wollten ein Erlösungsmodell auf gesetzliche Weise. Die Zeloten, die Guerillakämpfer zu der Zeit, als Simon Mitglied war, versuchten, die Römer mit Gewalt aus ihrem Land zu vertreiben. Ihre Weise war die Gewalttätigkeit und sie wollten, dass es Jesus auf ihre Weise mache. Die Essener, die Mönche in der Wüste, wollten sich selbst retten, indem sie sich besonders rein an alles in der Tora hielten. Sie forderten Jesus auf, es auf ihre Weise zu machen. Es gab in der Geschichte viele Neuaufführungen dieser drei Produktionen. Das römisch-katholische Kirchenrecht zeigt das gleiche Bemühen, die Menschen zur Liebe zu zwingen. Man kann die Menschen nicht zum Lieben zwingen. Man kann den Menschen nicht die Erlösung bringen, indem man ihnen Gesetze auferlegt. Die meisten Organisationen begreifen das nicht. Wir bringen es immer noch fertig, Gewalt auszuüben. Die ganze Geschichte des Christentums hindurch versuchte man zum Beispiel mit den Kreuzzügen, der Inquisition und den Konquistadoren, die Menschen mit Gewalt zu Gott zu treiben. Man kann Menschen mit Gewalt zur Religion treiben, aber man kann sie nicht mit Gewalt zu Gott treiben.

Es gibt davon eine säkulare Spielart. Wir nennen sie militärisches Eingreifen. Wir besetzen den Irak oder irgendein anderes Land und versuchen, die Leute mit Gewalt in die kapitalistische Demokratie zu treiben. Aber man kann niemanden mit Gewalt dazu antreiben, seine Verantwortung für sein

Geschick selbst in die Hände zu nehmen. Das Gegenstück dazu ist, dass wir die ganze Geschichte hindurch auch versucht haben, Menschen ihrem Schicksal zu überlassen. Sie sollten selbst zusehen, wie sie durchkämen, und wir wandten uns ab und kümmerten uns um unser eigenes Wohlergehen. Auch das kann man nicht machen. Wenn man andere im Stich lässt, ist das nicht der Weg zur individuellen Spiritualität.

Wir finden Jesus bei diesem außerordentlichen Tanz des Geistes zwischen den Polen dieser drei Möglichkeiten. Einerseits wusste Jesus, dass er die Menschen nicht zwingen konnte, Gott zu lieben, und andererseits sagte er: „Ich bin nicht dazu gekommen, um das Gesetz aufzuheben, sondern um es zu erfüllen. Darum sage ich euch: Bis Himmel und Erde vergehen, wird auch nicht der kleinste Buchstabe des Gesetzes vergehen, bevor nicht alles geschehen ist." Von welchen Gesetzen redete er da? Er sprach nicht von den 613 von Menschen gemachten Gesetzen. Er sprach vom Urgesetz des Universums; von dem Gesetz, nach dem das Universum funktioniert. Nicht nur in seiner physikalischen Äußerung, sondern, was noch viel wichtiger ist, in seinen Gesetzen des Karmas und der Liebe. Nur wenn wir uns nach dieser Art von Gesetz ausrichten, entsteht echte Spiritualität. Das ist ein ständiger Balanceakt, denn jede Gemeinschaft braucht bestimmte Regeln, um ihre Zwecke erfüllen zu können. Wir brauchen einige Verhaltensregeln. Die Regeln erlösen uns nicht; sie bewahren uns vor dem Chaos, aber sie bringen uns nicht in die Spiritualität. Jesus tanzte einen außerordentlichen Tanz zwischen den Gesetzen und der Gewalttätigkeit, denn obwohl er unter allen Umständen gegen physische Gewaltanwendung war, sagte er doch: „Seit der Zeit Johannes des Täufers wird dem Himmelreich Gewalt angetan und nur Gewalttätige reißen es an sich." Was meinte er damit? Er meinte die Gewalt, mit der man alte Denkarten ablegen muss, und den Mut, nagelneue Paradigmen zu übernehmen. Jesus bewegte sich in den Shiva-Modus hinein. Im Hinduismus ist Shiva der destruktive Aspekt Gottes. Nicht in dem Sinn, dass Gott im Zorn zertrümmert und zerstört, sondern dass er ständig komplexere Konfigurationen bereits existierenden Materials anstößt. Jesus tanzte den außerordentlichen Tanz zwischen Komplexität auf der einen und Entropie auf der anderen Seite. Die beiden Triebkräfte der Evolution des physikalischen Universums sind einerseits die Entropie und andererseits die Komplexität. Die Naturwissenschaft lehrt, dass alle Systeme, die man ihrer eigenen natürlichen Funktionsweise überlässt, ins Chaos münden. Das ist das zweite Gesetz der Thermodynamik. Wie können dann immer komplexere Organismen entstehen? Ilja Prygogine gewann den Nobelpreis für seine Theorie der „dissipativen Strukturen". Sie besagt, dass das System, das der Entropie entkommt, einen höheren Grad an Komplexität erreicht, indem es die Entropie in das größere System verstreut („Ordnung aus Chaos"). Jesus tat genau das. Er schlug einen außerordentlichen Weg zwischen Komplexitätstheorie und Chaostheorie ein. Ihm war klar, dass Erlösung durch Zusammenschluss erfolgt. Man muss aus sich heraus auf die Menschen zugehen, die hungern und Heilung und die frohe Botschaft brauchen. Dann muss man beiseitetreten und dem Schweigen und der Einsamkeit in der Wüste des Ego-Selbst Zeit widmen. Das muss man immer und immer wieder machen. So verläuft die spirituelle Evolution.

Ich habe eine Metapher für den Vater-Aspekt Gottes und den Sohn-Aspekt Gottes und den Heilig-Geist-Aspekt Gottes. Der Vater-Aspekt der Metapher stellt das Istsein unseres letzten Daseinsgrundes dar. Der Sohn-Aspekt Gottes stellt Gottes Selbstverständnis dar, und der Geist-Aspekt Gottes stellt die Liebe dar, die Gott für die hat, als die sie sich selbst weiß. So ist Gott Sein, Selbsterkenntnis und Selbstliebe, und der Weg zurück zur Spiritualität verläuft genau in der Gegenrichtung dieses

Prozesses. Er führt vom Lieben zum Erkennen zum Sein. Das ist ein Prozess zurück zu Gott. Wenn die Heraus-Entwicklung Gottes so verlief, dass sie vom Sein zum Erkennen zum Lieben überging, um an der Menschheitsgeschichte teilzunehmen, dann ist die Hinein-Entwicklung in Gott genau die Umkehrung dieses Prozesses. Man muss zuerst lieben, damit man erkennt und dann frei wird, um ganz der oder die sein zu können, der oder die man ist.

Es ist ein Fehler, zu glauben, man könne jemanden nur dann lieben, wenn man ihn kennt. Das Gegenteil trifft zu. Man kann jemanden nur erkennen, wenn man ihn zuerst einmal liebt. Der erste Schritt des Rückwegs zu Gott besteht nicht im Erkennen oder Verstehen, sondern im Lieben. In dem Maß, in dem ich jemanden liebe, kann ich ihn wirklich kennen lernen. Wenn ich jemanden bedingungslos aus meiner Seele heraus liebe, dann kann ich ihn vom Inneren meiner Seele her verstehen. Der Weg zurück besteht darin, jemanden zu lieben, damit man sie versteht und sie frei wird, die zu sein, die sie ist. Oft packen wir diese Reise falsch an. Die Schwierigkeit beim Lieben ist, dass man, um lieben zu können, wirklich sehen können muss, und das ist der Unterschied zwischen den Propheten und uns anderen. Propheten sind nicht Menschen, die die Zukunft vorauswissen oder voraussagen. Der Prophet ist derjenige unter uns, der ganz klar sieht, was ist. Der Prophet hat es gelernt, nicht nur mit den Augen und Ohren seines Körpers genau hinzusehen und hinzuhören, sondern auch mit den Augen und Ohren seiner Seele.

Die Anhänger Jesu beschwerten sich oft, er rede dauernd in Gleichnissen und Rätseln. Sie wollten, dass er klipp und klar zu ihnen spreche. Jesus gab zur Antwort: „Ich spreche in Gleichnissen, damit ihr seht und beim Sehen doch nicht versteht und damit ihr hört und beim Hören doch nicht begreift." Solange wir nur mit unseren Augen hinsehen und mit unseren Ohren hinhören, verstehen und begreifen wir nichts. Wir müssen so weit kommen, dass unser Herz zu hören und zu sehen beginnt. Erst wenn wir auf dieser Ebene wirklich sehen und hören, können wir das wahre Wesen erfassen.

Solange man jemandem nur mit dem Kopf oder den Augen oder den Ohren wahrnimmt, verhindert man den Prozess noch, weil man noch seine Filter eingesetzt hat. Diese Filter sind die eigenen Ängste, Erwartungen, Vorurteile und pathologischen Verhaltensmuster. Das Einzige, was wir fertigbringen, ist, uns selbst diese Steine in den Weg zu legen. Wenn man wirklich mit seinem Herzen hört und mit seiner Seele hinsieht, dann umgeht man alle diese Filter und die eigene Seele erreicht die Seele des anderen. Wenn jemand zu mir von einem Ort der Wahrheit her spricht oder aus seiner Seele heraus, dann erkennt das meine Seele unverzüglich und erinnert sich auf der Stelle daran. Wenn jemand nicht aus seiner Seele heraus spricht, sondern nur aus seinem Ego heraus, dann erkennt meine Seele auch das und ihr geht auf, dass sie zur nächsten Phase übergehen muss.

Um verstehen zu können, müssen wir lieben, und um lieben zu können, müssen wir wirklich mit unserer Seele hören. Ich glaube nicht, dass irgendein politischer oder militärischer Machthaber tief in die Augen und Seelen der kleinen irakischen Mädchen hineinschauen und dann den Befehl geben könnte, ihr Dorf zu bombardieren. Das geht nicht. Es geht nur, wenn man auf Abstand bleibt. Wir verwenden unseren Kopf, um Abstände zu schaffen. Wir schaffen eigene Begriffe und reden zum Beispiel von „intelligenten Bomben“, und das ist nur einer der neuesten verlogenen Namen, mit denen wir so tun, als hätten die aktiv Gewalttätigen mit den Opfern der Gewalttätigkeit gar nicht direkt zu tun. Das ist eine moderne Form des Götzendienstes. Es kommt zu keinem echten Dialog, weil wir die Begegnung der Seelen vorsätzlich vermeiden und nur Vernunftargumente aufeinandertreffen lassen.

Es gab im Leben Jesu Menschen, die nur mit ihren Ohren hinhörten und nur mit ihren Augen hinschauten, und es gab Menschen, die mit ihren Seelen hinhörten und mit ihren Herzen hinschauten. Herodes war nur willens, Jesus auf der Ebene seiner physischen Sinne zu sehen und zu hören, und in Reaktion darauf blieb Jesus stumm. Die Pharisäer waren angsterfüllte Menschen, die Jesus auf dem Weg der Vorstellung der Erlösung durch das Gesetz hören wollten. Sie steckten in alten ritualistischen Gesetzen fest und versuchten, die Botschaft Jesu durch diesen Filter hindurch zu verstehen, und das funktionierte nicht. Die Priesterkaste bestand zur Zeit Jesu aus überheblichen Männern, die alles taten, um sich mit den Machthabern zu arrangieren, und so hörten sie Jesus nur unter dem Aspekt ihrer politischen Absichten. Sie konnten ihn nicht hören. Die Menge bestand zum größten Teil aus leidenden Menschen, die auf die Worte Jesu von ihrem eigenen physischen Hunger und ihrem eigenen physischen Leiden her hörten, und das wurde zum Filter, durch den sie mit ihm umgingen. Petrus war ein hemdsärmeliger Knecht, der es gern zum Prinzen gebracht hätte, und so hörte er Jesus durch den Filter seiner eigenen Ambitionen. Er versuchte, die Lehren Jesu zurechtzurücken. Einmal sagte er: „Das verhüte Gott, dass dir das passiert!“ Jesus erwiderte darauf: „Weiche von mir, Satan!“ Petrus mochte noch so sehr versuchen, Jesus zu verstehen – es gelang ihm nicht, denn er hatte Jesus noch nicht lieben gelernt.

Es gibt eine wunderbare Geschichte darüber, wie Jesus seinen Jüngern zum letzten Mal erschien. Sie waren beim Fischen. Petrus sah Jesus am Ufer stehen und sprang ins Wasser und schwamm ans Ufer, und sie frühstückten gemeinsam. Jesus sagte zu ihm: „Ich habe für dich eine letzte Lehre, Petrus. Liebst du mich?“ Petrus war erschrocken über diese Frage, denn er hatte seit Jahren versucht, Jesus zu verstehen. Er hatte eher die Frage erwartet: Weißt du, wer ich bin? Petrus gab zur Antwort:

„Ja, ich liebe dich." Da fragte Jesus ihn noch einmal: „Petrus, liebst du mich?" Petrus antwortete noch einmal: „Ja!" Hierauf wiederholte Jesus noch einmal: „Petrus, liebst du mich?" Da kapierte Petrus endlich, worum es ging. Petrus hatte aufgehört, nur mit seinen Ohren zu hören und mit seinen Augen hinzusehen, und zum ersten Mal gingen sein Herz und seine Seele weit auf, und da wurde ihm klar, dass er Jesus tatsächlich liebte. Erst von da an konnte er verstehen, wer Jesus war, und auch verstehen, wer er selbst war. Solange wir nicht wirklich lieben, können wir nicht verstehen. Solange ich mich selbst nicht liebe, verstehe ich auch nicht, was mit mir selbst los ist, und ich kann nicht in aller Freiheit der sein, der ich bin. Und solange ich nicht jemand anderen liebe, kann ich diesen Menschen nicht verstehen und er kann nicht in aller Freiheit der sein, der er ist. Das war der Filter des Petrus gewesen.

Martha war die umsichtige Hausfrau, die versuchte, eine perfekte Gastgeberin zu sein. So hörte sie Jesus durch den Filter dessen, was sich gehörte und was üblich war, und das funktionierte nicht. Maria dagegen legte die Hände in den Schoß und blickte ihm durch seine Augen in die Seele und hörte mit ihrem Herzen in sein Herz hinein. Maria ist der erste Mensch, der wirklich auf Jesus hört. Sie ist der erste Mensch, der Jesus wirklich sieht, und daher ist sie auch der erste Mensch, der Jesus wirklich liebt. Weil sie der erste Mensch ist, der Jesus liebt, ist sie auch der erste Mensch, der Jesus versteht. Weil sie Jesus versteht, ist Jesus frei, der zu sein, der seine Mission erfüllen muss. Und Maria ist frei, die zu sein, die sie ist, und ihre Mission zu erfüllen. Von den Jüngern Jesu war Maria die Erste, die das Christusbewusstsein gewann. In der Tat hatte Maria den besseren Teil erwählt.

Das Vaterunser

„Der Geist heißt nicht Ich; er heißt Wir alle."

Nikos Kazantzakis

Ein Mann arbeitete gerade äußerst mühsam auf einem kleinen, von einem Steinwall umhegten Feld. Es war steinig, vom Regen ausgewaschen und vom Wind zerzaust, und er musste ihm den kargen Lebensunterhalt für seine Frau und seine acht Kinder abringen. Da kam zu Pferd der Priester vorbeigeritten. Das war 1850 in einer entlegenen Gegend im Westen Irlands. Der Priester sprach: „Hallo, Gott sei mit dir, Patrick!" Und Patrick gab zur Antwort: „Gott und Maria seien mit Ihnen, Father." Der Priester fuhr fort: „Gottes Segen über deine Arbeit", und der Bauer gab zur Antwort: „Dieser Segen sei auch über Ihnen, Father." Sie plauderten etwas miteinander. Der Priester schaute über den Wall und sagte: „Mit Gottes Hilfe hast du ja aus diesem Feld etwas Großartiges gemacht!" Patrick sagte hierauf: „Oje, Father, Sie hätten sehen sollen, wie das aussah, als Gott noch allein damit wirtschaftete!" Der Priester wandte ein: „Na ja, Patrick, so schlimm wird die Feldarbeit ja nun auch nicht sein!" Patrick erwiderte: „Oh, Sie haben ein leichtes Leben. Reiten den ganzen Tag mit dem Pferd herum und brauchen bloß Ihre Gebete zu sprechen!" Darauf fragte ihn der Priester: „Pat, meinst du denn, Gebete zu sprechen sei so einfach?" – „Ich weiß, Gott hilft Ihnen, Ihre Gebete zu sprechen, Father." – „Okay, ich wette mit dir Folgendes: Wenn du mir das Vaterunser von Anfang bis Ende aufsagen kannst, ohne dabei auch nur ein einziges Mal zerstreut zu werden, gebe ich dir dieses Pferd." – „Sie nehmen mich wohl auf den Arm?" – „Nein, ich meine das ganz ernst. Wenn du das Vaterunser von Anfang bis Ende aufsagen kannst, ohne dabei einmal zerstreut zu werden, gebe ich dir dieses Pferd." Der Bauer nahm den Hut ab, schloss die Augen, faltete die Hände, und begann: „Vaterunser, der du bist im Himmel, geheiligt werde dein Name. Dein Reich komme. Dein Wille … Übrigens, Father, ist der Sattel in der Wette mit eingeschlossen?"

Die Fassung des Vaterunsers im Lukasevangelium ist etwas anders als diejenige, die wir allgemein sprechen. Die unsrige stammt aus dem Bericht des Matthäus. Beide unterteilen das Vaterunser in zwei Hauptteile. Der erste Teil besteht aus einem Lobpreis Gottes, der zweite aus Bitten. Matthäus hat im Lobpreisgebet drei Themen: „Vaterunser, der du bist im Himmel, geheiligt werde dein Name. Dein Reich komme. Dein Wille geschehe wie im Himmel, so auf Erden." Bei Lukas fehlt die Aussage, Gottes Wille möge geschehen. Er sagt nur: „Geheiligt werde dein Name. Dein Reich komme." Bei Lukas fehlt auch die Bitte: „Erlöse uns von dem Bösen." Matthäus sagt: „Unser tägliches Brot gib uns heute. Und vergib uns unsere Schuld, wie auch wir vergeben unseren Schuldigern. Und führe uns nicht in Versuchung, sondern erlöse uns von dem Bösen." In der Version von Matthäus sind es sieben Themen, in derjenigen von Lukas nur fünf. Außerdem ist der Aufhänger für den weiteren Text des Matthäusevangeliums nur der Satz: „Vergib uns unsere Schuld, wie auch wir vergeben unseren Schuldigern." Daran anschließend erzählt Jesus im Bericht des Matthäus einige unterschiedliche Gleichnisse zu diesem Thema, so dass dies als die wichtigste Zeile des Vaterunsers erscheint. Wenn man bei Lukas nachliest, so stellt man fest, dass der eine ganz andere Richtung einschlägt. Lukas betont vor allem, dass es beim Gebet auf die Hartnäckigkeit ankomme. Bei sieben Gelegenheiten schärft Lukas seinen Lesern ein, wenn man Gott nur lange genug inständig bitte, bekomme man, was man wolle. Das sind also zwei verschiedene Versionen mit verschiedenen Schwerpunkten. In der einen wird die Vergebung betont, in der anderen die Hartnäckigkeit.

Ich glaube nicht, dass Gott einen Willen für den Planeten Erde hat. Darum macht es mir nicht besonders viel aus, dass Lukas den Satz weggelassen hat, Gottes Wille möge wie im Himmel so auch auf Erden geschehen. Ich glaube nicht, dass der letzte, unaussprechliche Grund unseres Seins für den Planeten Erde ein Programm im Kopf hat und dass er wirklich außer Fassung gerät, falls das nicht durchgeführt wird, oder er versuchen wird, uns zu zwingen, am Ende das zustande zu bringen, was er sich erwartet hat. Ich bin felsenfest davon überzeugt, dass wir bei der Gebetsbitte „dein Wille geschehe" genau genommen uns selbst an das zu erinnern versuchen, was ich als den „vorgefassten Vertrag" *(preconception contract)* bezeichne, den wir bereits lange vor unserer Inkarnation abgeschlossen haben. Ich denke, wir entwerfen das Programm für unsere Inkarnationserfahrung als größere Gruppe schon lange, bevor wir auf den Planeten Erde kommen. Wir treffen dabei mit einer ganzen Clique von Seelen, die zur gleichen Zeit wie wir auf den Planeten Erde kommen werden, eine feste Vereinbarung. In dieser Vereinbarung geht es darum, wie wir die Liebe lernen wollen, wie wir das Vergeben lernen wollen und wie wir es lernen wollen, während dieser Lebenszeit einfühlsam und mitempfindend zu sein. Das ist der „Wille." Es ist der Wille der ganzen Gruppe, die weiß, was Mitgefühl und Liebe ist. Das ist der Wille, den wir auf dem Planeten Erde besuchen wollen. Wenn wir beten „dein Wille geschehe", dann sprechen wir nicht den unaussprechlichen Grund unseres Wesens an, der etwas zurechtrücken müsste oder auf einem bestimmten Ergebnis besteht, sondern damit versuchen wir, uns selbst an die Vereinbarung zu erinnern, die wir getroffen haben, bevor wir auf den Planeten Erde kamen. So macht es mir nichts aus, wenn Lukas den Satz weggelassen hat: „Dein Wille geschehe wie im Himmel, so auf Erden."

Das Vaterunser, wie es Matthäus und Lukas formuliert haben, besteht also aus zwei bedeutsamen Teilen. Der erste Teil ist ein Lobpreisgebet. Es geht darin darum, sich auf Gott auszurichten, denn das Wesentliche an jedem Gebet besteht darin, das eigene Selbst ganz auf Gott auszurichten. Im Gebet geht es nicht darum, Gott zu nötigen, unsere Wünsche zu erfüllen. Es geht darum, mich selbst vollkommen auf den letzten Grund meines Seins auszurichten. Matthäus und Lukas machen mit ihrem Anfang des Gebets unmissverständlich klar, dass es ein Unding wäre, beim Beten auf der Stelle mit dem Bitten um irgendetwas Handgreifliches anzufangen. Das wäre der Ausdruck absolut schlechter Manieren. Selbst wenn man glaubt, Gott lasse den Leuten, die ihn darum bitten, etliches zukommen, verrät es miserable Manieren, wenn man einfach sagt: „Ich möchte fünf Dollar, weil ich ins Kino gehen will." Würde Ihr Kind einfach so mit einer Forderung daherkommen, würde Sie das ärgern.

Wenn man sich in Nairobi verlaufen hat, wird man nie auf die Idee kommen, einfach jemanden mit der Frage anzusprechen: „Wo ist die Kenyatta Avenue?" Das wäre extrem unhöflich. Man darf nie jemanden anreden und bloß eine Information von ihm haben wollen. Es gehört sich, ihn zunächst zu begrüßen und ihn zu fragen, wie es seiner Frau und seinen Kindern geht, ob sie alle gesund sind und ob sie mit ihrer Wohnung zufrieden sind und etliches andere, und nur so ganz nebenbei würde man einflechten: „Könnten Sie mir übrigens zufällig sagen, wo die Kenyatta Avenue ist?"

Es gibt viele Arten von Gebet, nämlich Gebet als Lobpreis, als Danksagung, als Klage, als formelles, gemeinschaftliches, stilles Gebet usw. Wenn man alle diese Formen des

Gebets auf das Bittgebet reduzieren wollte und dann das Bittgebet noch einmal dazu verkümmern lassen würde, so lange Gott den Arm auf den Rücken zu drehen, bis er einem zu Wohlstand verhilft, wäre das ein völliges Missverständnis dessen, worum es beim Gebet geht.

Die erste und wichtigste Dimension des Gebets ist, dass ich mich anhand seiner auf Gott ausrichte, indem ich bete: „Dein Reich komme, dein Wille geschehe, geheiligt werde dein Name." Es ist nicht so, dass ich dabei eine Art von mir verschiedener transzendenter Wesenheit preise, sondern ich bringe mich in Deckung mit der Identität, die ich in meinem Kern bin. Das ist der erste Teil des Gebets, und dann leiten die beiden nächsten Bitten zum zweiten Teil mit den Bitten über. Ich finde es interessant, um was zu beten Jesus uns anweist, nachdem wir uns auf Gott ausgerichtet haben. Nimmt man die Version von Matthäus, so sind das vier Bitten. Drei der vier haben mit der Tatsache zu tun, dass wir *Seelen* in Raumanzügen sind, und nur eine hat mit der Tatsache zu tun, dass wir Seelen in *Raumanzügen* sind. Mit anderen Worten: Nur eine hat mit der Inkarnation zu tun und drei haben mit unserem spirituellen Wesen zu tun. Matthäus lässt Jesus sagen: „Unser tägliches Brot gib uns heute." Ja, wir sind inkarniert und stecken deshalb in Raumanzügen, und wir haben Bedürfnisse, das heißt physische, emotionale und intellektuelle und soziale Bedürfnisse. Um deren Erfüllung müssen wir bitten. Darum müssen wir bitten, weil das Bestandteil unserer Mission ist. Sodann müssen wir wahrnehmen, dass wir Seelen in diesen Raumanzügen sind und es grundlegende spirituelle Bedürfnisse gibt. Es gibt das Bedürfnis nach Vergebung, nach Verschontwerden vor der Versuchung und nach Erlösung von dem Bösen.

Wenn Jesus sagte: „Vergib uns unsere Schuld, wie auch wir vergeben unseren Schuldigern", dann sagte er das auf Aramäisch. Unsere modernen Sprachen sind in spiritueller

Hinsicht ziemlich verarmt. Darum gibt eine heutige Übersetzung den Sinn dieser Bitte nur sehr unzureichend wieder. Wenn wir sprechen: „Vergib uns unsere Schuld, wie auch wir vergeben unseren Schuldigern", dann ist das Wörtchen „wie" für dieses Unternehmen ganz und gar unpassend. Was Vergebung wirklich bedeutet, habe ich während meiner Zeit in Afrika gelernt. Ich hatte die Möglichkeit, dort das Beten in vier verschiedenen Sprachen zu lernen. Auf Suaheli bedeutete die Bitte: Vergib uns unsere Schuld auf *exakt* die gleiche Art, wie wir unseren Schuldigern vergeben. Es ist nicht so, dass Gott eine Art von kosmischem Buchhalter wäre, der alles ganz genau registriert. Vielmehr geht es um die Wahrnehmung, dass ich nur in dem Maß, in dem ich vergeben und nur in dem Maß, in dem ich lieben kann, auch selbst Vergebung erfahren kann und nur in dem Maß spüren kann, dass ich geliebt werde. Es geht nicht um das Prinzip „wie du mir so ich dir", sondern darum, dass die Art, wie ich werde, bestimmt, was ich an mich heranlassen und was ich von mir geben kann. Daher kann ich nur in dem Maß, in dem ich Vergebung gewähre, auch selbst Vergebung annehmen. Nur in dem Maß, in dem ich lieben kann, kann ich Liebe erfahren.

In einer anderen Sprache, Kipsigis, war der Sinn ganz anders. Darin ist das Wort für Vergebung aus ihrer Begrüßungsformel abgeleitet. Wenn Kipsigis-Leute einander auf der Straße begegnen, lauten die rituellen Fragen: „Hallo, liebst du dich selbst? Liebt deine Frau sich selbst? Lieben deine Kinder sich selbst? Liebt dein Vieh sich selbst?" Ab den 1880er Jahren, als in Afrika die Ackerbaukultur einzog, hätte ich dann auch noch fragen müssen: „Liebt dein Mais sich selbst?" Das ist sozusagen die sprachliche Inkarnation einer mystischen Einsicht. Sie ist direkt in der Sprache eingeschlossen. Diese Worte, die man da spricht, enthalten das Verständnis, dass echte Spiritualität darin besteht, ganz und gar mit dem Selbst übereinzustimmen;

nicht mit dem Ego, sondern mit dem Selbst, dem Gott im eigenen Inneren. Wenn die Welt in Frieden ist, stimmt sie mit Gott überein. Dann würde sie mich auffordern: „Komm und grüße mich." Komm und frage mich, ob ich mit meinem Selbst, mit dem Gott im Inneren, übereinstimme. Bei der Vergebung geht es nicht darum, anderen Leuten gegenüber großzügig zu sein. Es geht darum, ganz mit meinem Selbst übereinzustimmen und Ihnen und all dem Ihren zu wünschen, dass Sie völlig übereinstimmen. Das ist mein Verständnis des Satzes „Vergib uns unsere Schuld, wie auch wir vergeben unseren Schuldigern."

Jesus sagt dann weiter: „... und führe uns nicht in Versuchung." Das scheint eine merkwürdige Bitte an Gott zu sein. Warum sollte Gott überhaupt auf den Gedanken kommen, uns in Versuchung zu führen? Ich verstehe das folgendermaßen: Es ist eine Ermahnung an uns, nicht mehr abzubeißen, als wir kauen können. „Führe uns nicht in Versuchung" erinnert mich mein Leben lang daran, dass ich nicht versuchen sollte, den Mund voller zu nehmen, als mir guttut und folglich in tausend Schwierigkeiten zu kommen. Und was noch wichtiger ist: Es erinnert mich an die Zeit, als ich während meines Zustands zwischen zwei Lebenszeiten das Skript für meine jetzige Lebenszeit entwarf. Wenn ich zusammen mit meiner Gruppe von Gefährten, Mentorengestalten und beratenden Engeln ein Drama für meine nächste Lebenszeit entwerfe, neige ich immer wieder dazu, zu verkennen, wie mühsam es auf dem Planeten Erde zugeht, dem Frontlager der Galaxie.

Dieses Gebet ist eine Erinnerung für uns selbst, damit wir nicht zwischen den Lebenszeiten unrealistische Skripte erschaffen und nicht unrealistische Erwartungen an unsere spirituelle Reise in dieser Lebenszeit entwickeln. Damit soll nicht gesagt sein, dass wir nicht unsere Träume haben und uns weit ausstrecken sollten. Das sollten wir unbedingt tun, aber wir sollten zugleich bei unserem Streben nach Spiritualität nicht zu unrealistisch sein. Das Ego kann sich jeder Aktivität des Menschen für seine Zwecke bemächtigen, auch des Strebens nach Spiritualität.

Wenn ich mir die Formulierung „erlöse uns von dem Bösen" ansehe, muss ich mich fragen: Worum geht es bei dem Bösen? Ich habe drei verschiedene Vorstellungen darüber, was das Böse ist. Ich denke, diese unsere Universen haben viele Dimensionen, und es gibt insbesondere eine astrale Ebene unseres Universums. Dieser Ort ist in zwei Untersektionen aufgeteilt: eine niedrigere astrale Ebene und eine höhere astrale Ebene. Die höhere astrale Ebene ist der Ort der Engelwesen und aufgestiegenen Meister. In der niedrigeren astralen Ebene sind die weniger weit entwickelten Wesen, von denen einige immer noch in ihrer eigenen Selbstsucht und Egozentrik gefangen sind. Sie sind desinkarniert und ziemlich mächtig, und ein Teil des Bösen ergibt sich daraus, dass man in diesem Bereich herumpfuscht, ohne zu wissen, worauf man sich da einlässt.

Einen zweiten Teil des Bösen möchte ich als „projizierten Schatten" bezeichnen. Wir wissen, dass in zwischenmenschlichen Beziehungen ein Großteil der Schwierigkeiten sich daraus ergibt, dass man Teile seiner selbst, die man in sich nicht wahrhaben will, auf andere projiziert und diese dann in den anderen ablehnt und bekämpft. Das tun wir nicht nur als Einzelne, sondern auch als Gemeinschaften, als Nationen und sogar als die Spezies *homo sapiens*. Dieses projizierte Schattenmaterial der gesamten Spezies wird zu einer Energiekraft in unseren Interaktionen untereinander und mit dem Planeten.

Das dritte Verständnis des Bösen ergibt sich aus der Illusion der separaten Identität: Wir meinen irrtümlicherweise, dass wir alle verschieden und nach Geschlecht, ethnischer Zugehörigkeit, sozioökonomischem Status, IQ und Bildung voneinander getrennt seien. Am schlimmsten wird es, wenn wir das auf die interkulturelle Aktivität anwenden und einen Gott erschaffen, der ein parteiischer Gott ist. Wir erschaffen einen Gott, der auf unserer Seite ist und sich für unsere partikulären politischen oder ökonomischen Interessen einsetzt. Wenn wir so weit in den Abgrund der separaten Identität sinken, dass wir uns nicht nur als Einzelne innerhalb der Kultur für ganz anders und besonders halten, sondern auch noch als Kultur gegenüber allen anderen Kulturen, dann ist das der absolute Tiefstand: Das ist das wirklich Böse.

1992 hatte ich das Privileg, das zur damaligen Zeit umfassendste Experiment mit dem Gebet zu leiten, das klinisch als Doppelblindstudie und nach dem Zufallsprinzip angelegt war. Inzwischen führte eine Gruppe an der Duke University ein noch größeres Experiment durch. Unser Experiment unternahmen wir mit 496 Personen, von denen 90 das Beten übernahmen und 406 für sich beten ließen. Wir unterteilten die Gebetsgruppen in zwei Sparten. Eine Gruppe sollte zielgerichtet beten, eine andere in allgemeiner Form. Die 406, für die gebetet werden sollte, wurden nach dem Zufallsprinzip drei unterschiedlichen Bedingungen unterworfen. Für eine Kontrollgruppe sollte während des gesamten Experiments überhaupt nicht gebetet werden, und die beiden anderen Gruppen wurden aufgeteilt in diejenigen, für die gezielt gebetet werden sollte, und diejenigen, für die nur in allgemeiner Form gebetet werden sollte. Niemand wusste, wer in welcher Gruppe war. Vorher unterzogen wir alle Teilnehmer einer ganzen Menge von Tests nach psychologischen Parametern wie Selbstwertempfinden, Graden von Angst und Depression, und drei Monate später testeten wir sie noch einmal nach den gleichen Parametern und zugleich auch in Hinsicht darauf, ob und wie sie sich am Ende physisch besser fühlten oder wie sich ihre Kreativität entwickelt hatte. Das Gebetsexperiment wurde zwölf Wochen lang mit täglich einer Viertelstunde Gebet durchgeführt. Ich gab jedem Beteiligten ein Blatt mit neun Fotos und den Namen der Menschen, für die sie beten sollten, und sie sollten über ihr Gebet ein genaues Tagebuch führen. Ich sammelte diese Tagebücher alle ein, so dass ich genau erfassen konnte, wie viel jeder pro Viertelstunde gebetet hatte und wie viel Gebet jeder/jedem Betreffenden zugewendet worden war. Am Schluss analysierten wir die Daten. Es ergaben sich einige interessante Resultate.

Das erste Resultat war, dass sowohl bei denen, die gebetet hatten, als auch bei denen, für die gebetet worden war, signifikante Verbesserungen eingetreten waren. Ja, die Verbesserungen bei denjenigen, die gebetet hatten, waren deutlich stärker als die Verbesserungen bei denen, für die gebetet worden war. Diejenigen, die während dieser zwölf Wochen gebetet hatten, erfuhren eine größere Steigerung ihres Selbstwertgefühls und eine stärkere Abnahme depressiver Zustände und Ängste als die, für die gebetet worden war. Eine Frage, die ich jeder und jedem stellte, war: „Wenn Gott in deinem Leben aktiv wird, glaubst du, dass er dann von innen nach außen handelt oder von außen nach innen oder beides? Oder glaubst du nicht an Gott oder kannst du dir nicht vorstellen, wie das geht?" Ich setzte die Antworten daraufhin in Beziehung zur Frage, wie sich das Beten auf das Selbstwertgefühl und den Pegel der Ängste und Depressionen der Teilnehmer ausgewirkt hatte. Die stärksten Verbesserungen waren bei denjenigen eingetreten, die glaubten, Gott handle von innen her, und denjenigen, die glaubten, er handle sowohl von innen als auch von außen her. Bei denjenigen, die glaubten, Gott handle nur von außen her, hatte sich sehr wenig verändert, und die beiden anderen Gruppen hatten überhaupt keine Veränderung erfahren.

Ich fragte die Beteiligten auch: „Glaubst du an die Kraft des Gebets für andere? Wenn du für andere betest, glaubst du, dass das wirkt oder dass das nicht wirkt, oder hast du überhaupt keine Vorstellung darüber?" Ich verglich die Ergebnisse mit den Antworten auf diese Fragen und es zeigte sich, dass bei denjenigen, die glaubten, dass das Gebet wirke, es gewirkt hatte. Bei denjenigen, die der Ansicht gewesen waren, es wirke nicht, hatte es nicht gewirkt. Sodann fragte ich die Beteiligten, die keine Ahnung gehabt hatten, welcher Gruppe sie angehörten: „Was glaubt ihr, in welcher Gruppe ihr in Wirklichkeit wart? Meint ihr, ihr seid in der Versuchsgruppe gewesen, oder in der Kontrollgruppe?" Diejenigen, die zur Antwort gaben, sie meinten, in der Kontrollgruppe gewesen zu sein, hatten auch keine Wirkung verspürt. Diejenigen, die meinten, in der Versuchsgruppe gewesen zu sein, hatten signifikante Verbesserungen erfahren, und zwar unabhängig davon, ob sie tatsächlich in der Versuchsgruppe gewesen waren oder nicht.

Und da ich schließlich genau erfasst hatte, wie viel Gebet jeder Einzelne pro Viertelstunde verrichtet und wie viel Gebet jedem Einzelnen zugewendet worden war, fand ich heraus, dass für diejenigen, für die gebetet worden war, die Menge des Gebets keine Rolle spielte. Es war kein Zusammenhang ersichtlich zwischen dem Maß an Gebet, das jemand empfangen hatte und dem Grad seiner Verbesserung. Aber es gab einen signifikanten Zusammenhang für diejenigen, die das Gebet verrichtet hatten. Je mehr Gebete sie verrichtet hatten, desto stärkere Verbesserung hatten sie erfahren. Das waren einige der interessanten Informationen, die sich aus diesem Experiment ergeben hatten.

Ich begann nach Erklärungsmodellen dafür zu suchen. Wie könnten die aussehen? Schließlich fand ich einige verschiedene Modelle. Das erste Modell ist der Placebo-Effekt. Man könnte zum Beispiel sagen, wenn man wirklich an Gott glaubt und Gott allwissend ist und das Endergebnis kennt, dann hätte das Bittgebet lediglich den Charakter eines Geplauders über das Unvermeidliche und bliebe ohne Wirkung, da Gott dieses Gebet bereits eingebaut hat, noch ehe man es verrichtet hat, und das Endergebnis schon festliegt. Folglich wäre das

Gebet eine Zeitverschwendung. Aber ich glaube nicht, dass dies eine gute Interpretation der Ergebnisse ist.

Ein zweites Modell habe ich bereits in dem diesem Buch vorangestellten Interview als die „Satellitenschüssel“ bezeichnet. Ich stelle mir dann vor, Gott lenke mein Gebet wie eine Satellitenschüssel zu dem Betreffenden auf die Erde. Ich glaube auch nicht, dass es so funktioniert.

Dann gibt es das große mosaische Modell. Dahinter steht die Vorstellung, es gebe eine Art Trick, und wenn man diesen Trick kenne, lasse sich dieser jedes Mal mit Erfolg anwenden. Versionen davon gibt es in allen Religionen.

In der katholischen Religion helfen dazu die ersten Freitage von neun Monaten in ununterbrochener Folge. Man kann an ihnen zur Messe und Kommunion gehen und ein „Vaterunser“ und „Gegrüßet seist du Maria“ und „Ehre sei dem Vater“ für die Anliegen des Papstes sprechen und das hilft garantiert, um in den Himmel zu kommen. Sein ganzes übriges Leben hindurch kann man sich amüsieren, solange man sich nur an diese neun ersten Freitage hält. Die buddhistische Version besteht darin, Gebetsfahnen aufzuhängen. Wer nicht die Zeit zum Meditieren und Beten hat, kann Fahnen in den Wind hängen, und wenn sie im Wind flattern, beten sie für einen und man kann in Ruhe seinen Geschäften nachgehen. Die islamische Version besteht in einer Reise nach Mekka. Reise einmal im Leben nach Mekka, und Gott wird dich in den Himmel aufnehmen, ganz gleich, was du in deinem restlichen Leben alles anstellst. Eine Version davon gibt es in jeder Religion.

Ein weiteres Modell ist das des Abraham, der in der Geschichte von Sodom und Gomorrha mit Gott feilscht.

Das gleiche Modell findet sich bei Lukas. Lukas schärfte ein, man müsse im Gebet hartnäckig bleiben. Aber während sich Abraham wie ein Händler verhielt, empfahl Lukas, eine Nervensäge zu sein. „Lass Gott einfach keine Ruhe, und du kriegst ihn schließlich herum. Du brauchst nicht zu handeln. Du brauchst bloß keine Ruhe zu geben. Es geht auch ganz ohne Angebot. Bleibe bloß einfach vor seiner Tür stehen und klopfe so lange, bis er schließlich doch kapituliert und dir aufmacht."

Wir glauben, dass, wenn wir lange genug vor Gottes Angesicht bleiben, unser nationales Programm auf dem Planeten Erde erfüllt bekommen. In früheren Zeiten war Gott ein Monarch, mit dem man auf die für den Mittleren Osten typische Art feilschen konnte. Jetzt verstehen wir Gott als einen kosmischen Unternehmensboss, der den hemmungslosen Kapitalismus und die Weltbank absegnet, die Abspeckungskuren, die der IWF verordnet und die Kinderarbeit. Das ist bloß eine moderne Version des alten Modells.

Ich glaube an keines dieser Gebetsmodelle. Sollte ich eine Metapher dafür verwenden, wie das Gebet wirkt, so kann ich nur meinen Vergleich mit einem Sprinklersystem in einer Rasenfläche wiederholen. Da gibt es unter dem Boden ein ganzes Netzwerk von Röhren, die alle an einen zentralen Wasserhahn angeschlossen sind. Das Wasser, das aus dem Hahn kommt, ist die Gnade Gottes oder die Liebe. Sie füllt das ganze System aus und es gibt über den gesamten Rasen verstreut spezielle Düsen, um den Rasen zu besprühen. Wird eine dieser Düsen verstopft oder verdeckt, so trocknet ein ganzes Stück der Rasenfläche aus. Wir sind als Sprinkler im Rasen der Existenz Gottes geschaffen. Wir sollen dieses Wasser der Liebe und des Mitgefühls versprühen. Aber wenn wir verstopft sind (und verstopft werden wir hauptsächlich, wenn wir nicht vergeben), trocknet ein ganzes Stück des Rasens aus. In gewisser Hinsicht hat Gott nichts mit dem Prozess zu tun, in dessen Verlauf sich entscheidet, wer gerettet oder wem vergeben wird. Das liegt an mir. Versprühe ich genügend Wasser? Ist der Bereich um mich herum von meiner mitfühlenden Liebe grün, oder ist er in Folge meiner Herzenshärte ausgetrocknet? Daher neige ich ganz stark dazu, eher zu der Seite von Matthäus als zu der von Lukas zu tendieren, denn Matthäus betont nicht die Hartnäckigkeit, sondern das Vergeben. Das ist der wichtigste Aspekt dabei. Das ist der Schlüssel zum Ganzen. So funktioniert das Gebet. Da geht es nicht darum, einen fernen Gott für meine Zwecke herumzukriegen und mir schließlich meine Bitten zu erfüllen. Vielmehr geht es darum, die innere Gottheit in jedem von uns mittels unserer Vergebung freizusetzen und mit unserem Mitgefühl den Rasen der Erfahrung des Menschseins zu besprengen.

Alle Gebetsbitten werden erfüllt, aber nicht alle Gebetsbitten sind erfolgreich. Was meine ich damit? Wer erfüllt Gebetsbitten? Nicht Gott. Gott greift nicht ein und verändert das vorgesehene Endergebnis, um den Gebeten des hartnäckigen Beters Genüge zu tun. So funktioniert das nicht. Wir erfüllen unsere Gebetsbitten selbst. So funktioniert das Gebet. Mit dem, worum wir bitten, müssen wir sehr sorgfältig sein, denn jede Bitte wird erfüllt, aber nicht jede Bitte hat Erfolg. Jedes Ergebnis bringt Folgen mit sich. Wenn ich um etwas bete, muss ich damit klarkommen, dass ich das Erbetene bekomme, und ich muss auch mit den Folgen dessen, dass ich es bekomme, klarkommen. Angenommen, ich bete darum, im Lotto zu gewinnen, und schließlich gewinne ich im Lotto, dann wollen plötzlich alle meine Freunde sein, und ich frage mich, ob sie das bloß sein wollen, weil ich im Lotto gewonnen habe. Ich frage mich, ob sie auch meine Freunde sein wollten, wenn ich in tiefer Armut stecken würde. Manche Freunde haben seit Jahren nichts mehr von sich hören lassen, und jetzt plötzlich bekomme ich von allen E-Mails. Haben sie erfahren, dass ich im Lotto gewonnen habe? Ich werde schließlich paranoid misstrauisch und verliere alle meine Freunde. Das ist eine Folge dessen, dass meine Bitte erfüllt worden ist. Sie wurde erfüllt, aber das war nicht erfolgreich. Sie machte mich nicht zu einem Menschen voller Liebe. Es hat immer Folgen, wenn Gebete erhört werden. Wie sehen im Unterschied zu erfüllten Gebeten erfolgreiche Gebete aus? Ein erfolgreiches Gebet ist ein Gebet, das mich auf Gott ausrichtet.

In der fundamentalistischen Christenheit beschließt man jede Bitte mit der magischen Formel: „Darum bitte ich im Namen Jesu", so, als gebe man damit sozusagen ein Passwort ein, das es einem ermöglicht, als Hacker in Gottes Programm einzugreifen.

Die katholische Version lautet: „Darum bitten wir dich durch Christus, unsern Herrn." Leider versteht man in der Kirche sehr oft nicht, was das bedeutet. Man stellt sich meistens vor, wenn man ein Gebet mit „Darum bitten wir dich durch Christus, unsern Herrn" abschließe, appelliere man an Jesus als den Mittler oder Fürsprecher zwischen dem unaussprechlichen Grund unseres Seins und uns. Aber so funktioniert das nicht. Diese beiden Formulierungen bedeuten richtig verstanden das Folgende: „Darum bitte ich im Namen Jesu" und „Darum bitten wir dich durch Christus, unsern Herrn" machen nur Sinn, wenn das, was sie bewirken, darin besteht, dass ich ins Christusbewusstsein versetzt werde; in die gleiche Art von Beziehung zum Vater und das gleiche Verständnis meiner eigenen inneren Göttlichkeit. Wenn ich in diesen Raum eintrete und ganz darauf ausgerichtet bin und dann bete, bitte ich nur um das, was gut ist. Ich bitte dann nicht um törichte egoistische Dinge. Ich bitte um das, was mich zu einem tauglichen Sprinkler auf Gottes Rasen macht. Das Beten „im Namen Jesu" und das Abschließen seiner Gebete mit „Christus, unsern Herrn" hat nichts damit zu tun, dass man an eine Fürbitte eine Zauberformel anhängt, damit sie erfüllt wird. Es hat ganz damit zu tun, mich auf meine eigene Göttlichkeit auszurichten, damit auch ich ein innerlich freier Sprinkler auf dem Rasen der Liebe Gottes sein kann.

Die Technik des Gebets

„Gott ist gütig, mild und sehr zärtlich und steht allezeit jedem zur Verfügung, der das wünscht.“

Plotin

Meine Tante Rita ist entschieden das naivste Menschenwesen, das beim Experiment *homo sapiens* je herausgekommen ist. In Irland besuchte sie als Mädchen eines Freitags eine Freundin und bekam dort Kutteln zu essen. An diesem Abend kam sie aufgeregt heim und erzählte von dem Festessen. Mein Vater fragte, was es gegeben habe, und sie sagte: „Kutteln.“ Da sagte mein Vater spontan zu ihr, jetzt werde sie in die Hölle kommen, weil sie am Freitag Fleisch gegessen habe. Rita war entsetzt und traute sich gar nicht ins Bett zu gehen, weil sie Angst hatte, sie werde im Schlaf sterben und schnurstracks in die Hölle kommen. Darum wollte sie die ganze Nacht aufbleiben. Schließlich holte meine Großmutter einen weisen alten Mann des Ortes, und der erklärte Rita, Schafe seien ganz besondere Geschöpfe. Er sagte zu ihr: „Jesus hat sich selbst das Lamm Gottes genannt. Ein Schaf ist anders als jedes andere Geschöpf, denn außen ist es aus Fleisch und innen aus Fisch.“ Da schlief Rita in dieser Nacht dann doch ganz gut.

Meine Tante Rita war auch bezüglich technischer Dinge völlig naiv. Vor ungefähr fünfzehn Jahren besuchte sie meinen Bruder Páraic, der ein Geschäft für Büroausstattungen hat. Er zeigte ihr ein Faxgerät und Rita sagte: „Was macht man damit?“ Páraic erläuterte ihr: „Schau, wenn du normalerweise einen

Brief an deinen Sohn Paul in England schreibst, dann brauchst du ein Blatt Papier, schreibst den Brief, steckst ihn in einen Umschlag, klebst ihn zu, versiehst ihn mit einer Briefmarke, gehst zur Post und gibst ihn auf. Dann kommt ein Lieferwagen und bringt ihn ans Schiff, und das Schiff bringt ihn nach England, ein Postauto holt ihn am Schiff ab und bringt ihn aufs Postamt von Birmingham, und dort nimmt ihn der Briefträger und bringt ihn zu Paul. Bei diesem Faxgerät kannst du den Brief hineinstecken und innerhalb einer halben Minute ist er bei Paul in Birmingham." Rita war völlig sprachlos.

Ungefähr eine Woche später sagte sie zu Páraic: „Könntest du mir bitte einen Gefallen tun?" Er erwiderte: „Natürlich." Sie überreichte ihm ein Päckchen und sagte: „Paul hat morgen Geburtstag und ich möchte ihm dazu dieses Hemd schenken. Könntest du es ihm bitte faxen?" Páraic holte tief Luft, grinste und sagte: „Selbstverständlich." „Muss ich es aus der Verpackung nehmen oder kannst du es so faxen?" „Das geht gut so, wie es ist. Ich erledige das gleich nachher." Rita zog zufrieden ab. Páraic musste ohnehin am nächsten Tag geschäftlich nach England fahren, nahm das Päckchen mit, rief Paul an und erklärte ihm die Geschichte. Paul kam zum Flughafen und holte sein Hemd ab. Wenig später rief ihn Rita an: „Alles Gute zum Geburtstag! Hast du das Fax mit meinem Geschenk bekommen?" Er gab zur Antwort: „Ja, Mama." „Und wie gefällt es dir?" „Die gelben Ärmel an diesem Hemd gefallen mir wunderbar. Ich habe es bereits an." Rita war völlig hingerissen.

Wenn es um die Technik der Spiritualität geht, sind die meisten von uns ähnlich naiv. Wir leben weithin noch mit der spirituellen Technik, die wir in der Grundschule gelernt haben. Das wird nirgends deutlicher als bei der Gebetstechnik. C. G. Jung hatte über der Eingangstür seines Hauses eine lateinische Inschrift stehen, die besagte: „Du magst Gott anrufen oder nicht, Er ist da." Wie ist die Natur oder Qualität der Gegenwart

Gottes beschaffen? Ist das eine alldurchdringende liebevolle Nähe? Ist das der Grund unseres Seins, oder ist es eine Art von geschäftiger Instanz, die sich dauernd in unser Tun einmischt? Sieht man sich die hebräische dreifache Gottesvorstellung an, so findet man den Gott, der existiert, den Gott, der sich in die Angelegenheiten der Menschen einmischt und den Gott, der von uns eine Bundestreue verlangt. Die Frage ist: Wie ist die Natur der Gegenwart Gottes wirklich beschaffen?

Wenn man die Heiligen Schriften der jüdisch-christlichen Überlieferung durcharbeitet, findet man eine ganze Menge unterschiedlicher Berufsbeschreibungen Gottes. Er ist Richter, der ständig damit beschäftigt ist, Streitereien zwischen Klienten beizulegen. Dann wieder ist er König, der mit eiserner Faust herrscht. Zuweilen gewährt er ständig denen Gunsterweise, die ihn darum bitten. Dann wieder ist er ein Tyrann oder ein kleinkarierter Manager, der sich für die geringsten Einzelheiten der Menschen zuständig glaubt. Im Neuen Testament gibt es einen Hinweis, dass Jesus unter dem gleichen Syndrom litt. Paulus sagte: „Jesus ist Richter sowohl der Lebenden wie der Toten und er ist auch König." Paulus schrieb Jesus viele der gleichen Attribute und Berufsaufgaben zu, die laut der hebräischen Heiligen Schrift Gott haben soll. Wie sieht nun also die Berufsbeschreibung Gottes aus, und warum ändert sie sich dauernd?

In der jüdisch-christlichen Tradition gibt es ganz stark die Vorstellung, Gott habe ein Programm oder ein Ziel für den Planeten, für das auserwählte Geschlecht, für jeden Einzelnen und für jedes Ereignis. Wir leben mit dieser Vorstellung, dass Gott mit uns etwas vorhat. Kümmert es Gott denn irgendwie, was bei den nächsten Wahlen oder der nächsten Fußballweltmeisterschaft herauskommt, oder ob ich beim nächsten Empfang ein Kollar oder eine Krawatte tragen soll? Managt Gott den gesamten Mikrobereich und sieht für das Leben jedes einzelnen Menschen ein ganz bestimmtes Ziel vor?

Meine Häresie lautet, dass Gott mit dem Planeten überhaupt nichts vorhat, und auch nicht mit einem auserwählten Geschlecht, irgendeinem einzelnen Menschen oder irgendeinem Ereignis in unserem Leben. Gott hat für all das keinen Willen, kein Programm und keine Vorstellung. Wie ich bereits sagte, glaube ich, dass wir jeweils vor unseren Inkarnationen in Zusammenarbeit mit unseren himmlischen Mentoren Mittel und Wege ins Auge fassen, wie wir auf dem Planeten Erde oder sonst wo die Art von Dramen aufführen, die jedem Einzelnen von uns die idealen Möglichkeiten bieten, die Lektionen zu lernen, die wir lernen möchten, und auf die Art zu reifen, auf die wir reifen möchten. Diese Vorentwurfsverträge sind das, was sich durchsetzt. Das ist nicht Gottes Wille, Programm oder Ziel. Das sind die Übereinkünfte, die wir als Verbände von Seelen getroffen haben. Wir bauen in unsere Inkarnations-Raumanzüge „Transponder" ein, wie ich das nenne, und diese Transponder handeln auf die folgende Weise.

Erstens handeln sie als Gewissen, das uns leitet; zweitens handeln sie als Déjà-vu-Erfahrungen. Das Déjà-vu ist nicht nur ein Kniff unseres Gehirns, sondern das sind kleine Erinnerungssignale oder Erinnerungsfetzen an unsere Vorentwurfsverträge, die uns aufzuwecken versuchen, genau wie der Buddha für seinen wahren Zweck und sein wirkliches Programm erwachte. Eine dritte Art von Transponder ist die Seelenerkenntnis, das heißt der Umstand, dass Sie in Ihrem Leben Menschen begegnen, zu denen Sie spontan einen Draht haben oder die Sie spontan nicht mögen. Das hat alles mit Ihrer Vertragsgruppe zu tun. Ich glaube nicht, dass der unaussprechliche Grund unseres Seins auch nur das mindeste Interesse an individuellen Ereignissen oder Menschen oder sogar an unserem Planeten selbst hat. Gott in ihrer außerordentlichen Allwissenheit und Weisheit und ihrem Mitgefühl überlässt es uns, die Dramen für unser Leben selbst zu entwerfen und verleiht uns die Fähigkeit, in diese Dramen Weisen des Aufwachens und des sich Erinnerns einzubauen. So kommt mir das vor.

Wer ist dieser Gott, dem wir ganz feste Aufgaben zuweisen und von dem wir meinen, er wolle mit uns etwas ganz Bestimmtes anfangen? Wir sind nach dem Bild und Gleichnis dieses unaussprechlichen Grundes unseres Seins geschaffen, aber wir erschaffen uns Gott ständig nach unserem eigenen Bild und Gleichnis. In Wahrheit ist es so, dass alles nach dem Bild und Gleichnis Gottes erschaffen ist. Es gibt nichts in der Realität, im Universum – im Universum unserer Phantasie oder im Universums unseres Denkens –, das nicht von Gott ist. Alles ist ein Selbstausdruck Gottes. Steine sind Gott im Schlaf, Pflanzen sind Gott beim Erwachen, Tiere sind Gott beim Gehen und Menschen sind Gott beim Denken. Und ich füge noch hinzu: Christusbewusste Menschen sind sich dessen bewusst, dass sie Gott sind. Es gibt nichts als Gott. Alles ist eine Artikulation des Göttlichen. Es gibt nichts, was nicht von Gott wäre, einschließlich des Nichts als solchem. Sogar das Nichts ist eine Artikulation Gottes.

Im jüdischen Talmud gibt es eine schöne Geschichte über vier große weise Männer. Alle vier versuchten, in das Paradies zu kommen. Der erste kam ins Paradies und hoffte, dort Gott zu begegnen, aber angesichts dessen, was er dort fand, starb er vor Angst. Der zweite kam ins Paradies und hoffte, dort Gott zu treffen, aber angesichts dessen, was er dort fand, wurde er verrückt. Der dritte kam ins Paradies und erwartete, dort Gott zu treffen, aber angesichts dessen, was er dort fand, verlor er seinen Glauben. Schließlich kam der vierte ins Paradies und kehrte daraus wieder in tiefem Frieden zurück, weil nur er über die genügende Weite verfügt hatte, akzeptieren zu können, dass sogar die Abwesenheit Gottes Gott ist. Es gibt nichts als Gott, und nichts ist selbst Gott. Alles ist ein Selbstausdruck des unsagbaren Grundes unseres Seins. Daher tut man seiner Verbindung zu seinem tiefsten Selbst und zu diesem transzendenten Grund unseres Seins einen sehr schlechten Dienst, wenn man Gott mit Gewalt bestimmte Bilder zuschreibt oder immer weiter Gott nach seinem eigenen Bild und Gleichnis entwirft.

Wenn man Gott eine bestimmte Gestalt zuschreibt, gründet das auf zwei Fehleinstellungen: dem anthropomorphen Denken und dem Hochmut. Der Anthropomorphismus ist die Neigung, zu versuchen, alle Phänomene in menschliche Kategorien einzuordnen. Wir schreiben allem, einschließlich der außermenschlichen Realität, menschliche Züge zu; auch Tieren und Gott hängen wir menschliche Züge an. Das ist die Grundlage so vieler Fehlvorstellungen von Gott in so vielen verschiedenen religiösen Traditionen.

Die zweite Voraussetzung, auf der unsere Beziehung zu Gott und unser Verständnis Gottes beruht, ist der Hochmut. Wir sind eine außerordentlich hochmütige Spezies. Ganz am Anfang meinten wir, die Erde sei der Mittelpunkt des Universums und die Sonne kreise um die Erde, bis uns Galilei nachwies, dass das nicht stimmt. Es war ein großer Schock für uns, dass wir nicht der Mittelpunkt des Universums seien. Es erwies sich, dass wir nur ein kleiner Planet sind, der um einen kleinen Stern innerhalb des Systems kreist. Immerhin konnten wir noch froh darüber sein, dass wir die wichtigste Spezies und völlig anders als alle anderen Arten auf dem Planeten waren. Aber da zeigte uns Darwin, dass wir enge Verwandte der Affen sind. Auch das war für uns ein schlimmer Schock: Wir waren nicht so besonders, wie wir gemeint hatten.

Sodann waren wir der Überzeugung, dass zumindest dieser unser kleiner Planet der einzige sei, auf dem es intelligentes Leben gebe. Aber da kam es zu der zweitwichtigsten naturwissenschaftlichen Formel des 20. Jahrhunderts, als der Astronom Francis Drake behauptete: $N = N^* \times F_p \times F_e \times F_l \times F_i \times F_c \times L$. Diese Formel enthält die folgenden Elemente: N^* ist die Zahl der Sterne in der Galaxie der Milchstraße (rund 200 Millionen). F_p ist die Fraktion der Sterne mit Planeten; F_e ist die Zahl der Sterne mit ähnlichen Eigenschaften wie die Erde (steinig und stabiles Klima); F_l ist die Zahl der Planeten, die Lebensformen hervorgebracht haben; F_i ist die Zahl der Planeten, die intelligente Lebensformen hervorgebracht haben; F_c ist der Anteil derer, die über Zivilisationen mit der Fähigkeit zur Entwicklung von Kommunikationsmöglichkeiten mit anderen verfügen; und L ist die Langlebigkeit einer solchen Zivilisation, denn jede Zivilisation, die diese Art von Technologie entwickelt, verfügt über die Fähigkeit, sich selbst zu zerstören. Er schuf diese Formel, und die beste wissenschaftliche Schätzung besagt, dass die Zahl, die dabei herauskommt, ungefähr bei einer Million liegen muss. Nach dieser Formel gibt es vermutlich allein in der Galaxie der Milchstraße ein oder zwei Millionen solcher Zivilisationen. So finden wir uns auch wiederum auf diesem Gebiet weit aus der Mitte verdrängt.

Dann glaubten wir Freud, der sagte, das Ego sei das Zentrum der Psyche, und dieses sei die kleine Spitze eines Eisbergs im unermesslichen Meer des Unbewussten. Die Evolution ist der Prozess der ständigen bewussten Desidentifikation von den kleineren oder größeren Ganzheiten, so dass wir uns Schritt für Schritt mit immer größer werdenden Bildern unserer selbst identifizieren können. Wir können vom Begriff der *persona*, die zu sein ich vorgebe, zum Begriff des Ego, das zu sein ich glaube, fortschreiten, und dann weiter zum Begriff der Seele, die ich wirklich bin, und dann zu den Begriffen der Gruppe, der Rasse, des Planeten und des Universums. Die Evolution ist der Prozess, durch den diese enge Vorstellung immer weiter abgebaut wird.

Jesus betonte, man müsse im Gebet beharrlich bleiben. Bei der Beharrlichkeit im Gebet geht es nicht darum, Gott in den Ohren zu liegen, bis sie schließlich ihren Willen dem unsrigen beugt. Beim Gebet geht es um die konzentrierte Ausrichtung, die sich aus der Tatsache ergibt, dass jede und jeder von uns aus dem Material „Gott" gemacht ist. Es geht darum, uns zur Erinnerung daran zu verhelfen, wer wir in Wirklichkeit sind. Wir versuchen uns zu erinnern, warum wir auf dem Planeten sind. Das hat nichts damit zu tun, auf einen Gott einzureden, der als ferne fordernde Gottheit vorgestellt wird.

Die Technik des Gebets gleicht einem Säubern meines Systems. Es löst die tief in meiner eigenen Psyche vorhandenen Blockierungen, so dass ich zur Leitung für die Liebe Gottes werde, die dann durch alle meine Beziehungen fließen kann.

Jesus sagte über das Gebet: „Wenn schon der ungerechte Richter die Witwe schließlich erhörte, dann glaubt ja nicht, dass Gott die Schreie der Armen nicht erhören und nicht allen Gerechtigkeit verschaffen werde." Natürlich wird er das tun. Was ist mit der Gerechtigkeit für alle gemeint? Ist das die Vorstellung, eine ferne, anspruchsvolle Gottheit werde wiederkommen und verheerend über uns herfallen, und jede und jeder von uns werde für seine Missetaten büßen müssen? Das glaube ich nicht. Ich denke, es gibt viele Wege, auf denen wir es lernen, mit den Auswirkungen unserer eigenen Entscheidungen klarzukommen, mag es um Worte gehen, die wir sprechen, Handlungen, die wir ausführen, Gedanken, die wir haben, oder Dinge, die wir fahrlässig nicht tun. Jede und jeder von uns bekommt die Möglichkeit dazu, und wir bekommen sie auf eine von drei Weisen. Wir bekommen sie durch parallele Existenzen. Ich glaube, dass man jedes Mal, wenn man vor der Wahl zwischen A und B steht, in Wirklichkeit beide wählt. Das heißt, es gibt für mich tatsächlich die parallele hypothetische Existenz, in der ich auch die Konsequenzen der Wahl durchlebe, die ich nicht getroffen habe. So bekommen wir die Gelegenheit, gleichermaßen alle Wahlmöglichkeiten, die sich uns bieten, durchzuarbeiten und aus ihnen zu lernen, welche weiteren Folgen sie jeweils haben. Das ist die eine Weise, auf die wir es lernen, die Auswirkungen unserer eigenen Entscheidungen zu verarbeiten.

Sofern wir an die Reinkarnation glauben, erschaffen wir uns immer neue Leben, in denen wir die Möglichkeit erhalten, die Kombinationen aller uns möglichen Einzelentscheidungen durchzuspielen, um es zu lernen, unter allen diesen Umständen zu lieben. Vielleicht besteht sogar das Wichtigste von allem, was wir bei dieser Ausbildung zu gerechten Menschen lernen, darin, durch zahlreiche Lebenszeiten hindurch die Fähigkeit zu entwickeln, die Auswirkungen eines jeglichen Ereignisses aus der Sicht jedes davon Betroffenen sehen zu können. Normalerweise können wir jedes Ereignis nur von unserem eigenen Standpunkt her einschätzen. Etwas des Faszinierendsten an der Literatur über die Nahtoderfahrung ist, dass die Lebensrückschau zum Teil nicht darin besteht, dass man dabei einen Gott mit einer ganzen Liste seiner Sünden erlebt, die er einem vorhält, sondern dass man die Möglichkeit erhält, sein ganzes Leben noch einmal aufzusuchen und jedes Ereignis noch einmal nachzuerfahren, dieses Mal nicht aus seiner eigenen Sicht, sondern buchstäblich als jemand, der in den Schuhen jedes Einzelnen der Menschen steckt, die von den eigenen Entscheidungen betroffen waren. Ich lerne dann also kennen, wie sich das auf sie aus ihrer Sicht ausgewirkt hat, und damit ist dann überhaupt kein Gericht verbunden. Das ist die außerordentlichste Fähigkeit von allen, und das ist echte Gerechtigkeit.

Gerechtigkeit ist nicht eine göttliche Ahndung von Sünden oder Fehlern. Gerechtigkeit ist die Fähigkeit, das Talent zu entwickeln, jedes Ereignis vom Standpunkt derer aus, die davon betroffen waren, einschätzen und erfahren zu können.

Ich habe abscheuliche Essensgewohnheiten. Ich neige dazu, das zu essen, was mir gut schmeckt. Eine Essenserfahrung ist für mich ganz und gar eine Erfahrung mit meinen Geschmacksknospen. Wäre ich ein erleuchteteres Wesen, so müsste meine Essenerfahrung sich darauf beziehen, wie sich mein Essen auf meine Verdauung auswirkt oder auf meinen Stoffwechsel und was mir Energie gibt. Und wie wirkt es sich insgesamt auf meine Gesundheit aus? Ein wahrhaft reifer Mensch wird sich Essensgewohnheiten zulegen, für die er sich im Hinblick darauf entscheidet, ob sie seinem gesamten Organismus guttun, und nicht nur von da her, wie sie auf seine Geschmacksknospen wirken. Ein gerechter Mensch ist ein Mensch, der eine Entscheidung von der Warte aus treffen kann, welche Auswirkungen sie auf jeden einzelnen Mitspieler im Drama hat.

Ich weiß, dass ich ein wirklich gerechter Mensch bin, wenn ich jedes Ereignis aus der Sicht der von ihm Betroffenen erfahren kann. Wir haben es nicht mit einer fernen, fordernden Gottheit zu tun, die uns wegen unserer Ungerechtigkeit strafen wird. Die göttliche Gerechtigkeit hat nichts mit einem Gerichtssystem und mit Gefängnis und Strafe zu tun. Sie hat ganz damit zu tun, dass ich mich so weit entwickle, dass ich in den Mokassins jedes Menschen stehen und die Auswirkungen meiner Taten auf jedes empfindsame Wesen im Universum von dessen Standpunkt aus einschätzen kann.

Demut – der Schlüssel zur Wahrheit

„Wenn die Tore des Herzenstempels offen stehen, wacht die Demut dadurch auf, dass man sich von Angesicht zu Angesicht vor dem lebendigen Gott in seinem Inneren befindet."

Hidayat Inayat Khan

Es war einmal ein sehr frommer Rabbi, der Gott innig liebte und sich deshalb angewöhnte, schon in aller Morgenfrühe, wenn seine Gemeindemitglieder noch alle schliefen, heimlich in die Synagoge zu gehen. Er ging zum Heiligtum vor, warf sich vor der Tora zu Boden und betete: „Gesegnet seist du, unser Herr, Gott des ganzen Universums. Ich bin nicht würdig, deinem auserwählten Volk anzugehören. Ich habe all das Gute, das du mir geschenkt hast, gar nicht verdient." Morgen für Morgen schlug er sich an die Brust und warf sich auf diese Weise nieder. Eines Morgens kam der Kantor schon früh an der Synagoge vorbei und merkte, dass die Tür der Synagoge bereits aufgesperrt war. Er ging leise hinein, um zu sehen, was darin los war. Da hörte er, wie sich der Rabbi an die Brust schlug und Gott dankte und vor ihm seine völlige Unwürdigkeit und Wertlosigkeit bekannte. Der Kantor war derart von der Frömmigkeit seines Rabbi ergriffen, dass er leise nach vorne ging, sich neben ihn stellte, niederkniete und schließlich zu Boden warf und ebenfalls bekannte: „Ich bin unwürdig. Auch ich bin ein nutzloser Mensch. Ich verdiene all den Segen gar nicht, den du mir schenkst."

An den folgenden drei oder vier Tagen setzten sie Seite an Seite diese demütigen Bekenntnisse ihrer Unwürdigkeit fort. Da kam eines Tages die Putzfrau in aller Frühe vorbei, und als sie mit ihrem Schrubber, Putzlappen und Eimer hinten in die Synagoge trat, erblickte sie die frommen beiden Männer, hörte, was sie sprachen und war von ihrer Frömmigkeit ganz erschüttert. Sie legte Schrubber, Putzlappen und Eimer hin, stellte sich zu ihnen und sprach: „Auch ich bin ganz und gar unwürdig. Ich bin nur eine Putzfrau. Ich verdiene es gar nicht, deinem auserwählten Volk anzugehören." Da standen der Rabbi und der Kantor jäh auf und fuhren die Frau an: „Was fällt dir ein? Für wen hältst du dich, dass du meinst, du könntest sagen, du seiest nichts wert?"

Der bekannte jüdische Psychiater Viktor Frankl, der das Vernichtungslager von Auschwitz überlebte, schrieb ein faszinierendes Buch und wurde der Vater eines Zweigs der Psychologie namens Logotherapie („Sinn-Therapie"). Seine Grundthese lautete, dass der Mensch so gut wie jede Situation überleben kann, solange er seiner Erfahrung einen Sinn zuschreiben kann. Es kommt nicht besonders darauf an, worin dieser Sinn besteht. Solange der Mensch seiner Erfahrung irgendeinen Sinn abgewinnen kann, überlebt er diese Erfahrung. Ich stimme Frankl von ganzem Herzen zu. Es ist sehr wichtig, aus allen unseren Erfahrungen einen Sinn zu erschaffen, sonst bringen uns diese Erfahrungen um. Der Erfahrung einen Sinn zu geben, ist lebensnotwenig, aber der Sinn, den wir einer Erfahrung geben, kann problematisch sein. Der Erfahrung einen Sinn zu geben, ist sehr wichtig, jedoch gibt es ein ganzes Spektrum von Sinndeutungen, die man der Erfahrung des Menschseins bereits gegeben hat, und manche davon sind gut und andere weniger gut. Gesellschaften, Gruppen und Einzelne versuchen, dem, was sich ereignet, einen Sinn zu geben. Religiöse Gemeinschaften tun das ständig, und grundsätzlich läuft das immer nach dem gleichen Schema ab: Erstens, es gibt nur einen Gott; zweitens, dieser Gott ist gerecht; und drittens, wir sind sein auserwähltes Volk, und daher muss alles, was uns passiert, gut sein, weshalb wir versuchen, einen entsprechenden Erklärungsrahmen für unsere Erfahrungen zu finden. Das bestimmt auf zwei Weisen unser Handeln: Erstens macht es uns verantwortlich für die Art von Gesellschaft und sozialem Miteinander, die wir schaffen. Die Art Deutung, die wir unseren Erfahrungen als Gruppe geben, bestimmt, wie unsere Erfahrungen in der Zukunft aussehen werden. Zudem helfen uns die Deutungen, die wir unseren Erfahrungen geben, auch dabei, die Art von sozialen Einrichtungen, Regeln und Maßstäben einzuführen, die weiterhin die derzeitige Erfahrung gewährleisten. Sie wird zur sich selbst erfüllenden Prophezeiung. Das ist gefährlich. Die Deutung meiner Umstände ist dann gefährlich, wenn es eine schlechte Deutung ist, weil sie dazu neigt, sich selbst zu verewigen. An dieser Stelle kommt das Gebet ins Spiel, denn das wahre Wesen des Gebets – also wenn man es auf seinen wesentlichen Zweck reduziert –, besteht darin, unser Verständnis unserer selbst, anderer, Gottes, sowie der Beziehungen dieser drei Partner untereinander zu betonen. Das Gebet fällt dann in vorgenanntem Fall in den Bereich zwischen feigem Gehorsam gegenüber Gott und überheblicher Selbstermächtigung gegenüber Gott.

Leider geschieht es oft, dass unsere Gebetsvorstellungen auf schlechter Psychologie, schlechter Soziologie, schlechter Anthropologie und schlechter Theologie beruhen. Das Gebet wurde von Leuten entwickelt und praktiziert, die gar nicht merken, dass sie andere mit den Ellbogen wegstoßen, um das Maß an Aufmerksamkeit Gottes zu finden, das sie sich ausgedacht haben. Wir haben das Gebet völlig missverstanden. Unsere Psychologie war grässlich, unsere Soziologie war noch schlimmer, unsere Anthropologie stinkt und unsere Theologie ist höllisch. Wir haben das Gebet auf dieses Modell gebaut. Wenn wir beten, geht das grundsätzlich immer so: Ich begreife nicht, wer ich bin; ich drücke andere mit den Ellbogen weg, damit ich die Aufmerksamkeit und Liebe Gottes gewinne, die ich erfunden habe.

In die jüdisch-christliche Heilige Schrift finden sich als Ergebnis des Versuchs des Judentums, seinen Lebenserfahrungen einen Sinn zu geben, drei Stränge eingewoben. Diese drei Stränge haben sich nicht in streng chronologischer Reihenfolge ergeben, lassen sich jedoch deutlich ausmachen. Dem ersten Strang liegt die Vorstellung zugrunde, der ideale Mensch sei Jude, männlich, gesund und reich. Mit anderen Worten, wenn man Jude, männlich, gesund und reich ist, ist man ein besonderer Liebling Gottes. Fehlt einem eines dieser vier Merkmale, so ist man nicht ganz so sehr der Liebling Gottes. Wenn man zum Beispiel Jude, aber weiblich ist, fehlt dafür einiges. Oder wenn man Jude und männlich ist, aber nicht gesund, dann stimmt offensichtlich irgendetwas mit einem nicht. Das Gleiche gilt, wenn man nicht reich ist. Dieses erste Erklärungsmodell beruht auf der Vorstellung, es gebe nur einen Gott, dieser Gott sei gerecht und es gebe kein Leben nach dem Tod. Wenn es aber nur einen Gott gebe, dieser gerecht sei und es kein Leben nach dem Tod gebe, dann würden offensichtlich die reichen, gesunden jüdischen Männer von Gott für etwas belohnt, und diejenigen, denen diese Eigenschaften fehlten, von Gott für etwas bestraft. Menschen, die nicht Juden, männlich, gesund oder reich sind, seien folglich von einem tödlichen Stigma gezeichnet. Offensichtlich müssen sie deshalb leiden, weil sie zum Beispiel bloß weiblich sind, und obendrein bestraft sie Gott für irgendeine frühere Sünde oder für die Sünde von jemandem aus der Generation ihrer Eltern oder Großeltern bis zu drei oder vier Generationen zurück. Das ist der erste Strang.

Der zweite Strang, der das Judentum durchzieht, ist die Institution des Prophetentums. Er setzte ab ungefähr 1100 v. Chr. ein. Diese Gruppe wurde als die „Prophetenzunft" bezeichnet. Sie prangerte die Ungerechtigkeit der Autoritäten an und forderte größere Gerechtigkeit.

Ungefähr ums Jahr 800 v. Chr. begann eine zweite Phase der Propheten. Das war die Zeit der großen Einzelpropheten wie Elischa und Elija. Sie hinterließen keine eigenen Schriften. Es waren kraftvolle Einzelne, die mächtige politische Gestalten oder Könige anprangerten. Sie warfen ihnen willkürliche Akte der Ungerechtigkeit vor, und zuweilen bezahlten sie dafür mit ihrem Leben.

Die nächste Phase dieses zweiten Strangs waren die großen *schreibenden* Propheten, zum Beispiel Jesaja, Jeremia, Ezechiel, Hosea und Amos. Diese Propheten hinterließen Bücher und prangerten nicht nur einzelne Unrechtstaten individueller politischer Herrscher an, sondern die Institutionalisierung des Unrechts gegenüber den Armen. Sie gingen von der grundsätzlichen Vorstellung aus: „Gott ist ein Gott der Gerechtigkeit. Er ist zwar nicht parteiisch für die Armen, aber Gott hört den Schrei der Unterdrückten und sieht nach der Witwe und dem Waisen."

Dann gibt es noch den dritten Strang, den des Opferseins. Wenn das Judentum mit seinem Glauben, das auserwählte Volk zu sein, auf seine Geschichte zurückschaute, muss ihm ab einem bestimmten Zeitpunkt in die Augen gefallen sein, dass Gott eine erschreckende Bilanz vorzuweisen hatte. Wenn ich mir die gesamte hebräische Heilige Schrift durchsehe und dann auch noch die Geschichte seit der Zeit Jesu, dann würde ich sagen, dass Gott seit 1850 v. Chr. jämmerlich darin versagt hat, seine Verheißungen zu erfüllen. Ich sehe ein ständiges Hin und Her zwischen erlittenem Exil und erlittener Kolonisierung. Das Judentum versuchte, dem einen Sinn abzugewinnen. Der Sinn, den man fand, war folgender: Wir sind stellvertretende Opfer, die für die ganze Menschheit leiden. Gott reagiert seine Wut auf die Menschheit an uns ab, und wir sind willens, dies im Namen der Menschheit auf uns zu nehmen.

Diese drei Stränge durchziehen also das Judentum, das versucht, seiner Erfahrung als Volk einen Sinn abzugewinnen.

Die römisch-katholische Version dieser Deutung lautet ganz einfach, dass man nach dem Tod in den Himmel kommt. Das Leben ist ein Tränental; erwarte nicht, dass du es hier leicht hast, beuge dich unter alles, halte die Gebote und gehorche den Lehren der Kirche, denn danach wird es traumhaft schön. Das Außerordentliche daran ist, dass, wenn man sich diese Bewegung soziologisch ansieht und man die Geschichte Europas nach der protestantischen Reformation ins Auge fasst, man einen großen Unterschied im Wohlstand der gewöhnlichen Leute einerseits in Italien, Spanien und Irland und andererseits in Deutschland, Norwegen, Holland und England feststellt. Die katholischen Länder blieben weiterhin unterdrückt und arm, während die „protestantischen Länder" einen großen wirtschaftlichen Aufschwung erlebten. Aber leider wurde dieser protestantische wirtschaftliche Wohlstand für die Massen nicht aufrechterhalten, denn schließlich schuf der Protestantismus eine eigene Art von Hierarchie. Hier entstand zwar keine religiöse Hierarchie an der Spitze einer unterdrückten Bevölkerung, aber es kam zu einer auf Klassenzugehörigkeit und Wirtschaft beruhenden Hierarchie, die diejenigen in den „niedrigeren Kasten" abstrafte. Über einen langen Zeitraum gab es einen großen Unterschied im Wohlstand der gewöhnlichen Menschen. Der Grund dafür war der Umstand, dass die römisch-katholische Kirche von einem Modell her lebte, das besagte: Du kannst in diesem Leben gar nicht glücklich werden; beuge dich unter alles, zahle deine Steuern, höre auf uns, tu alles, was man dir sagt. Dann wirst du es im Himmel ganz herrlich entlohnt bekommen. Das war ihre Erklärung und ihr Vorstellungsmodell.

Der Protestantismus hielt sich stark an den „ersten Strang“, den ich im Judentum beschrieb. Die Protestanten waren zutiefst davon überzeugt, dass, wer an den Herrn Jesus glaubt und täglich in der Bibel liest, mit Recht erwarten kann, dass er gesund und reich sein wird und zu politischer und wirtschaftlicher Macht kommt und zudem nach seinem Tod erlöst wird. Das war ein recht guter Handel, denn man profitierte davon sowohl hier als auch im Jenseits; die Katholiken hatten bloß etwas vom Jenseits.

Die katholische Vorstellung vom Leben sieht so aus: Es gibt vor der Empfängnis kein Leben; das Leben auf dem Planeten Erde ist ein Tränental, aber wenn man stirbt, wird es großartig. Der Atheismus, der aus der Geschichte Europas erwuchs, hatte die Vorstellung, dass es vor der Geburt kein Leben gibt und nach dem Tod kein Leben gibt; folglich sollte man aus dem Hier und Jetzt das Beste machen. Dann kamen die schlimmsten Exzesse des Protestantismus von Calvin, der sagte: „Es gibt kein Leben vor der Geburt und das Leben auf der Erde laugt einen aus und das Leben nach dem Tod ist nicht viel besser.“ Sie sehen also, die Menschen schufen Erklärungsmodelle für ihre Erfahrungen, die in solche Kategorien fielen.

Die Wirklichkeit ist eine Abfolge eingenisteter Träume. Das Leben ist ein Traum, den das Ego hat, und das Ego ist ein Traum, den die Seele hat, und die Seele ist ein Traum, den Gott hat. Diese Realität entfaltet sich chronologisch in drei Stufen. Da gibt es auf der Stufe der Inkarnation die Verkörperung, bei der wir uns selbst in diesen Raumanzügen auf dem Planeten Erde oder einem anderen Ort, auf dem es Leben gibt, erfahren. Die zweite Stufe ist die der Desinkarnation, wenn wir sterben und diese sterbliche Hülle ablegen. Dann leben wir auf der zweiten Stufe als reine Seelenenergie.

Die dritte Stufe tritt ein, wenn wir das Selbstsein völlig aufgeben, um unsere innere Göttlichkeit freizusetzen. Dann verschmelzen wir mit Gott, wie eine Welle im Meer aufgeht. Wir geben unser Welle-Sein auf, um unser Meer-Sein zu entdecken. Wie sieht das chronologisch aus, wenn man es in viele Stufen unterteilt? Zunächst sieht das aus wie Kohortengruppen von Seelen. Wir sind Seelengruppen desinkarnierter Wesenheiten, die über keine Physikalität verfügen. Wir schließen untereinander vorgefasste Verträge ab und vereinbaren, uns gegenseitig bei der Evolution sowohl in desinkarnierter als auch in inkarnierter Form beizustehen. Wir helfen einander aus, wir erziehen einander und wir helfen einander wachsen und reifen. Auf einer bestimmten Stufe vereinbart dann eine Gruppe dieser Seelen, ihre nächste Inkarnation gemeinsam als Gruppe zu planen. Sie sehen sich nach möglichen Gastkörpern und geeigneten Umgebungen und Kulturen um und besichtigen spezifische Phasen der Menschheitsgeschichte, in denen es günstig wäre, sich zu inkarnieren, um eine tiefe Erfahrung zu bekommen. Darin inkarnieren sie sich.

Sodann passiert eines von zwei Dingen. Entweder leben wir unter totalem Vergessen unseres vorgefassten Vertrags, oder wir wachen zu einem bestimmten Zeitpunkt auf und erinnern uns wieder daran, worin unsere vorgefassten Verträge bestanden hatten, und dann geht es mit unserer Erleuchtung einen großen Schritt vorwärts. Je nachdem, was mit uns passiert, führen wir ein ziemlich ödes Leben und sind froh, wenn wir einigermaßen über die Runden kommen, oder wir führen ein sehr ekstatisches Leben, weil wir verstanden und uns erinnert haben, wer wir sind und warum wir hier sind. Zu einem bestimmten Zeitpunkt sterben wir dann. Jeder von uns streift diese sterbliche Hülle ab. Wir machen eine Art von Lebensrückblick durch. Nach dem Lebensrückblick kommt eine Phase der Heilung, während der unsere von den Wechselfällen der Inkarnation traumatisierte Seele die Gelegenheit erhält, wieder ganz gesund zu werden, ihre Erfahrungen gründlich durchzusprechen und dann in desinkarnierter Form weitere Schulung und Ausbildung zu erhalten.

Auf einer bestimmten Stufe treffen wir die Entscheidung, ob wir reinkarniert werden oder völlig mit Gott verschmelzen wollen. Wir können die Wahl treffen, unser Selbstsein gänzlich aufzugeben, was auch unsere Seele betrifft, so dass die Welle wieder zum Meer wird und es nur noch Gott gibt. Oder wir können die Wahl treffen, uns zu reinkarnieren; und wir reinkarnieren uns aus einem von zwei Gründen. Entweder, weil für uns immer noch ziemlich viel Arbeit ansteht, wir noch eine Menge an karmischem Rückstand haben und wir noch nicht voll verstanden haben, was es heißt, ganz und gar zu lieben. Oder es kann auch sein, dass wir ein Bodhisattva-Gelübde ablegen, obwohl wir bereits voll entwickelte Wesen sind. Zuweilen tragen wir eine derart große Liebe in unserem Herzen, dass wir auf keinen Fall den Planeten Erde im Stich lassen und nicht schon völlig im Göttlichen aufgehen wollen, solange es auch nur noch einen einzigen Bruder oder eine Schwester gibt, die immer noch schlafen und in der Illusion des Samsara befangen sind.

Einer der außerordentlichsten Aspekte der Nahtodforschung ist diese Vorstellung, dass wir im Sterben eine Lebensrückschau durchmachen. Es ist nicht so, dass eine Art kosmischer Buchhalter genau alles aufschreiben und uns dann unsere Verbrechen vorhalten würde. Vielmehr erhalten wir die Möglichkeit, jedes Ereignis unseres Lebens noch einmal zu erfahren, aber jetzt auf andere Weise. Wir erfahren jetzt alles vom Standpunkt jedes anderen aus, der von unseren Entscheidungen betroffen war. Wir gehen dann buchstäblich in den Mokassins aller anderen.

Das geschieht nicht in Form von Anklagen. Niemand macht uns Vorwürfe, sondern wir erfahren nur alle Ereignisse voll und ganz aus der Sicht aller anderen daran Beteiligten.

Es gibt nichts Ergreifenderes als den Anblick eines unlängst verstorbenen Menschenwesens, das nackt dasteht, weil es Pomp, Prestige und Macht völlig abgelegt hat, mochte es vorher König, Papst oder Präsident gewesen sein, und plötzlich erkennt, wer es in Wirklichkeit war; dass es nur am „Spiel" des Lebens auf der Erde teilgenommen hat. Was es nun abgelegt hat, war lediglich ein Kostüm, aber es hatte sich mit diesem Kostüm identifiziert und es für sehr wichtig gehalten. Jetzt steht es in völliger Nacktheit da und wird von niemandem angeklagt, außer von der Lächerlichkeit der Situation.

Wenn ich mir die Geschichte unserer Spezies ansehe, so haben wir in der Kindheitsphase des Experiments *homo sapiens* Könige, Kaiser und Präsidenten gespielt. Es ist an der Zeit, damit aufzuhören, denn das ist infantil. Darauf folgte eine Zeit der Pubertät *des homo sapiens*, in der wir Papst und Priester spielten und Hierarchien einrichteten und uns Unfehlbarkeit ausdachten; das ist alles lächerlich. Es ist an der Zeit, auch das aufzugeben. Es ist schon längere Zeit nutzlos. Es ist für uns an der Zeit, im Experiment *homo sapiens* die Zeit des jungen Erwachsenseins anzutreten und voll zur Wahrnehmung zu gelangen, dass das ganze Leben eine Bühne ist und alle Männer und Frauen darauf nur Spieler sind. Damit soll nicht gesagt sein, man solle nur so tun als ob, oder nichts sei wichtig. Es ist real und es ist wichtig, aber die Realität und Wichtigkeit daran ist, dass wir hier das Lieben lernen sollen.

Ich möchte die Voraussage machen, dass sich die Zeit, zu der das Experiment *homo sapiens* zur Fülle seiner Reife gelangen wird, durch vier Grundzüge auszeichnen wird. Erstens wird die ferne, fordernde Gottheit verschwinden, die wir die gesamte Menschheitsgeschichte hindurch aufgebaut und gefürchtet hatten. Zweitens wird die Vorstellung des Auserwähltseins ausgedient haben: dass irgendeine Gruppe vom letzten Grund unseres Seins mehr geliebt werde als irgendeine andere Gruppe. Drittens werden wir unsere eigene innere Göttlichkeit und die innere Göttlichkeit aller empfindenden Lebewesen wahrnehmen. Und schließlich werden wir uns ekstatisch auf das Leben als Vehikel des Erwachens einlassen.

Mystische Erfahrung und heiliger Raum

„Alle unsere Erfahrungen und das Leben im Körper und in der Welt sollen unsere Seele zum Vorschein bringen."

Paul Brunton

Wenn man eine tiefe Erfahrung irgendeiner Art macht, selbst eine mystische Erfahrung, kann man sie naturgemäß nur auf dem Weg über seine eigenen Wahrnehmungskategorien oder Paradigmen erfassen, die einem zur Verfügung stehen. Man kann sie nie an sich empfangen, so wie sie unabhängig von einem selbst ist.

Nun ist es aber so, dass wir alle, ganz unabhängig davon, wie unerleuchtet wir sind, spontan tiefe mystische Erfahrungen haben. Das geschieht jeder und jedem von uns. Es kann in einer großen Vielfalt von Erscheinungsformen geschehen und in einer Vielfalt von Kontexten und Umgebungen. Alle von uns haben tiefe mystische Erfahrungen. Das Problem fängt dann an, wenn wir versuchen, sie theoretisch auseinanderzunehmen. Wie gehen wir mit ihnen um? Wie übersetzen wir sie in die Wirklichkeit? Das Zeugnis aller Mystiker aller Traditionen zeigt, dass die Erfahrung vier Stufen durchläuft.

Erstens gibt es die tiefe unaussprechliche mystische Erfahrung selbst. Sie ist nicht in Worte zu fassen, weil das eine Seelenerfahrung ist. Zweitens versuchen wir, ihr irgendein Symbol anzuhängen, um sie in Wort und Bild festhalten zu können. Drittens erschaffen wir Ideen und Begriffe, um damit den Sinn dieser Symbole zu beschreiben. Und viertens erfinden wir Modelle, Philosophien und Theologien, um diese Symbole zu erklären. Zu der Zeit, zu der wir bei der Theologie angelangt sind, befinden wir uns natürlich drei Stufen von der Erfahrung entfernt. Jede einzelne der dazwischenliegenden Stufen ist von persönlichen Schwächen, Schräglagen der Gruppe und kulturellen Vorurteilen geprägt, so dass am Ende in den unterschiedlichen Kulturen recht Unterschiedliches herauskommt.

Nehmen wir zum Beispiel an, vier verschiedene Menschen haben eine tiefe mystische Erfahrung.

Ein praktizierender Szientist, also jemand mit der Überzeugung, die physikalische Realität sei die einzige Realität, würde das einfach als einen Schwächeanfall erklären. Er würde sagen, da habe einfach im Gehirn ein Kurzschluss stattgefunden. Da er kein entsprechendes Paradigma zur Verfügung hat und nicht den Behälter oder die Sprache oder das Modell hat, worin er diese Erfahrung aufnehmen könnte, erklärt er sie auf seine szientistische Weise für irrelevant.

Ein radikaler Fundamentalist könnte eine tiefe mystische Erfahrung als Befehl Gottes interpretieren, zum Selbstmordattentäter zu werden. Das kommt vor.

Oder ein weniger gewalttätiger Mensch könnte eine mystische Erfahrung als Beweis dafür verwenden, dass ausschließlich auf seinem besonderen Zweig des Fundamentalismus Gottes Auserwählung liege, das heißt, außerhalb der katholischen Kirche gebe es kein Heil, oder, falls man nicht an Jesus glaube, komme man unweigerlich in die Hölle. Er kann die gleiche tiefe Erfahrung haben, aber er wird sie immer nur gemäß seiner Fähigkeit auslegen.

Wenn dagegen ein wirklich erleuchteter Mensch eine tiefe mystische Erfahrung hat, dann wird ihm unverzüglich aufgehen, dass sie ihn mit allem, was es gibt, vereint. Sie wird alle

Vorurteile und Schieflagen beheben und er wird verstehen, dass dies ein Einswerden mit allen empfindenden Lebewesen in der gesamten Welt der Phänomene ist und mit der Leere, die hinter der Welt der Phänomene liegt.

Jeder der vier wird also sogar seine tiefste mystische Erfahrung gemäß den Werkzeugen auslegen, über die er verfügt.

Abraham Maslow sagte einmal: „Wer kein anderes Instrument als einen Hammer hat, dem wird zunehmend alles andere wie ein Nagel vorkommen." Es hängt also ganz von den Möglichkeiten ab, die man hat, und im schlimmsten Fall knüppelt man sogar die tiefste mystische Erfahrung zu Tode.

Ich möchte jetzt den Begriff der Kirche oder des heiligen Raumes genauer in Augenschein nehmen. Jede und jeder von uns hat schon einen heiligen Raum betreten und ihn erfahren. Das ist ein Raum, in dem der Vorhang zwischen dem Mystischen und dem Weltlichen, zwischen dem Heiligen und dem Profanen für einen kurzen Augenblick durchsichtig wird und wir durch ihn hindurch auf die andere Seite sehen können. Wir erfahren dann die hinter den bloßen physischen Erscheinungen liegende Realität. Jede und jeder hat solche Erfahrungen. Je nachdem, woher man kommt, wird man sie anders auslegen. Während der ganzen Menschheitsgeschichte glaubten die Menschen, die solche Erfahrungen hatten, sie hätten in Wirklichkeit den Ort gesehen, an dem die Götter lebten. Die beiden ersten großen Auswirkungen der Religion bestanden darin, dass man nachahmte, *wie* die Götter lebten und *wo* sie lebten. Unsere gesamte Moral stammt von der Vorstellung, dass wir auf dem Planeten Erde versuchen, die Art und Weise, wie die Götter sich verhalten und miteinander umgehen, aufzugreifen und nachzuahmen. Alle Moral, alle Gesetze, alle ethischen Systeme stammen letztlich aus dieser Idee. Das Zweite ist, dass wir nachzuahmen versuchten, wo die Götter lebten. Unsere ersten Bemühungen, Tempel und heilige Räume zu schaffen, waren Bemühungen, buchstäblich zu versuchen, leibhaftig die Orte nachzuerschaffen, an denen unserer Vorstellung nach die Götter wohnten. Weil die Menschen an diese Orte kamen, wurden diese konkreten Stätten im Lauf der Zeit von der Frömmigkeit vieler Generationen von Betern imprägniert und nahmen den Charakter des Sakralen an. Aber in Wahrheit ist es so, dass überall, wo zwei oder drei Menschen versammelt sind und man eine tiefe mystische Erfahrung bekommt, Kirche oder Gemeinschaft ist und die Energie an diesen heiligen Orten von der gemeinsamen Ausrichtung geschaffen wird.

Ich glaube, dass es bestimmte Orte mit einer ganz besonderen Energie gibt, genau wie bestimmte Teile des menschlichen Körpers besondere Sensibilitäten haben. Die Haut ist das größte Körperorgan und es gibt Teile der Haut, die sensibler als andere sind und stärker zur Berührung durch den Menschen einladen. Auch die Haut des Planeten hat sensiblere Zonen, Gebiete, an denen sich Energie auf außerordentliche Weise ballt und die ganz stark zur Berührung durch den Menschen einladen. Wir bezeichnen diese Orte als heilige Räume.

Jerusalem, Mekka oder Sedona[3] mögen für manche heilige Orte sein. Den Begriff von Kirche und heiligem Raum beginnen wir von dem Paradigma her zu entwickeln, von dem aus man die Welt interpretiert. Manche Menschen meinen, man müsse an diesen Stellen Heiligtümer, also leibhaftige Gebäude errichten. Wir haben an den Stellen, von denen wir glauben, dass dort Jesus geboren oder gestorben sei, umfangreiche Einrichtungen aufgebaut. Das ist Ausdruck des Bemühens, die Energie auf irgendeine Weise fest und dauerhaft einzufassen, und wir versuchen dann, diese Erfahrung, die jeder hat, der

---

3 Anm. d. Ü.: Sedona in Arizona, USA, spirituelles Zentrum einer Vielzahl von Meistern, Gurus und Heilern.

einem heiligen Ort begegnet, auszulegen. Wir legen sie dabei gemäß unserer Geisteseinstellung aus.

Während der ersten 300 Jahre der Jesusbewegung wurden die Christen von Rom verfolgt, weil Rom die Christen für eine Gefahr für den Staat hielt. Rom glaubte, wenn eine Gruppe von Bürgern nicht die Götter Roms anbete, würden die Götter auf Rom zornig werden und schreckliche Dinge über diese Gruppe und den Staat kommen lassen. Das Christentum wurde als gefährlicher Aberglaube betrachtet, der die Menschen von der Verehrung der für das Wohlergehen Roms zuständigen Götter abbringe. Im Jahr 312 n. Chr. hatte Konstantin in der Nacht vor einer berühmten Schlacht eine Bekehrungserfahrung. Er lag im Krieg mit einem anderen General, der ebenfalls behauptete, der Kaiser von Rom zu sein. Konstantin sah am Himmel ein kreuzförmiges Zeichen, das von einem Lichtkreis umgeben war. Er verstand dies als christliches Symbol und machte das Christentum zur Staatsreligion.

Wenige Jahre später begann Konstantin eine katholische Kirche zu bauen. Sie lag auf einem Gelände, das die Familie der Laterani von Rom gestiftet hatte. Diese große Basilika wurde im Jahr 324 n. Chr. eingeweiht und Konstantinsbasilika genannt. Nach einiger Zeit wurde sie allgemein als die Erlöserbasilika bezeichnet, und ab einem späteren Zeitpunkt als die Basilika des heiligen Johannes des Täufers. Heute wird sie die Basilika von Sankt Johannes im Lateran genannt. Die Päpste residierten an dieser Basilika vom 4. Jahrhundert an, bis sie im Jahr 1309 nach Avignon übersiedelten. Schon vorher hatten sie einmal kurze Zeit in Frankreich residiert. Diese Kirche wurde bekannt als „die Mutter und das Haupt aller Kirchen Roms und der Welt".

Der Begriff des Tempels und des heiligen Raumes begleitet uns schon, seit wir Menschen Bewusstsein entwickelt haben. Ich glaube, dass der erste Tempel, in dem wir als Menschen Gott anbeteten, der Mutterschoß war. Der Mutterschoß ist für eine Seele, wenn sie sich zu inkarnieren beginnt, das erste Haus. Meiner persönlichen Erfahrung nach ist die angstvollste Phase im Leben des Menschen diejenige der Inkarnation. Sie macht viel mehr Angst als das Sterben. Der Tod macht überhaupt nicht Angst; er ist ja ein Wiederheimgehen. Die angstvollste Zeit für eine Seele ist das sich Inkarnieren auf diesen unseren engen Planeten, um dort physisch, emotional und mental eingesperrt zu werden. Und so wurden die ersten heiligen Orte aus dem Bemühen geschaffen, die Reise in diese finstere Höhle des Mutterschoßes zu ritualisieren.

Die ersten heiligen Orte waren Höhlen, unterirdische Höhlen, die man nur durch lange gewundene Gänge betreten konnte. Bei seiner Initiation musste sich der junge Mensch seinen Weg in diese finsteren unterirdischen Höhlen in völliger Dunkelheit suchen. Das war eine Erfahrung des Wiedereintretens in den Mutterschoß und anschließend des Heraustretens ins Sonnenlicht. Meiner Überzeugung nach waren das die ersten Tempel. Diese Tempel reichen in der schamanischen Kultur ungefähr 60 000 Jahre zurück und alle nachfolgenden Tempel sind Versuche, sie nachzuerschaffen.

Ums Jahr 3000 v. Chr. kamen die Sumerer im heutigen Irak auf die Idee, Tempel über der Erde für Gott zu bauen, die so genannten Zikkurats. Mit diesen stufenförmig angelegten Tempeln versuchten sie, ein zum Himmel führendes Haus zu bauen. Es war das Bemühen, von der Immanenz der Erde aus in die Transzendenz der Himmel vorzustoßen. Die Pyramiden kamen rund 600 Jahre später. Für die Pyramiden entwickelte man eine spezielle Geometrie, die akustische Effekte hervorbrachte, welche den Menschen transzendentale Erfahrungen vermittelten.

In vielen dieser Kammern wurden Anwärter auf den Pharaonenthron methodisch einer Art von Nahtod-Erfahrung ausgesetzt. Die damaligen ägyptischen Ärzte und Priester hatten Techniken entwickelt, mittels derer sie den menschlichen Stoffwechsel bis zu einem Maß zu verlangsamen vermochten, dass die Menschen die Erfahrung machen konnten, außerhalb ihres Körpers zu weilen. Um sich als Pharao zu qualifizieren, musste man in einer solchen Kammer eine Nahtod-Erfahrung durchmachen. Die Kammern waren so gebaut, dass sie mit Energie geladen waren, die zusammen mit bestimmten Medikamenten derartige transzendentale Nahtod-Erfahrungen herbeiführten. Auch das war wiederum ein Bemühen, gleichzeitig über und unter der Erde den Mutterschoß nachzuerschaffen. Diese Bauwerke wurden auf der Erdoberfläche errichtet, schufen jedoch eine schoßähnliche Atmosphäre.

1400 Jahre später hatte Moses seine Begegnung am brennenden Dornbusch. Er stand vor einem brennenden Busch und hatte eine Epiphanie. Gott kommunizierte irgendwie mit ihm und sagte: „Ich bin, der Ich bin." Moses versuchte anschließend, diese Begegnung mit Gott als wiederkehrende Erfahrung einzurichten. Da die Israeliten ein in der Wüste umherziehendes Nomadenvolk waren, schuf er einen mobilen Tempel. Er transportierte diesen mobilen Tempel die ganzen 40 Jahre ihres Wüstenaufenthaltes hindurch mit. Als sie schließlich gegen 1210 v. Chr. ins Land Kanaan kamen, war ihr erstes größeres Unternehmen der Bau eines Tempels. Dieser Tempel wurde nach den genauen Anweisungen erbaut, die Moses angeblich von Gott erhalten haben sollte. Er bestand von 930 v. Chr. bis 587 v. Chr. Dann zerstörten ihn die Babylonier und die Juden wurden ins Exil geschickt.

Ezechiel hatte eine Vision, in der er einen neuen Tempel sah, aus dem von zwölf Säulen aus nach allen vier Seiten Wasser ausströmte. Als die Juden im Jahr 529 v. Chr. aus der Sklaverei ins Land Israel zurückkamen, bauten sie den Tempel wieder auf. Dieser Tempel bestand bis zur Zeit von Jesus. Herodes der

Große erweiterte und verschönerte ihn 46 Jahre lang. Als Jesus sagte: „Reißt diesen Tempel nieder und ich werde ihn in drei Tagen wieder aufbauen", hielten die Leute diese Aussage für lächerlich. Jesus versuchte, ihnen die Vorstellung zu erschließen, dass der Tempel kein physischer Ort ist, an dem man Gott einfangen kann. Der Tempel Gottes ist völlig anders beschaffen. Echter Gottesdienst findet im Geist statt.

Fast 1000 Jahre später durchzog eine als die „Tempelritter" bekannte Gruppe beim ersten Kreuzzug Europa und vernichtete alles, was ihr in den Weg kam. Sie tötete ostkirchliche orthodoxe Christen, Juden und Muslime, um die „Heiligen Stätten" zurückzuerobern. In den Berichten über diese Zeit finden sich Hinweise, dass sie unter dem Schutt Baupläne des Tempels von Jerusalem fanden und sie nach Europa zurückbrachten. Daraufhin begann in Europa im 11. und 12. Jahrhundert die Blütezeit der Kathedralen. Sie wurden oft über alten heidnischen Höhlen und Stätten der Verehrung von Muttergottheiten und nach den in Jerusalem gefundenen Plänen errichtet. Diese neue Bewegung in der Christenheit stellte sich symbolisch in diesen Bauwerken dar, jedoch noch viel stärker in ihrer esoterischen Theologie.

In Irland lehrte die alte keltische Tradition, dass man dort eine Kirche habe, wo *Menschen* zusammenkommen. Man kann Gott nicht in ein Gebäude einschließen. Das tatsächliche Zentrum des Gottesdienstes ist der Ort, an dem Menschen versammelt sind.

Wie erschaffen wir in unserer Zeit wieder heiligen Raum? Es gibt im Menschen eine Neigung, das spontan zu tun. Das belegt zum Beispiel die Tatsache, dass wir alle schon gesehen haben, dass Menschen spontan an der Stelle, an der jemand tödlich verunglückte oder umkam, Blumen niederlegen. Damit gestalten sie eine Art Heiligtum für den Verstorbenen. Wenn etwas Tragisches passiert ist, wollen die Menschen zum Gedächtnis der Toten spontan daraus eine Pilgerstätte und ein Heiligtum machen. Es gibt in uns einen tiefen Instinkt, diese Schnittstelle zwischen dem Transzendenten und dem Immanenten zu kennzeichnen. Wie können wir das bewusst tun?

Auf Gemeinschaftsebene geschieht es so, dass man versucht, am Sonntagvormittag zwei Stunden lang einen heiligen Ort zu schaffen. Wir setzen dafür so viele verschiedene Sinne ein wie nur möglich. Wir verwenden Klang mittels Musik, verlesen das Wort Gottes, gebrauchen zuweilen Weihrauch, und während der Eucharistiefeier haben wir ein gemeinsames Mahl. So betätigen wir unsere Sinne mit Sehen, Fühlen, Hören, Schmecken und Berühren. Bei der Umarmung zum Friedensgruß ergreift der Gott in mir den Gott in dir mittels dieses Raumanzugs, mit dem wir ausgestattet sind. Diese Umarmung ist nicht bloß ein „Hallo, guten Tag!“, sondern buchstäblich die Transzendenz Gottes in mir, die die Transzendenz Gottes in dir durch unsere beiden Raumanzüge hindurch ergreift. Wir setzen dazu alle Sinne ein, um unsere Emotionen zu aktivieren und werden dann hoffentlich vom Ritual und dieser Erfahrung ganz hingerissen. Das führt uns dazu, unseren Verstand einzusetzen. Die Lesungen und Homilien regen uns zum tieferen Nachdenken darüber an, wer wir in Wirklichkeit sind, und das aktiviert letztlich die Seele. Wir fangen also mit den Sinnen an, die die Emotionen nähren, die wiederum den Verstand anregen, und das spricht dann direkt die Seele an. So sollte gute Liturgie wirken. Darum geht es, wenn man regelmäßig am Sonntagvormittag als Gemeinschaft einen heiligen Raum schafft.

Ich empfehle, sich in seiner Wohnung eine Stelle zu suchen, die man sich als seinen ganz persönlichen heiligen Ort einrichten kann. Man kann dort kostbare Gegenstände wie etwa Familienfotos oder Bilder von Menschen, die man als

Heilige betrachtet oder Gegenstände von heiligen Orten oder was immer einem wertvoll ist, anbringen. Das alles kann einen beim Aufenthalt an seinem heiligen Ort daran erinnern, wer man in Wirklichkeit ist.

Der Körper des Menschen ist ein Tempel des Heiligen Geistes. Als Jesus sagte: „Zerstört diesen Tempel, und ich werde ihn in drei Tagen wieder aufbauen", tat er in der Folge genau das. Jesus vermählte den physischen Körper mit der Seele, weil die Seele mittels der Inkarnation die Materie heiligt. Die Materie heiligt die Seele mittels des Todes, und beide sind gleich wichtig. Jede Seele heiligt mittels ihrer Inkarnation die Materie. Jede Materie heiligt die Seele, indem sie sie beim Tod freigibt, denn das ist das Eindringen des Immanenten ins Transzendente, und die Inkarnation ist das Eindringen des Transzendenten ins Immanente. Das sind die männlichen und weiblichen Aspekte Gottes. Der Körper ist nicht nur ein Haus, das die Seele bewohnt. Der Körper ist buchstäblich der Tempel, ein Schoß oder heiliger Raum, der es der Seele ermöglicht, eine menschliche Erfahrung zu machen.

Ohne eine volle menschliche Erfahrung ist die Erleuchtung nicht möglich. Ohne Inkarnation ist die Erleuchtung nicht möglich, denn solange uns nicht bis in die Tiefe klar geworden ist, dass die Vorstellung, wir seien eine separate Identität, eine Illusion ist, macht die Erleuchtung keinen Sinn. Die Illusion einer separaten Identität muss völlig zertrümmert werden; erst dann werden wir zuverlässig auf den Weg zur Erleuchtung gesetzt. Diese Erfahrung können wir nur auf dem Weg über die Inkarnation machen. Der menschliche Körper ist der heilige Raum oder Tempel, der es der Seele ermöglicht, eine Erfahrung zu machen, die sie auf den Weg zur vollständigen Erleuchtung setzt. Der menschliche Körper ist die sich als

Materie manifestierende Gott-Mutter, die Gott-Vater den heiligen Raum gewährt, in dem er sich als Seele manifestieren kann, die dann ihre Reise in die Erleuchtung antreten kann.

Jede und jeder Einzelne von uns ist eine heilige Familie, eine außerordentliche Vereinigung des Vaterseins und Mutterseins Gottes. Ihr eigener Körper bietet dem Transzendenten den Mutterschoß, damit es eine derartige Erfahrung des Menschseins machen kann: Ihr Weg zur Erleuchtung ist letztlich gesichert. So erkennt das Göttliche in mir das Göttliche in Ihnen und grüßt es mit dem Ruf: Namaste!

Wach bleiben

„Wenn wir Gott lieben, finden wir Ihn im Tempel unseres Herzens und im Herzen alles Lebendigen, und so lieben wir, indem wir ihn lieben, alles Seiende."

Guru Nanak

Mein Großvater hatte sehr gute Beziehungen zu den Feen Irlands und begegnete ihnen recht oft. Als ich ein kleiner Junge war, erzählte er mir von diesen Begegnungen. Er stammte aus dem Dorf Blarney, wo sich der berühmte Stein von Blarney befindet. Einmal erzählte er mir von einem Mann aus seinem Dorf, Michael McCarthy, der eine sehr angsterregende Begegnung hatte. Eines Abends ging er zu später Stunde heim und kam dabei an einem Teich mit einem wunderschönen Wasserfall vorbei. Da hörte er vom Teich her ein Gelächter, schlich sich an, um genauer zu sehen, woher es kam, und sah im Teich splitternackte junge Feen umherschwimmen. Er genoss ihren Anblick etliche Minuten lang, konnte schließlich nicht mehr an sich halten und murmelte vor sich hin: „Ach, könnte ich doch heute Abend eine von euch mit heimnehmen!" Da verschwanden die Feen auf der Stelle. Er setzte seinen Heimweg fort, aber unterwegs begegnete er noch einer alten, gebeugten und abgehärmten Frau, die ihn mit den schwärzesten Augen anschaute, die er je gesehen hatte. Sie sagte zu ihm: „Michael McCarthy, du hast meine Mädchen beleidigt. Ich lege einen Fluch auf dich. Von dem Augenblick an, in dem du heute Abend deine Augen zumachst, bis zu deinem letzten Atemzug auf dem Planeten Erde sollst du nie mehr etwas sehen." Der arme Michael war zu Tode verängstigt. Er ging heim und versuchte, so lange wie möglich wach zu bleiben, aber gegen zwei Uhr früh begannen ihm die Augen zuzufallen. Er spritzte sich kaltes Wasser ins Gesicht, aber er mochte es anstellen wie er wollte, er konnte nicht wach bleiben, fiel schließlich zu Boden und schlief zwölf Stunden lang. Sein ganzes weiteres Leben lang sah er nichts mehr.

Stellen Sie sich lebhaft vor, wie sehr Michael McCarthy zwischen der Begegnung mit der alten Frau und dem Zeitpunkt, zu dem er dann doch in Schlaf fiel, gegen das Einschlafen angekämpft haben muss. Stellen Sie sich vor, welche Mühe er sich gab, um wach zu bleiben. Das ist es, worum es bei der Erleuchtung geht, und das war es, wovon Jesus sprach.

Es ist traurig, wirklich traurig, dass die Menschen desto trauriger werden, je weiter sie sich vom Äquator entfernen. In der Psychologie bedeutet die Abkürzung SAD (die im Englischen dem Adjektiv „sad", „traurig", entspricht) „Seasonal Affective Disorder". Damit wird eine mit den Jahreszeiten einhergehende Störung des Gemütslebens bezeichnet. Sie tritt auf, wenn die Tage kürzer und die Nächte länger werden und der Himmel von Wolken verhangen ist. Der Hypothalamus, eine bestimmte Zone im menschlichen Gehirn, die für unsere Gemütszustände verantwortlich ist, reagiert darauf. Wenn deutlich weniger Sonnenlicht auf die Netzhaut unserer Augen fällt, die 95 Prozent der fotoelektrischen Energie des Gehirns produziert, werden davon unsere Gemütszustände beeinträchtigt. Es ist schon schlimm genug, dass wir das so erleben; es steigert sich, je weiter weg Richtung Norden oder Süden wir uns vom Äquator bewegen. Und es ist schlimm genug, dass wir das jedes Jahr erleben. Aber dann fängt die Kirche an, uns mit den Lesungen dieser Jahreszeit die Augen zu reiben.

Die Kirche ist entweder eine große Homöopathin oder eine große Sadistin. Die Homöopathie arbeitet nach dem

Grundsatz, dass alles, was im gesunden Menschen eine Krankheit verursacht, im kranken Menschen diese Krankheit heilt. Hat man irgendein bestimmtes Symptom, so gibt einem der Homöopath etwas, das dieses Symptom bei einem Gesunden ausgelöst haben würde, aus der Überzeugung, dass es beim Kranken den Heilungsprozess beschleunigt. So ist die Kirche während der Zeit, in der wir die finsteren Tage des Winters durchleben, entweder eine gute Homöopathin, die versucht, uns so rasch wie möglich durch diese Zeit hindurchzubringen, oder sie ist eine wirkliche Sadistin und stößt uns erst recht noch in diese Finsternis hinein. Die für diesen Teil des Jahres vorgesehenen liturgischen Lesungen enthalten Voraussagen darüber, was am Ende der Zeiten geschehen wird.

Die synoptischen Evangelien sind voll von diesem finsteren Zeug und die Kirche zwingt uns zu dieser Jahreszeit gewaltsam, es uns vor Augen zu halten. Das Problem ist, dass in den synoptischen Evangelien fünf völlig unterschiedliche Themen miteinander vermengt sind. Meinten Lukas, Matthäus und Markus, als sie über das Ende der Zeit und über die Zeichen am Himmel und die düsteren Folgen schrieben, die Zeit des bevorstehenden Todes Jesu oder die Zeit meines Todes und Ihres Todes? Oder meinten sie den Fall Jerusalems, der 40 Jahre nach dem Tod Jesu eintrat? Oder meinten sie das Ende der Welt? Oder die Wiederkunft Jesu? Über welches dieser fünf Ereignisse schrieben sie? Das Problem ist, dass sie das alles miteinander vermischten. Das andere Problem ist, dass wir das als buchstäbliche Wahrheiten auslegen.

Es gibt unter unseren lebenden Zeitgenossen eine ganz berühmte Verlegerin, die sich immer daran stößt, wenn wir singen: „Deinen Tod, o Herr, verkünden wir und deine Auferstehung preisen wir, bis du kommst in Herrlichkeit." (Der englische Text des Liedes lautet: „Christ has died, Christ has risen, and Christ will come again.") Sie behauptet, Christus sei gar nicht gestorben, und damit hat sie absolut Recht. Christus kann nicht sterben. Jesus starb, aber Christus kann nicht sterben. Wenn wir vom Tod Jesu sprechen, müssen wir uns dessen deutlich bewusst sein, dass wir von Jesus sprechen und nicht von Christus, denn das Christusbewusstsein kann nicht sterben. Als Lukas und Matthäus über den Tod Jesu schrieben, berichteten sie von der Tatsache, dass vor 2000 Jahren ein Zimmermann aus Galiläa nach einem schlimmen Todeskampf am Kreuz starb. War es tatsächlich dieser Tod, der das Christusbewusstsein herbeiführte? Das Wichtige ist nicht der Tod Jesu; das Wichtige war die Freisetzung des Christusbewusstseins. Wenn wir in den Evangelien vom Tod Jesu lesen, erscheint uns das als ein düsteres, niederschmetterndes Ereignis, statt dass uns aufgeht, dass dies die endgültige Befreiung war. Es war das Ausgießen des Christusbewusstseins oder die Ermöglichung des Christusbewusstseins auf unserem Planeten.

Jede und jeder von uns wird eines Tages sterben. Macht uns das Angst? Ist es damit getan? Der Tod hat damit nichts zu tun. Der Tod hat mit dem fortlaufenden Sterben des Egos zu tun und mit dem Ende der Illusionen, die uns von Gott trennen und voneinander trennen. Die Kirche wollte uns glauben machen, dass wir sündige Geschöpfe sind, die Gottes Liebe nicht verdienen, statt wahrzunehmen, dass jede und jeder von uns aus göttlichem Material besteht. Jede und jeder von uns ist ein kleines Stück Gott, das die Erfahrung des Menschseins macht. Das Leben lässt sich nicht beenden; Seelen sind ewige Wesen.

Beim Gedanken an meinen eigenen Tod bin ich nicht bekümmert darüber, dass ich diesen Raumanzug ablege; größere Sorgen mache ich mir um den Tod meines Egos und der vielen Illusionen, mit denen ich mich während dieser Lebenszeit abmühe.

Wenn ich an den Fall Jerusalems denke, was bedeutet der für mich? Er bedeutet nicht, dass im Jahr 70 n. Chr. die Römer die Stadt dem Erdboden gleichmachten, den Tempel zerstörten und die Priester töteten und dass dies das Ende des Priestertums im Judentum war. Das bedeutet es nicht. Es bedeutet die Umwandlung der kulturell bedingten, nationalistischen, theokratischen Grundsätze, damit wir als Spezies in eine globale Bewusstheit hineinwachsen. Das bedeuten für mich der Fall und Untergang Jerusalems. Es geht dabei nicht um ein Ereignis vor 2000 Jahren. Wenn ich an das Ende der Welt denke, halte ich dann Ausschau nach Anzeichen dafür, dass der Planet Erde bald implodieren wird? Darum geht es nicht. Es geht um die Tatsache, dass die große Seele, die der Planet Erde, Gaia, ist, ebenfalls vor einem Umwandlungssprung hinein in die Bewusstheit einer fünften Dimension steht. Der Tod des Planeten wäre nur der Tod der alten Art und Weise, dieser Planet Erde zu sein. Jede und jeder von uns ist aufgerufen, für die alte Daseinsweise zu sterben, um zur neuen Daseinsweise zu gelangen, zur neuen Weise, sie oder er selbst zu sein. Sogar der Planet als solcher ist aufgerufen, letztlich für die alte Weise, Gaia zu sein, zu sterben und auf neue Weise Gaia zu sein.

Was bedeutet die Wiederkunft Christi? Dieses zweite Kommen bedeutet kein apokalyptisches Ereignis in der Zukunft. Es ist eher eine nur schwach verkleidete Reinkarnation; es ist die Möglichkeit für jede und jeden von uns, sich immer und immer wieder zu reinkarnieren, bis jedes empfindende Lebewesen gerettet ist. Es ist nicht nur Jesus, der Zimmermann aus Nazareth, der ein zweites Mal auf dem Planeten Erde auftreten wird; das ist jede und jeder von uns. Das ist jeder Mensch, der über genügend Liebe verfügt, um so lange immer wiederzukommen, bis alle unsere Brüder und Schwestern erwacht sind. Darum geht es. Darum geht es beim Aufwachen.

Eine der schönsten und dennoch unsinnigsten Prophezeiungen in der Heiligen Schrift ist die des Jesaja: „In den künftigen Tagen werden sie ihre Schwerter zu Pflugscharen umschmieden und ihre Lanzen zu Winzermessern." Diese Schriftstelle ist zwar besonders poetisch und schön, aber es ist eine der unsinnigsten Vorhersagen in der ganzen Heiligen Schrift. Jesaja sprach diese Prophezeiung im Jahr 742 v. Chr. aus, und seither gab es Tausende von Kriegen und Hunderte Millionen von gewaltsam getöteten Menschen. Was für eine Art Prophet war Jesaja? Heute schmieden wir unsere Schwerter zu Interkontinentalraketen um und unsere Lanzen zu nuklearen Sprengköpfen. Er war kein besonders guter Prophet. Es wäre höchste Zeit, ihn zu streichen, wenn es das wäre, worum es geht.

Wenn ich Ihnen zwei Uhren meines Großvaters zeige und Sie frage: „Bitte entscheiden Sie, welche dieser beiden Uhren genauer die Zeit anzeigt. Die eine geht pro Tag eine halbe Stunde nach, die andere pro Tag bloß eine Minute. Welche von beiden zeigt eher die richtige Zeit an?" Diejenige, die eine halbe Stunde pro Tag nachgeht, zeigt alle drei Wochen einmal die richtige Zeit an, während diejenige, die eine Minute pro Tag nachgeht, bloß alle zwei Jahre einmal die richtige Zeit anzeigt. Ist von dieser Analogie her Jesaja der bessere Prophet? Ist der beste Prophet derjenige, der die unmittelbare Zukunft exakt voraussagen kann, oder derjenige, der die ferne Zukunft exakt voraussagen kann? Wir haben 2746 Jahre gewartet, und Jesajas Vorhersage ist immer noch nicht wahr geworden. Ist das deshalb, weil wir weitere 2746 Jahre leben müssen, bis sie wahr wird? Macht das Jesaja zu einem viel besseren Propheten, als es jemand wäre, der voraussagen kann, was nächste Woche passieren wird? Natürlich ist das nicht die Aufgabe eines Propheten. Der Prophet ist nicht ein Mensch, der die Zukunft voraussieht und voraussagt. Die Aufgabe des Propheten besteht darin, die Menschen zur Ausrichtung auf Gott aufzurufen.

Einzig das ist die Aufgabe des Propheten. Das hat nichts mit Vorhersagen zu tun. Allerdings kann die Prophetin, weil sie ein besonders klarsichtiger Mensch ist, mit größerer Wahrscheinlichkeit vorhersagen, was passieren wird. In diesem Sinn sind Propheten Vorhersager. Aber ihre Aufgabe besteht nicht darin, zu sagen, was in Zukunft sein wird. Ihre Aufgabe ist, jede und jeden Einzelnen von uns auf unsere Bundesbeziehung mit Gott auszurichten. Und ein Bund ist kein juristisches Dokument mit 613 Gesetzen oder 2000 Vorschriften, die eine fordernde, ferne, anspruchsvolle Gottheit erlassen hätte, sondern das ist in Wirklichkeit der in jeder und jedem von uns lebende Gott, der uns auffordert, sich auf ihn auszurichten.

Vielleicht müssen wir Jesaja doch nicht streichen. Vielleicht war er ein echter Prophet im echten Sinn des Wortes. Entweder war er ein Langzeit-Futurologe, oder er forderte uns auf, uns auf unsere innere Wirklichkeit hin auszurichten. Wenn wir mit uns selbst übereinstimmen, haben wir es geschafft, unsere Schwerter in Pflugscharen umzuschmieden und aus unseren Lanzen Winzermesser zu machen. Jede und jeder von uns, die oder der bereits erwacht ist, hat das bereits vollbracht, und so erweist sich diese Prophetie durch die ganze Menschheitsgeschichte hindurch immer und immer wieder als genau zutreffend.

Was meinen wir mit „Zukunft"? Ist die Zukunft eine Art von schicksalsbestimmtem Resultat, das sich trotz unserer besten Bemühungen unvermeidlich einstellen wird? Oder ist die Zukunft das vermutliche logische Resultat dessen, was dank unserer besten Bemühungen herauskommt? Wird die Zukunft sich ohne unser Zutun ergeben, unvermeidlich und gegen unseren Willen, oder ist sie das logische, positive Ergebnis all der Entscheidungen, die wir in der Gegenwart treffen? Es gibt nichts

Derartiges wie ein vom Schicksal bestimmtes unvermeidliches Resultat. In diesem Sinn gibt es keine Zukunft. Die Zukunft ist die logische Konsequenz aller jetziger Entscheidungen von uns allen auf diesem Planeten. Wir können die Art Zukunft erschaffen, die wir wollen. Die beste Weise, die Zukunft vorherzusagen, ist die, einfach die Zukunft zu schaffen. Wir können sie auf jede beliebige Weise schaffen, auf die wir sie wollen. Menschen, die von einer apokalyptischen Zukunft fasziniert und auf diese fixiert sind, sind in Gefahr, genau diese herbeizuführen. Wenn nicht genügend von uns eine davon verschiedene Vision entwickeln, einen anderen Traum oder eine andere Zukunft, dann bekommen am Ende sie, was sie haben wollen. Solange wir nicht eine kritische Masse von Menschen zusammenbringen können, die liebevoll und einfühlsam eine Zukunft für unsere Spezies entwerfen, besteht die Wahrscheinlichkeit, dass wir das Feld den anderen werden räumen müssen.

Die gesamte Menschheitsgeschichte hindurch waren wir von der Vorstellung fasziniert, dass es immer Zeichen gebe, die ankündigten, was die Zukunft unvermeidlich mit sich bringen werde. Wie sind die Zeichen beschaffen, auf die wir achten? Solange wir die Zeichen von Postulaten der Angst her auslegen, werden wir immer wieder eine Welt erschaffen, in der das Leben ziemlich schwer ist. Die Zeichen sind aber nicht dazu gedacht, uns Angst einzuflößen. Sie sollen dazu dienen, uns anzustacheln, uns eine Zukunft voller Mitgefühl und Farben auszumalen. Wir werden das finden, wonach wir ausschauen. Wenn man nur angestrengt nach etwas Bestimmtem sucht, findet man es schließlich auch. Wenn man ganz intensiv nach etwas sucht, findet man nur das, was man sucht, und übersieht alles andere. Sofern dieses spezielle Regime in dieser unserer Weltzeit darauf fixiert ist, Massenvernichtungswaffen und Terroristen zu finden, findet es sie am Ende auch, denn es hat sie selbst erschaffen. Falls wir eine Welt ins Auge fassen, in der sich unsere Erwartung und unser Traum auf das Christusbewusstsein richten, nicht auf den Jesus, der zornig als Richter wieder zu uns kommt, sondern auf den Aufbruch des Christusbewusstseins, das in uns allen das Bewusstsein um unsere wahre Natur und die wahre Natur in allem anderen weckt, dann wird auch das wahr werden.

Damit das allerdings in globalem Maßstab stattfinden kann, müssen wir es unbedingt zuerst einmal auf zwischenmenschlicher Ebene wahr werden lassen. In dem Maß, in dem ich in meiner Beziehung nach Gründen dafür suche, den Einsatz und die Aufrichtigkeit meines Partners in Zweifel zu ziehen, werde ich solche Gründe finden. In dem Maß, in dem ich in meiner Beziehung nach Beweisen dafür suche, dass aus ihr eine wirklich großartige Freundschaft werden könnte, finde ich auch diese. Solange ich es nicht fertigbringe, dieses besondere Niveau der Teilhabe und des Bewusstseins, eins zu sein, zu erreichen, werde ich auch nicht zum globalen Christusbewusstsein finden. Die Liebe oder Nächstenliebe beginnt buchstäblich daheim. Sie beginnt da, wo ich bin. Sie wird sich auf der Weltbühne erst ereignen, wenn sie in meinen zwischenmenschlichen Beziehungen gelingt.

Die Hölle ist nicht irgendein Ort, an den Gott die Übeltäter zur ewigen Verdammnis verbannt. Von dieser Art ist sie überhaupt nicht. Die Hölle stellt sich auf ganz vielfältige Weisen ein. Eine Weise der Hölle ist das, was im Bardo-Zustand geschieht, wenn wir diese sterbliche Hülle abgestreift haben. Wenn wir sterben, geraten wir in einen Zustand des Bardo, einen Ort, wo wir körperlos sind, in dem Sinn, dass wir nicht mit Körpern ausgestattet oder physisch vorhanden sind. Wenn wir das abgelegt haben, fällt es uns zunehmend leichter, sowohl den Himmel als auch die Hölle zu erschaffen. Eine auf Angst und Wut beruhende Geisteshaltung wird weiterhin für ihr eigenes Dasein höllische Zustände erschaffen. Das gelingt leichter nach dem Tod als vor dem Tod, denn wenn wir auf dem Planeten sind, müssen wir zusätzliche Energie in diesen Prozess stecken, weil wir ihn auf physischer Ebene zum Ausdruck bringen müssen. Wenn wir keine Körper mehr brauchen, heißt das, dass zusätzliche Energie dafür frei ist, den Himmel und die Hölle zu erschaffen. Falls wir nach Angst und Wut süchtig sind, fällt es uns viel leichter, nach unserem Tod weiterhin die Hölle zu erschaffen. Wenn wir anschließend wieder mit dem gleichen Grad an Nicht-Evolution auf den Planeten zurückkommen, erfahren wir dann auch weiterhin für uns selbst die Hölle auf Erden.

Der Himmel ist nicht irgendein Zustand des Glücks mit Gott. Auch der Himmel kennt viele Möglichkeiten. Zuerst ist das der Zustand, in dem wir uns nach unserem Tod befinden, in dem wir die Umwandlung und die Heilung von unserer Erdsafari erfahren können. Das ist auch der Ort, an dem wir das Bodhisattva-Gelübde ablegen, also die Vereinbarung treffen, immer und immer wieder auf die Erde zurückzukehren, bis alle unsere Brüder und Schwestern erwacht sind.

Was sagt das über die Evolution des Planeten? Wenn der Planet Erde erwachsen wird oder der Planet Erde in Stücke zerfällt, wird eines von zwei Dingen geschehen. Falls der Planet Erde erwachsen wird, dann wird dieser Planet sich so lange weiterentwickeln, bis er eine Spezies erschafft, die fähig ist, ihr eigenes Göttlichsein und das Göttlichsein in allen empfindenden Lebewesen zu erkennen, und dann wird das Werk des Planeten Erde erfüllt sein.

Falls der Planet Erde in Stücke zerfällt, wird er sich schließlich wieder davon erholen und das Experiment wieder neu starten, bis er am Ende eine andere Spezies erschaffen wird, die fähig sein wird, ihr eigenes Göttlichsein zu erkennen.

Derweil werden die Menschen, die einen bestimmten Grad der Bewusstheit erreicht haben, Planeten finden, die ihrer eigenen Vorstellung darüber, worum es im Leben wirklich geht, entsprechen werden. Solange wir noch von Wut und Angst getrieben sind, werden wir uns zu Welten hingezogen fühlen, die auf Kriegstreiberei beruhen, und sobald wir für das Christusbewusstsein erwachen, werden wird uns zu Planeten hingezogen fühlen, auf denen es im Leben um das Christusbewusstsein geht.

Der Schlussakt des Dramas wird darin bestehen, dass wir alle aufwachen werden. Ganz gleich, wie vieler Planeten es dazu bedarf oder wie viele Reinkarnationen man dafür braucht, jede und jeder von uns wird es schließlich erfassen, dass das Einzige, was funktioniert, die Liebe ist. Der Krieg funktioniert nicht. Interkontinentale Fernraketen funktionieren nicht. Massenvernichtungswaffen funktionieren nicht. Nur die Liebe funktioniert. Angesichts dessen, dass genügend Zeit dafür da ist, und angesichts dessen, dass genügend Inkarnationen möglich sind und genügend Planeten zur Verfügung stehen, die in Stücke fallen können, werden es am Ende alle von uns kapieren, dass das Einzige, was Sinn macht, die Liebe ist. Dann wird unser Werk vollendet sein und wir können alle mit Gott verschmelzen. Ich stelle mich selbst und ich stelle Sie vor die Wahl – vor die gleiche Wahl, vor die Moses sein Volk am Berg Sinai stellte: „Heute stelle ich dich vor die Wahl: Ich lege dir Leben oder Tod vor." Ich stelle Sie jetzt vor die Wahl zwischen der Möglichkeit, auf dem Planeten heranzureifen, und der Möglichkeit, zum Auseinanderfallen des Planeten beizutragen. Lassen Sie uns das Leben wählen.

Wir sind das Bild und Gleichnis Gottes

„Sich mit dem Körper zu identifizieren und dennoch das Glück zu suchen, ist das Gleiche, wie wenn man versuchen würde, einen Fluss auf dem Rücken eines Alligators zu überqueren."

Ramana Maharshi

Bei der Psychotherapie mit meinen Klienten wende ich manchmal einen kleinen Trick an. Ich frage sie: „Haben Sie ein gutes Foto von sich selbst?" Wenn sie das bejahen, sage ich zu ihnen: „Machen Sie jetzt bitte Folgendes: Besorgen Sie sich ein Foto, auf dem Sie mit Ihrem ganzen Körper drauf sind. Lassen Sie sich das auf Papier stark vergrößern und schneiden Sie dann Ihre Gestalt exakt so aus, dass keinerlei Hintergrund übrig bleibt. Drehen Sie es um und zeichnen Sie mit einem Filzstift auf der Rückseite lauter kleine Felder ein, als würde Ihre Figur aus Puzzlestücken bestehen. Schreiben Sie hierauf in jedes Feld irgendeine Eigenschaft von Ihnen, eine gute, schlechte oder neutrale. Tragen Sie möglichst viele Aspekte von Ihnen ein, die Ihnen einfallen, bis alle Felder voll sind. Zerschneiden Sie dann das Ganze in seine Einzelteile und mischen Sie diese durcheinander. Legen Sie die Einzelteile mit der Rückseite nach oben nebeneinander und versuchen Sie, daraus wieder das Foto zusammenzusetzen." Das bringen die Betreffenden nie fertig.

Ganz gleich, wie der Umriss aussehen mag – wenn Sie ihn erst einmal in diese kleinen Einzelteile zerstückelt haben, von denen jedes nur mit einer einzelnen Eigenschaft oder einem Merkmal versehen ist, bringen Sie das Foto nie mehr richtig zusammen. Ich habe das im Lauf von elf Jahren meiner Tätigkeit als Psychologe ungefähr vierzigmal tun lassen und dabei niemanden gefunden, der oder die die Einzelteile alle richtig zusammensetzen konnte. Aber wenn ich sage: „Drehen Sie die Teile um, so dass Sie das Foto sehen können, und setzen Sie sie dann zusammen", dann brachten sie innerhalb von 45 Sekunden das ganze Bild wieder zusammen.

Die Lektion, die sie daraus von sich aus lernen sollten, war, dass wir sehr, sehr viel mehr als die Summe unserer Eigenschaften sind. Man kann einen Menschen nicht einfach dadurch definieren, dass man eine Anzahl von Charaktereigenschaften aufzählt, auch wenn uns das in der heutigen Mainstream-Psychologie eine bestimmte Theorie weismachen will. Die psychologische Schulrichtung der „16 Personality Factors" vertritt die Auffassung, man könne jede Person anhand von 16 Persönlichkeitsmerkmalen genau definieren. Ich glaube das ganz und gar nicht. Man kann ein Bild seiner selbst nicht einfach dadurch zusammensetzen, dass man alle Eigenschaften und Charakterzüge, die man zu haben glaubt, aufschreibt, zusammensetzt und dann so tut, als sei man die Gesamtsumme aller dieser Merkmale. Man braucht das Bild. Sobald man die Einzelteile umdreht und die Elemente des Bildes sieht, kann man es in wenigen Sekunden zusammensetzen.

Was ist das Bild? Das Bild ist die Ähnlichkeit mit Gott. Das Bild ist die Realität, dass jede und jeder Einzelne von uns gottähnlich erschaffen ist. Wenn wir uns selbst einfach auf die Weise zu verstehen versuchen, dass wir uns in lauter einzelne Eigenschaften unterteilen; in Ängste, Schwächen, Erfolge,

Charaktermerkmale und so weiter, dann führt das nicht weit, denn wir sind viel mehr als die Gesamtsumme von all dem. Aber wenn man das Bild hat, an das man sich halten kann, und wenn man sieht, dass man als Bild und Gleichnis Gottes erschaffen ist, dann kann sich die Persönlichkeit entfalten und die Erleuchtung kann allmählich wahr werden.

Zwei der wichtigsten Fragen, die Jesus während seines öffentlichen Wirkens jemals stellte, waren diejenigen, die er auf dem Weg zu einer Kleinstadt namens Caesarea Philippi an seine Jünger richtete. Er war tief in Gedanken versunken und seine Jünger gingen einige Schritte hinter ihm. Da blieb er stehen, ließ sie aufholen und fragte sie: „Für wen halten mich die Leute?" Sie gaben zur Antwort: „Manche halten dich für den wiedergekommenen Johannes den Täufer, und manche für Jesaja." Er entgegnete: „Ja, das ist das, was die Leute meinen. Und ihr? Ihr seid jetzt drei Jahre bei mir. Für wen haltet ihr mich?" Hierauf gab Petrus seine berühmte Antwort. „Du bist der Messias, der Sohn des lebendigen Gottes."

Es gibt eine weitere Frage, die im Evangelium nicht auftaucht, aber sie ist noch wichtiger als diese beiden Fragen. Ich glaube, mit dieser Frage hatte sich Jesus tatsächlich in der ersten Hälfte seines öffentlichen Auftretens gründlich auseinandergesetzt: „Für wen halte ich mich selbst?" Nachdem er mit dieser Frage gerungen und schließlich auf die Antwort gekommen war, wollte er wissen, für wen ihn die Menge hielt und für wen ihn die Jünger hielten.

Aber in Wirklichkeit kommt es nicht darauf an, für wen einen Fremde halten und für wen einen die eigenen Freunde halten. Entscheidend ist, dass man weiß, wer man selbst ist. Worauf es wirklich ankommt, ist, wie man sich auf seine Aufgabe vorbereitet und wie man sie durchführt.

Das Erste, was ich mich selbst fragen und was sich zu fragen ich auch Sie auffordern will, ist: „Wer bin ich?“ Welche Definition und Antwort fällt Ihnen da ein? Meistens antworten wir darauf damit, dass wir spontan unseren Namen nennen, so, als seien wir der Name. Oder wir führen eine Beziehung an: „Ich bin der Sohn von ...“, „Ich bin die Frau von ...“; oder wir geben einen Beruf an: „Ich bin der Schulhausmeister“, oder „Ich bin Anthropologe.“ Wir antworten mit der Angabe einer Reihe von äußerlich aufgesetzten Merkmalen oder Charakterzügen und versuchen unser Bild aus den Dingen zusammenzusetzen, die wir auf die Rückseite der Fotografie geschrieben haben. Natürlich stimmt keine dieser Antworten.

Wie würde ich selbst die Frage beantworten: „Wer bin ich?“ Für mich gibt es nur eine Antwort: „Ich bin ein göttliches Wesen, das gerade eine Inkarnationserfahrung macht. Ich bin eine Seele im Raumanzug, eine Seele auf Safari.“ Es gibt keine passendere Antwort auf diese Frage. Wenn ich das begreife, dann kann ich fruchtbar in meinem Raumanzug auf Safari unterwegs sein. Falls ich das aber nicht begreife, so fange ich an, mich selbst falsch einzuschätzen.

Wir schätzen uns auch mit unseren Körpern falsch ein. „Ich glaube, ich bin mein Körper.“ Das ist aus naturwissenschaftlicher Sicht völlig lächerlich. Es ist absolut nicht möglich, dass ich mein Körper sein kann. Die Zellen meines Körpers verändern sich ständig phänomenal schnell. Während wir uns unterhalten, verliere ich pro Stunde ungefähr 100 Millionen Zellen. Ich tausche sie mit Ihnen und mit der mich umgebenden pflanzlichen Materie aus. Ich verändere mich in meinem Körperbestand ständig, so dass ich in einem Zyklus von sechs Monaten jede Zelle meines Skeletts ausgetauscht habe. In einem Sieben-Jahres-Zyklus wechsle ich jede Zelle meines Körpers aus, so dass nach sieben Jahren in meinem Körper keine einzige Zelle mehr ist, die vor sieben Jahren darin war. Wie kann ich da mein Körper sein? Genau das gleiche Material, dass ich zum Aufbau meines Körpers verwende – im Wesentlichen Kohlenstoff, Wasserstoff, Sauerstoff und Stickstoff – besteht aus denselben Elementen, die die Blumen aufnehmen, um Blumen zu werden, Ohrkriecher aufnehmen, um Ohrkriecher zu werden, und Wölfe aufnehmen, um Wölfe zu werden. Wenn ich nicht mein Körper sein kann, dann muss ich etwas Tieferes sein. Ich muss eine Art Blaupause oder Informationsmatrix oder Bewusstseinsformatvorlage sein, um das dann leibhaftig zum Ausdruck bringen zu können. Es ist lächerlich, wenn ich mich mit meinem Körper identifizieren wollte. Wenn ich also auf die Frage, wer ich sei, auf meinen Raumanzug deute, ist das sinnlos.

In den 1960er Jahren hatten wir eine andere Antwort. Wir empfanden, dass wir unsere Gefühle seien und die Generalerlaubnis hätten, jeden anderen vor den Kopf zu stoßen, denn wir seien schon dadurch „authentisch", dass wir in Kontakt mit unserem Selbst seien, so als bestehe unser Selbst aus unseren Gefühlen. So konnten wir überall guten Gewissens anecken und hatten immer die Entschuldigung: „So bin ich eben, und ich kann nur wirklich ich selbst sein, wenn ich dich wissen lasse, wie ich mich wirklich fühle." Das war eine Entschuldigung für alle Arten von Überheblichkeit. Wir kamen nach einiger Zeit darüber hinaus, aber jetzt stecken wir in der nächsten Phase fest: Wir identifizieren uns mit unserem Kopf und mit unseren Gedanken. Wir denken, wir seien unsere Gedanken.

Der Akademiker, der denkt, er sei seine Gedanken, ist nur ein belangloser Pedant; und dazu wird er dann immer mehr. Viele von uns sind von ihrem Denken derart verwirrt, dass wir keinen Schimmer mehr davon haben, wer wir sind. Wir folgen heute einer Idee vom Selbst, und morgen schon einer anderen Idee vom Selbst. Wir können aber auch nicht unsere Gedanken sein. Wenn wir unsere Gedanken sind, übernimmt das Ego das Kommando und wir haben eine Höllenangst vor dem Tod unseres Egos.

Solange wir uns mit unserem physischen Sein, unseren Emotionen oder unserem Intellekt identifizieren, stecken wir in gewaltigen Schwierigkeiten. Ja, sogar wenn wir uns mit unserem Charakter identifizieren, bleibt das sehr schwierig, denn der Charakter ist nur die Schnittstelle unseres Wesens mit unserer Umwelt. Meine Persönlichkeit ist nicht derjenige, der ich bin. Mein Charakter ist nur eine der Masken, die ich trage, um mit der Umwelt in Kontakt zu treten, in der ich mich vorfinde. Ich bin sehr viel mehr als mein Charakter.

Ich bin mit dem Hinduismus einer Meinung, dass ich einen Körper habe, aber nicht mein Körper bin. Ich habe Emotionen, aber ich bin nicht meine Emotionen. Ich habe einen Intellekt, aber ich bin nicht mein Intellekt. Ich habe einen Charakter, aber ich bin auch nicht mein Charakter. Die Wahrheit ist, dass ich ein inkarniertes göttliches Wesen bin, das in einem Raumanzug auf Safari ist. Das ist das, was ich wirklich bin. Wenn ich weiß, wer ich bin, kann ich damit anfangen, mich aktiv auf das einzustellen, was zu werden ich berufen bin. Solange ich diesen Punkt noch nicht erreicht habe, habe ich noch nicht einmal den ersten Schritt getan.

Wie also bereite ich mich auf die Erleuchtung oder Erlösung, oder wie immer wir das nennen möchten, vor? In Wahrheit ist es so, dass das Werk der Erleuchtung nicht mein Werk ist, sondern Gottes Werk. Nicht ich bin es, der mich erleuchtet oder Erlösung findet, sondern Gott ist es, der das in mir wirkt. Dabei geht es nicht nur um den transzendenten, unaussprechlichen Grund unseres Seins; es geht auch um das immanente Bild Gottes in jeder und jedem von uns. Das ist es, was das Werk der Erleuchtung vollbringt.

Das Werk der Vorbereitung auf die Erleuchtung ist allerdings das Werk des Raumanzugs. Die Vorbereitung darauf ist also der uns zukommende Teil, und die Erleuchtung ist der Teil, für den Gott zuständig ist, der Gott außen und der Gott innen.

Wie bereiten wir uns auf die Erleuchtung vor, wenn unser Anteil an diesem Job die Vorbereitung ist und Gottes Anteil die Erleuchtung? Ich denke, da geht es um einen Doppelschritt. Der erste Schritt besteht darin, das Missverständnis auszuräumen, wer ich bin. Der erste und wichtigste Schritt ist, mir selbst die Frage zu stellen: Wer bin ich? Der zweite Schritt besteht darin, dass ich den Raumanzug ehren und feiern muss, weil er das Medium ist, mittels dessen Gott in mir die Wahrnehmung der Tatsache hervorzubringen versucht, dass ich bereits erleuchtet bin.

Die Tatsache, dass ich nicht mein Körper bin, bedeutet nicht, dass ich meinen Körper, meinen Geist oder meine Emotionen vernachlässigen oder missbrauchen darf. Ich muss das alles auf allen Ebenen nähren. Ich muss mich aktiv um mein körperliches, emotionales und intellektuelles Wohlbefinden kümmern. Ich kann mich nicht spirituell höher entwickeln, solange ich noch psychisch unreif bin. Das ist unmöglich. Darum ist das aktive Bemühen, den Raumanzug zu ehren und ihn angemessen zu pflegen, eine Vorbedingung dafür, ein spirituell erleuchteter Mensch zu werden. Wie also sieht diese Vorbereitung praktisch aus? Sie besteht darin, den Raumanzug mit seiner Körperlichkeit, seinen Emotionen, seinem Denken und seinem Charakter anzuerkennen, zu ehren, zu feiern, zu fördern und zu nähren. Das ermöglicht es Gott, seinerseits daran zu arbeiten, dass unsere Erleuchtung stattfinden kann.

In Jesaja, Kapitel 61, lesen wir: „Der Geist des Herrn ruht auf mir, denn der Herr hat mich gesalbt. Er hat mich gesandt, den Gebeugten frohe Nachricht zu bringen, die gebrochenen

Herzen zu heilen, die Befreiung der Gefangenen auszurufen und die Häftlinge freizulassen." Jesus übernahm genau diese Worte als seine eigene Aufgabenbeschreibung. Als er aufgefordert wurde, aus der Heiligen Schrift vorzulesen, las er diese Stelle vor und setzte sich dann. Alle sahen ihn an und er sagte: „Heute ist dieser Abschnitt der Schrift vor euren Augen in Erfüllung gegangen." Worum es ging, war hier kurz und knapp auf drei Aussagen gebracht. Das war die Jobbeschreibung Jesu: die Kranken heilen, die gute Nachricht verkünden und die Gefesselten freilassen. Das ist die Kurzformel der Aufgabe eines jeden Menschen. Jesus sagte das in der Synagoge von Nazareth nicht als Proklamation seiner eigenen Einmaligkeit oder seiner eigenen einmaligen Mission. Jesus sagte, das sei im Kern der Grund für den Umstand, dass wir Seelen in Raumanzügen sind. Das ist der springende Punkt der Inkarnation. Sie dient dazu, dass wir einander die frohe Botschaft verkünden oder füreinander die frohe Botschaft *sind*. Sie dient dazu, dass wir einander heilen und einander von Fehlverständnissen, Vorurteilen und Voreingenommenheiten befreien. Es gibt keine andere Aufgabe auf dem Planeten Erde. Das ist der einzige Grund, aus dem jede und jeder von uns hier ist. Wir werden unterschiedliche Berufungen bezüglich der konkreten Weise haben, auf die wir Heiler und Verkünder der guten Nachricht und Befreier der Gefangenen werden. Ganz unabhängig davon, welchen Job wir im Einzelnen übernehmen, besteht darin die Aufgabe für jede und jeden von uns.

Ich denke, es gibt Ebenen von Seelen. Ich meine damit, dass dieses Werk, das uns als inkarnierten göttlichen Wesen aufgetragen ist, nicht nur ein individuelles Phänomen ist. Es gilt auch für ganze Nationen und es gilt für die globale Gemeinschaft. Es gibt einen Gemeinschafts-Raumanzug und es gibt einen nationalen Raumanzug, den wir Kultur nennen. Kultur ist nicht mehr und nicht weniger als der Raumanzug der Gruppe. Schwierig wird es, wenn man seinen Raumanzug vorbereitet. Unabhängig davon, ob man sich auf die Erleuchtung der Seele der Gemeinschaft vorbereitet oder sich auf die Erleuchtung der Seele einer ganzen Nation vorbereitet, geht man mit dem gleichen Doppelschritt vor. Das Erste, was man tun muss, ist immer, dass man sich nicht mit dem Falschen identifiziert. In Amerika neigen wir dazu, die Seele Amerikas mit der Kultur Amerikas gleichzusetzen. Aber die Kultur Amerikas ist nicht einfach der Raumanzug Amerikas; sie ist genauso wenig die Seele Amerikas, wie mein physischer Körper die Seele von Seán ÓLaoire ist; er ist nicht meine Seele, sondern er ist mein Raumanzug. Mein Raumanzug ist wichtig und ich muss ihn ehren, feiern und pflegen, aber wenn ich denke, er sei das, was ich bin, bin ich hoffnungslos verloren. Das Gleiche gilt auch auf nationaler Ebene und sogar auf globaler Ebene. Wir handeln ständig so, als seien Kultur und Seele ein und dasselbe. Wir verwechseln beides ständig miteinander, und das bringt uns in alle möglichen Schwierigkeiten. Aus diesem Grund wissen wir nicht, worin unsere Aufgabe besteht, und aus diesem Grund wiederum verkünden wir nicht die gute Nachricht.

Wir müssen uns ständig darüber im Klaren sein, dass die individuellen Seelen, so wichtig sie sein mögen, Teile eines größeren und immer noch größeren Ganzen sind, und größerer und immer noch größerer Seelengruppen, bis wir am Ende mit der Über-Seele oder Gott oder der kosmischen Bewusstheit verschmelzen. Das sind die Ebenen der Seele.

Wenn nie jemand zu Ihnen kommt und Sie fragt: „Wer bist du?“, existieren Sie womöglich gar nicht. Vielleicht sind Sie ein Gebilde Ihrer eigenen Phantasie. Wenn nie jemand kommt und Sie fragt: „Was tust du?“, sind Sie womöglich zwecklos.

Wenn Sie sich selbst diese Frage nicht stellen: „Wer bin ich und warum bin ich hier?“, schlafen Sie womöglich immer noch.

Die Herausforderung für mich und für jede und jeden von Ihnen besteht darin, uns diese wichtige Frage zu stellen: „Wer bin ich und warum bin ich hier?“

DIE EVOLUTION DER SPIRITUALITÄT

„Wisse, dass aller Geschöpfe leer sein heißt, Gottes voll sein, und aller Geschöpfe voll sein heißt, Gottes leer sein."

MEISTER ECKHART

Während meiner 58 Jahre auf diesem Planeten habe ich schon eine Menge Krippenspiele miterlebt. Ich habe zuerst als Kind in Irland, dann während der 14 Jahre in Kenia und in den letzten 17 Jahren in Palo Alto vielen verschiedenen Arten davon zugesehen. Darunter waren Krippenspiele, bei denen das Jesuskind von einem kleinen Mädchen gespielt wurde, und in einem Fall war das Kind, das Jesus darstellte, nicht christlich, und einmal spielten sogar zwei Jungen auf einmal, die Zwillinge waren, das Jesuskind. Bei diesen vielen Krippenspielen dürfte das Kind, das am wenigsten wie Jesus aussah und dennoch am ehesten für ihn stehen konnte, eines in Kabarnet, meiner Missionsstation in Kenia, gewesen sein. Dort hatte ein Mann acht Kinder, und sein jüngster Sohn, Stephano, war ein Baby mit einem Wasserkopf. Stephanos Kopf war größer als sein ganzer übriger Körper und er konnte ihn gar nicht hochhalten. Seine sieben älteren Geschwister verehrten ihn ungemein. Stephano war bei unserem Krippenspiel das Jesuskind. Er war tatsächlich der Kandidat, der am wenigsten wie Jesus aussah und dennoch Jesus am ehesten vertreten konnte.

Streng genommen gibt es das Weihnachtsfest erst ab dem Jahr 330 n. Chr. Im Jahr 312 hatte Konstantin, der neu gekrönte Kaiser von Rom, beschlossen, das Christentum zu legalisieren und es zur Staatsreligion zu machen. Bis dahin hatte das Christentum als Aberglaube gegolten. Mit der Erklärung zur Staatsreligion kam es in der Christengemeinschaft zu radikalen Veränderungen. Bereits 13 Jahre danach berief Konstantin das erste Kirchenkonzil ein, das in Nizäa stattfand. Dort holte er die Väter der Kirche zu einer großen Konferenz zusammen und diktierte ihnen das Programm. Er wollte eine einheitliche Orthodoxie herstellen; es sollte in der Gruppe keine Häresie oder Heterodoxie geben. Er wollte, dass alle an das Gleiche glaubten, um alles in der Mitte zusammenzuhalten. Er zwang das Konzil zur Erfüllung seiner Aufgabe, bis er alles bekam, was er haben wollte. Vor dieser Zeit hatte die Betonung immer auf dem Leben, der Lehre und dem öffentlichen Wirken Jesu gelegen. Jetzt legte man den Nachdruck auf den Status Jesu vor seiner Inkarnation, seine magische Empfängnis und seine außerordentliche Geburt. Die junge Kirche und das alte Imperium wollten sicherstellen, dass es ein Glaubenssystem gab, das alle hielt und an das sich alle hielten.

Weil das Christentum nur eine von vielen Religionen war, machte es sich daran, die Opposition zu unterdrücken. Der größte Konkurrent war der Mithraskult. Das Christentum nahm einige seiner Ideen für sich in Beschlag und merzte etliche andere aus. Der Gründer des Mithraskults war am 25. Dezember zur Welt gekommen. Das Christentum übernahm dieses Datum für sich und machte es zum Geburtstag Jesu. Dabei sollte der zentrale Punkt das neue Licht sein, das in die Welt kommt, denn alle Religionen mit Ausnahme einiger Zweige des Schamanismus waren in der nördlichen Hemisphäre entstanden. In dieser Hemisphäre ist der 22. Dezember der kürzeste Tag des Jahres, und von da an werden die Tage immer länger und das Licht setzt sich immer stärker gegen die Dunkelheit durch. Viele Menschen hatten die Vorstellung, dass Gott, Licht und Sonne im Grunde das Gleiche seien.

Die Buschmänner Afrikas hatten die Vorstellung, wenn die Sonne über den Himmel gezogen sei und in einem rötlichen Dunst sinke, finde eine allmächtige kosmische Schlacht statt, bei der die Sonne getötet werde. Das Rot am Himmel sei das Blut, das aus dieser Schlacht fließe. Sie wünschten der Sonne alles Gute für ihren Weg durch die Nacht, damit sie am nächsten Morgen wieder auferstehen könne. Jede Nacht begleiteten sie sie auf ihrer Reise.

Das Volk der Navajo auf dem nordamerikanischen Kontinent hatte die gleiche Glaubensvorstellung. Bestimmte Stammesmitglieder wurden damit beauftragt, sich auf das Dach ihres Hauses zu setzen und die Sonne bei ihrem Lauf über den Himmel genau mitzuverfolgen, für sie zu beten und ihr genügend Energie für ihre Reise durch die Nacht zu wünschen, so dass sie am folgenden Morgen wieder aufstehen könne. Sie glaubten nämlich, dass sie in der Unterwelt mit allen möglichen Dämonen zu kämpfen habe.

Das Volk in Kenia, unter dem ich arbeitete, hatte ein Glaubenssystem, das für Gott viele Namen kannte. Ein Name bedeutete wörtlich übersetzt „der Neunfüßige". Dieser Name stammte vom Bild des Sonnenlichts, wenn es durch die Wolken bricht und starke Lichtbündel wirft. Sie glaubten, das seien Beine Gottes. Wenn ein kenianischer Mann morgens aus seiner Hütte trat, spuckte er als Erstes in die Hände und bot den Speichel der Sonne dar. Feuchten Speichel im Mund zu haben, war sehr wichtig, wenn man in der Wüste lebte. Er war ein Zeichen des Lebens und der Vitalität, und so bot er dieses Zeichen der Sonne dar, der Quelle aller Energie.

Auch die Kelten hatten den Glauben, dass Licht, Sonne und Gott irgendwie das Gleiche seien. In Irland gibt es eine Stätte namens New Grange, die die älteste astrologisch ausgerichtete menschliche Anlage auf dem Planeten Erde ist. Sie wird auf 3000 v. Chr. datiert, womit sie als 600 Jahre älter als die Pyramiden gilt. Sie hat eine unterirdische Kammer, die so auf die Wintersonnwende ausgerichtet ist, dass am Tag der Wintersonnwende ein Strahl des Sonnenlichts durch einen langen unterirdischen Gang fällt und die Kammer an dessen hinterem Ende ausleuchtet. Wenn man das heute miterleben will, muss man sich auf eine regelrechte Lotterie einlassen. Tausende von Menschen melden sich jedes Jahr als Anwärter dafür und hoffen, dass das Los auf sie fällt und sie zu den wenigen Auserwählten gehören, die am 22. Dezember in diese Kammer gehen dürfen, um bei Sonnenaufgang mitzuerleben, wie der Strahl des Sonnenlichts durch den Gang stößt und den Raum dahinter ausleuchtet.

Die große Verlagerung, die die Christenheit im Jahr 330 n. Chr. vornahm, war, dass Jesus jetzt als Licht der Welt verehrt wurde. Dann erfand im 12. Jahrhundert der heilige Franz von Assisi die Krippendarstellung. Wir haben dieses Bild von Weihnachten im Lauf der Geschichte des Christentums also schon ein paar Mal kräftig manipuliert.

Spiritualität geschieht auf drei Stufen: auf der Stufe der vorgeschichtlichen Zeit, der Stufe der nachgeschichtlichen Zeit und der Stufe der geschichtlichen Zeit. Ab der Entwicklung des *homo sapiens* und dann noch bis vor rund 50 000 Jahren waren die Menschen nicht viel weiter entwickelt als die Tiere. Sie konnten Bilder formen und hatten Sinneswahrnehmungen, aber sie hatten noch nicht die Fähigkeit zum symbolischen Denken entwickelt. Daher hatte sich auch noch nicht die Sprache herausgebildet und sie konnten nicht verbal miteinander kommunizieren.

Das geschieht auch noch mit jedem Kleinkind. In den ersten paar Monaten seines Lebens kann ein Kind noch keine Bilder formen. Wenn ich mit einem Kleinkind spiele, kann ich „Hallo" sagen, bis es lacht, und dann bewege ich mich und gehe weg. Das Kleinkind kann noch kein Bild von mir im Kopf behalten. Darum mögen Kleinkinder das Versteckspiel, bei dem sich Sehen und Nicht-Sehen abwechseln. Erst ungefähr ab dem achten Monat können Kinder Bilder im Geist behalten. Von da an wissen Kinder, dass ich auch dann noch da bin, wenn ich mich von ihnen so wegbewege, dass sie mich nicht mehr sehen. Das Kind kann mich dann nicht mehr sehen, aber es hat ein Bild von mir im Kopf. Das ist bereits eine große Hilfe, aber es kann immer noch nicht mit Symbolen kreativ umgehen. Der Begriff „Hund" macht für ein Kleinkind keinen Sinn. Es kann einen Hund sehen und ein Bild des Hundes formen, aber wenn man ihm das Wort „Hund" vorsagt, bedeutet ihm das gar nichts, denn der Laut „Hund" gleicht in keinerlei Hinsicht einem kleinen vierbeinigen Geschöpf. Es braucht ungefähr fünfzehn Monate, bis es diese Fähigkeiten entwickelt und dann allmählich mit Sprechen anfängt.

Dies passierte mit unserer gesamten Spezies ab der Zeit vor ungefähr einer Million Jahren bis vor ungefähr 50 000 Jahren, als es im Lauf der Evolution zum Cro-Magnon-Menschen kam. Wir konnten von da an mit Bildern kreativ umgehen, aber noch nicht mit Symbolen. Wir lebten lediglich wie die höher entwickelten Tiere und unsere Welt war ein Ort des Chaos. Ich bezeichne diese Ära als die vorgeschichtliche Zeit, denn wir konnten damals noch keine Geschichten erzählen. Das Leben war eine verwirrende, unvorhersehbare und völlig unkontrollierbare Abfolge von Sinneseindrücken, die uns nur verwunderten. Offensichtlich ist es so, dass, solange wir noch keine Geschichten erzählen können, weil uns noch die Sprache fehlt oder wir noch keine intellektuellen Fähigkeiten haben, auch keine Gottesvorstellung haben. Der Bedarf nach Gott besteht dann noch nicht. Es besteht nicht einmal ein Bedarf nach Sinn. Wir können unseren Umständen noch keinen Sinn zuschreiben. Wir können keine Muster ausmachen, keine Rhythmen sehen, keine bereits bekannten Abläufe, und so kommt jede neue Situation unerwartet über uns. Wir reagieren auf jede neue Situation wie die Tiere, nämlich instinktiv.

Als Spezies kamen wir vor vermutlich rund 50 000 Jahren über dieses Stadium hinaus. Als Individuum kam jede und jeder von uns mit 15 Monaten darüber hinaus; allerdings fallen wir immer wieder einmal dahin zurück. Zuweilen kann ein Ereignis im Leben derart traumatisch sein, dass man zeitweise auf eine vorgeschichtliche Stufe zurückfällt. Man sieht keine Möglichkeit, das betreffende Ereignis in seine Geschichte einzuordnen. Man ist vom Leben völlig bestürzt, kann keinerlei Sinn darin erkennen, kein Erklärungsmuster, und so wirft es einen zu Boden. Die meisten von uns schaffen es ab ihrem 15. Monat, dieses Stadium zu durchbrechen. Dann gelangen wir auf die zweite Stufe dieses Prozesses, die ich als die „geschichtliche Zeit“ bezeichne oder die Zeit in der Menschheitsgeschichte, in der wir Geschichten entwerfen.

Die erste Ebene der Geschichte nenne ich die Ereignisgeschichte. In meinem Leben geschieht ein einzelnes Ereignis, und nachdem mir diese Erfahrung zuteilgeworden ist, erschaffe ich eine Geschichte, um sie mir zu bewahren. Diese Erinnerung oder Geschichte, die ich erschaffe, kann mir helfen oder mich behindern. Wenn ich zum Beispiel die Straße entlanggehe und eine hübsche Frau lässt ihren Handschuh fallen, kann ich mir denken: „Junge, ob das wohl ein Wink ist? Soll ich den Handschuh aufheben? Vielleicht führt er zu etwas. Womöglich stellt sich diese Frau als meine Seelengefährtin heraus?“ Über einen heruntergefallenen Handschuh erschaffe ich mir hier also in meinem Kopf eine ganze Geschichte. Vielleicht führt er zur

Liebe, und das könnte ein Wink des Universums für mich sein. Aber ich bin es, der diese Geschichte über die Bedeutung eines heruntergefallenen Handschuhs erfindet.

Ich kenne eine Frau, die vor zehn Jahren einmal überfallen wurde. Sie wurde niedergeschlagen und man raubte ihr die Handtasche, und noch jetzt, nach zehn Jahren, leidet sie darunter. Sie glaubt, sie sei ein Opfer, ganz und gar verletzlich, und das Leben sauge sie aus; Männern könne man nicht trauen und man müsse immer und überall ungeheuer auf der Hut sein. Zehn Jahre nach dem Ereignis peinigt sie die Geschichte, die sie daran geknüpft hat, immer noch. Diese Ereignisgeschichten haben das Potenzial in sich, unserem Leben Sinn zu verleihen, oder sie können uns peinigen, denn es ist immer die Geschichte, die das Problem verursacht. Die Erfahrung ist vorbei und vergangen, aber zehn Jahre nach dem Ereignis peinigt die Geschichte diese Frau immer noch.

Die zweite Ebene von Geschichten nenne ich persönliche Mythen. Dabei verknüpfe ich eine Menge Ereignisgeschichten miteinander und verfertige mir daraus meine Identität. Nehmen wir an, Sie sitzen sechs Stunden lang neben jemandem im Flugzeug, und Sie kommen mit ihm oder ihr ins Gespräch. Nach einiger Zeit fangen Sie an, eine ganze Menge Geschichten aus Ihrem Leben zu erzählen. Sie knüpfen diese aneinander und *tun so, als seien Sie das*, wovon Sie hier erzählen. Sehr oft ist es so, dass diese Ereignisse, die Sie da heraufbeschwören und der persönliche Mythos, den Sie erschaffen, indem Sie sie miteinander verknüpfen, gar nicht ganz stimmen und nicht angemessen denjenigen wiedergeben, der Sie in Wirklichkeit sind.

Meine beiden Brüder und ich sind in ein und derselben Familie aufgewachsen, aber ich garantiere Ihnen, wenn Sie sie oder mich bitten würden, Ihnen zu sagen, wer wir sind, würden wir Ihnen völlig unterschiedliche Geschichten über unsere

Eltern erzählen. Jeder von uns erschafft sich seinen persönlichen Mythos. Der persönliche Mythos ist die Gruppe von Ereignisgeschichten, die ich miteinander verknüpfe und die mir mein Identitätsgefühl gibt. Sehr oft stellt die Gruppe von Geschichten mich gar nicht angemessen dar, aber das ist mein persönlicher Mythos und an diesem halte ich zäh fest. In dem Maß, in dem ich mich auf diesen persönlichen Mythos versteife, identifiziere ich mich mit diesen spezifischen Ereignissen. Wenn wir uns in die Spiritualität hineinbewegen, müssen wir alle diese Dinge loslassen.

Die dritte Ebene ist die Historie. Die Historie ist der persönliche Mythos der Gruppe, in der wir eine Menge von Erfahrungen, die wir als Gruppe miteinander hatten, aneinanderknüpfen und das zu unserer Identität machen. Es gab einmal ein interessantes Experiment, bei dem englische und französische Gymnasiasten aufgefordert wurden, eine Liste der 30 wichtigsten Schlachten zwischen England und Frankreich aufzuschreiben. Die französischen und englischen Schüler schrieben ihre 30 Schlachten auf und die stimmten alle. Doch ein Problem ergab sich: Zwischen den Listen der beiden Gruppen gab es fast keine Überschneidungen, denn den französischen Schülern war eine ganz andere Version der Geschichte der Kriege, die sie gewonnen hatten, beigebracht worden, während die englischen Schüler ihre ganz eigene Version der wiederum von ihnen gewonnenen Kriege gelernt hatten. Die Historie ist also eine nicht repräsentative Auswahl aus den Erfahrungen einer ganzen Gruppe. Die Historie erlaubt es uns, eine Identität als Nation oder Gemeinschaft herauszubilden, und sie gestattet es uns, Vorurteile zu nähren, uns auf Völkermord einzulassen und Menschen zu töten. Das geschieht, wenn die Historie als Wahrheit angesehen wird und die Geschichte, die wir um die Historie erschaffen, zu unserer Identität als Volk und als Nation wird.

Die vierte Ebene bezeichne ich als Kosmologie. Eine Kosmologie ist unser Versuch, eine Geschichte um die gesamte Spezies, den Verlauf ihrer Geschichte und den Sinn der Spezies durch unsere gesamte Evolution hindurch zu erschaffen. Das versetzt die Menschheit in eine von mehreren möglichen Positionen. Wenn wir das jüdisch-christliche Modell übernehmen, so steht der Mensch ganz fest im Zentrum des Universums, als das wichtigste Element, das das Universum je erschaffen hat, mit dem Recht, die Natur als reine Ressource für den Menschen auszuplündern und zu beherrschen. Wären wir der heilige Franziskus, so würden wir alle empfindenden Lebewesen als unsere Brüder und Schwestern betrachten. Wären wir praktizierende Buddhisten mit einem Bodhisattva-Gelübde, so würden wir alle empfindsamen Lebewesen als unsere Brüder und Schwestern betrachten. Die Geschichte, die wir einander auf der höchsten Ebene erzählen, ist auch das, was uns entweder aufbaut oder zerstört. Das sind die Geschichten, die wir einander zu erzählen beginnen und einander als Gruppe erzählen.

Mir scheint, wir haben während der meisten Zeit der überlieferten Geschichte seit der Evolution des Cro-Magnon-Menschen in der geschichtlichen Zeitphase unserer Evolution gelebt. Zuweilen rutschen wir in die vorgeschichtliche Zeit zurück, nämlich dann, wenn wir vom Leben verwirrt sind; aber in der Hauptsache stecken wir in der geschichtlichen Zeit fest. Nur einige wenige unerschrockene Seelen haben es fertiggebracht, von der geschichtlichen Zeit in die nachgeschichtliche Zeit vorzustoßen.

Was geschieht, wenn ein furchtloser Erforscher des Geistes über die geschichtliche Zeit hinaus in die nachzeitliche Geschichte durchbricht? Was geschieht, wenn die Buddha-, Jesus- und Gandhigestalten diese Grenze durchbrechen? Was da geschieht, ist reine Mystik. Sie haben sich in die Leere gestürzt, die der Ursprung aller Möglichkeiten ist. Wir können dann mit dem Buddhismus sagen, dass Form Leere ist und Leere Form; in dieser Leere liegen alle Möglichkeiten. Jede ausdrückliche Manifestation dieser Leere, jeder physische Gegenstand in der Welt, sei es ein Komet, ein Planet, ein Menschenwesen oder eine Tulpe, enthält in sich die Totalität der Leere, denn alles ist Ausdruck der reinen Bewusstheit im Herzen dieser Leere. Das geschieht.

Dann besteht kein Bedarf nach Gott. Es sind auch keine Götter notwendig, keine Geschichten sind nötig; es ist nicht nötig, allem einen Sinn aufzudrücken, denn Sinn ist unnötig, wenn wir uns erinnern, wer wir sind. Wir sind winzige Stücke Gottes, die eine Erfahrung als Menschenwesen machen. Wir müssen nichts mit Gewalt verstehen. Wir brauchen keine Erklärungsmuster zu erschaffen oder vorbildhafte Ereignisse ausfindig zu machen, denn wir haben es jetzt geschafft, wieder mit der gesamten Gestalt in Kontakt zu kommen. Auf dieser Stufe besteht kein Bedarf nach Religion. Auf dieser Stufe vergehen die Götter und wir sagen dann mit dem Buddhismus: „Wenn du unterwegs dem Buddha begegnest, so töte ihn." Den Buddha kann man nur töten, wenn man die nachgeschichtliche Zeit erreicht hat. Wenn man den Buddha in der geschichtlichen Zeit töten wollte, käme man in gewaltige Schwierigkeiten. Das Wort von Meister Eckhart: „Ich bete täglich zu Gott darum, mich Gottes zu entledigen", kann man erst dann in die Tat umsetzen, wenn man in die nachzeitliche Geschichte durchgebrochen ist. Würde man versuchen, Gott zu töten, solange man sich immer noch in der geschichtlichen Zeit aufhält, so würde das nur ins Tollhaus und ins Chaos führen. Am Ende muss man das tun. Jede und jeder von uns muss über diesen Ort hinauskommen, aber wenn wir auf diese Stufe gelangen, stoßen wir auf drei unterschiedliche Probleme.

Das erste ist, dass, wenn ich es schaffe, durch den Bereich der Geschichten dort hinaus durchzubrechen, wo ich mir selber keine Geschichten mehr erzählen muss, ich auch nicht mehr an die Ereignisgeschichten glaube, die ich geschaffen habe, um meine Wut oder mein Gefühl, in der Opferrolle zu sein, zu rechtfertigen. Ich brauche nicht länger die persönliche Mythologie zu erschaffen, indem ich selektiv etliche der Dinge speichere, die mir als Kind zustießen und um sie herum meine Identität erschaffe. Ich brauche mich nicht länger in die Historie des Stammes oder der Nation oder sogar der Spezies einzuklinken, weil ich weiß, dass das alles vorbei ist. Ich bin nicht länger auf eine Kosmologie angewiesen, die mir meinen Platz im Universum zeigt, weil ich im Herzen dessen angekommen bin, was das Universum erschaffen und geboren hat. Wenn ich diesen Zustand erreiche, wird anfangs die Versuchung darin bestehen, das für eine verwirrte Erfahrung zu halten. Wenn ich keine Geschichte habe, bin ich dann wirklich lebendig? Wenn ich keine Geschichte habe, ist das eine tote Erfahrung? Das wirkt nur so, weil es so anders ist. Das gleicht dem, was passierte, als die großen Propheten und Gestalten wie der Buddha, Jesus und Mohammed das vorherrschende Verständnis der Religion durchbrachen und alle als Atheisten gebrandmarkt wurden. Sie bewegten sich auf ein Modell von Gott und Spiritualität zu, das derart radikal verschieden von dem in der alten Tradition festgefahrenen Menschen war, dass sie atheistisch wirkten. Wenn wir in die nachgeschichtliche Zeit durchbrechen, in den mystischen Ursprung aller Möglichkeiten, kommt das dem Beobachter von außen wie eine große Verwirrtheit vor. Wie kann es eine Vitalität geben, wenn es keine Geschichte gibt? Die Wahrheit ist, dass man in der ultimativen Vitalität angekommen ist, weil man sich im Kern aller Möglichkeit befindet, aus der die gesamte Schöpfung und alle Geschichten entspringen.

Das zweite Problem, das sich ergibt, wenn wir in die nachgeschichtliche Zeit durchbrechen, ist, dass wir die vorgeschichtliche Zeit mit der nachgeschichtlichen Zeit verwechseln, weil mit beiden keine Geschichten verbunden sind. Das ist in etwa so, wie wenn jemand ein Haus baut. Zu Anfang hat er einen leeren Bauplatz, stellt Gerüste auf, baut sein Haus und nimmt dann die Gerüste weg. Der erste Zustand und der Endzustand sind beide gerüstlos. Es ist möglich, die beiden Zustände miteinander zu verwechseln; aber der Unterschied ist, dass man beim einen ein Haus hat und beim andern bloß einen leeren Bauplatz. Weil beide ohne Gerüst sind, halten wir sie auf dieser Ebene für die gleichen Zustände. Wir können zwar die vorgeschichtliche Zeit mit der nachgeschichtlichen Zeit verwechseln, weil es in beiden keine Geschichte gibt, aber sie sind völlig verschieden voneinander, weil der eine ein Zustand der Erleuchtung ist, der andere ein Zustand der Verwirrung.

Wenn wir wirklich in die nachgeschichtliche Zeit vorgestoßen sind, beginnen wir zu begreifen, dass die Heiligen Schriften aller Traditionen lediglich versteinerte Geschichten sind, die anfangs ein Kinderstaunen weckten und es uns ermöglichten, uns als Spezies weiterzuentwickeln, aber danach erweisen sie sich nur als Ergebnisse von Kinderphantasien und als Stagnieren der Möglichkeiten des Menschen. Sogar die Heiligen Schriften muss man loslassen, genau wie man alle anderen Geschichten loslassen muss.

Was passiert mit der Geschichte vom 25. Dezember? Was passiert mit der Geburtsgeschichte Jesu? Das ist eine Geschichte, die anfangs aussieht wie das brutale Einschreiten einer fernen fordernden Gottheit in die Menschheitsgeschichte, um uns die zweite Person der heiligsten Dreifaltigkeit anzudrehen. Was passiert, wenn wir diese Geschichte loslassen, ist, dass die Menschheit ganz radikal zu dem Christusbewusstsein erwacht, das im Kern von uns allen angelegt ist. Dann geht es uns auf!

Es geht uns auf, dass das Wort Fleisch geworden ist. Das Wort wurde nicht Fleisch bei der Geburt eines Säuglings vor 2000 Jahren in Bethlehem, dessen Eltern aus Nazareth stammten. Es wird Fleisch bei der Geburt jedes Säuglings. Jeder Säugling ist das Fleisch gewordene Wort in unserer Mitte. Jedes Mal, wenn irgendjemand von uns aus der geschichtlichen Zeit in die nachgeschichtliche Zeit durchbricht und anfängt, die Christusbewusstheit zu verkosten, wird das Wort immer und immer wieder in unserer Mitte Fleisch. Jedes Baby erinnert uns nicht nur an das außerordentliche Wunder, dass die Liebe Fleisch werden kann, sondern auch an das noch größere Wunder, dass das Fleisch Liebe werden kann.

Mein Gebet für Sie und für unsere Welt geht dahin, dass wir alle während der Weihnachtszeit den Mut haben mögen, das Fleisch Liebe werden zu lassen.

Zum Autoren

Fr. Seán ÓLaoire ist ein katholischer Priester, ordiniert im Jahre 1972. Geboren und aufgewachsen in Irland, erwarb er nach seiner Ausbildung einen Bachelor in Mathematik an der National University of Ireland.

Er verbrachte 14 Jahre in Ostafrika, wo er im Erziehungswesen, in der Landwirtschaft, der Präventivmedizin, der Hungerhilfe und dem Bauwesen tätig war. Ein weiteres Aufgabengebiet war dort seine Arbeit mit körperlich behinderten Kindern.

Fr. Seán spricht mehrere Sprachen fließend und hat einen Magister und einen Doktortitel in transpersonaler Psychologie.

Er ist der Mitbegründer und spirituelle Leiter einer Gruppe von Katholiken in der Bay Area in Kalifornien, die sich die „Companions on the Journey" nennen, und die versuchen, für sich selbst einen neuen Weg zu finden, „wirklich katholisch" (im Sinne des griech. *katholikos* = das Ganze betreffend, allumfassend, nichts ausschließend) zu sein.

Fr. Seán ist klinischer Psychologe mit eigener Praxis in Los Altos, Kalifornien. Er hält Vorträge und betreibt wissenschaftliche Forschung über die Effekte und Wirkungen des Gebets.

Spirituelle Brücken

Wayne Teasdale

Das mystische Herz
Spirituelle Brücken bauen

mit einem Vorwort des Dalai Lama

376 Seiten, Hardcover
ISBN 978-3-89901-027-5

In diesem herausragendem Buch entwickelt Bruder Wayne Teasdale seine Vision einer konfessionsübergreifenden Spiritualität, die die Mystik in den Weltreligionen dem eigenen Herzen näher bringt und somit alte Traditionen für unsere moderne Zeit greifbar und umsetzbar macht. So bleibt dieses Buch nicht nur bei einer theoretischen Darstellung der mystischen Zweige aller großen Weltreligionen, es ist auch praktischer Führer auf dem eigenen Weg. Durch seine eigene Biographie und sein Engagement macht Bruder Wayne Teasdale deutlich, dass das letztendliche Ziel jeder authentischen Spiritualität die Entdeckung unserer wahren Natur als Mystikerinnen und Mystiker ist.

„Ein wundervoller und weiser Weckruf für eine in ihre Einzelteile zerbrochene Welt." Ken Wilber

AURUM
www.weltinnenraum.de

Der innere Lehrer

Laurence Freeman

Jesus –
Der Lehrer in Dir

mit einem Vorwort
des Dalai Lama

416 Seiten, Hardcover
ISBN 978-3-89901-045-0

„Das erfrischendste und ermutigendste Buch über Jesus, das ich seit langem gelesen habe." Huston Smith

„Ich bin sicher, dass die Leser und Leserinnen hier vieles finden werden, worüber es sich lohnt, nachzudenken, und das sie in ihrer eigenen täglichen spirituellen Praxis anwenden können."
Der Dalai Lama

Mit diesem Buch hat Laurence Freeman, spiritueller Leiter der WCCM mit Meditationszentren und -gruppen in mehr als 140 Ländern der Welt, ein überzeugendes Plädoyer für die innere Dimension des Glaubens, die Erfahrung einer eigenen Beziehung zum Göttlichen, verfasst.
Ein überaus lohnendes Werk, das die Leser und Leserinnen auffordert, die ewigen Fragen über den Sinn des Lebens in ihrem Herzen zu bewegen.

AURUM
www.weltinnenraum.de

Sanfte Revolution

Pyar Troll

Hütet das Feuer!

288 Seiten, Hardcover
ISBN 978-3-89901-085-5

Pyar befreit unser Jesus-Bild von allem alten Ballast und lässt diesen großen Weisheitslehrer der Menschheit in aller Schlichtheit, Geradlinigkeit und Radikalität auftreten, die seine ursprüngliche Lehre ausmachen.

Diese Liebe, diese Hingabe, diese Achtsamkeit, dieses Leben aus und in der Gegenwart Gottes ist auch für uns möglich – heute in unserem Alltag.

Sanftmut ist nicht weich, abgehoben und verklärt, sondern eine große innere Stärke, die eine wahre Revolution in uns und unserem Leben auslösen kann.

AURUM
www.weltinnenraum.de